普通高等教育"十三五"旅游与饭店管理及会展策划与管理专业系列规划教材

总主编 刘住

导 游 实 务

主 编 黎 森
副主编 王 娜

西安交通大学出版社
XI'AN JIAOTONG UNIVERSITY PRESS

内 容 提 要

　　本书共分三个模块：职业基础，具体包括认知导游服务和导游人员、掌握导游服务的相关知识；业务程序，具体包括团队导游服务程序与规范、散客旅游服务程序与服务规范；服务技能，具体包括导游讲解及带团技能、旅游事故的预防与处理、游客个别要求的处理。每一个项目开篇都有"学习目标"和"导入案例"，结尾有"思考题"，以帮助教师明确教学任务，有利于学生掌握知识要点；同时，本书在理论讲解中尽量做到突出实践、精炼够用。

　　本教材既可作为高职高专旅游管理专业的教材，也可作为高等院校相关专业的参考书，并可作为导游从业人员培训教材。

前 言

随着近年来国内旅游业的发展,旅游者的旅游消费意识和观念也在发生着大的改变,从改革开放初期单一的随团旅游,已经发展到目前的自助旅游、特色旅游、商务旅游、纯休闲旅游等多种旅游方式,旅游业得到了飞速发展。在旅游活动过程中,导游人员是整个旅游服务的轴心,起着至关重要的作用,也是旅行社的窗口和旅游业的灵魂。导游人员素质的高低直接关系到旅游的服务质量、旅游业的整体水平和国家的整体形象。通过本课程的学习,可以让学生掌握一名合格的导游人员必须具备的各种实务知识和服务能力。

本书共分三个模块:职业基础,具体包括认知导游服务和导游人员、掌握导游服务的相关知识;业务程序,具体包括团队导游服务程序与规范、散客旅游服务程序与服务规范;服务技能,具体包括导游讲解及带团技能、旅游事故的预防与处理、游客个别要求的处理。每一个项目开篇都有"学习目标"和"导入案例",结尾有"思考题",以帮助教师明确教学任务,有利于学生掌握知识要点;同时,本书在理论讲解中尽量做到突出实践、精炼够用。

总之,本书内容突出实战性、实用性、可操作性,理论阐述简明扼要,服务程序条理清晰,不仅指出了正确的操作要领,还指出了实际工作中常出现的问题,便于初学者借鉴。本教材既可作为高职高专旅游专业的教材,也可作为高等院校相关专业的参考书,并可作为导游从业人员培训教材。

本书由广西生态工程职业技术学院黎森、王娜、文月娥、兰艳共同编写完成,其中,黎森担任主编,负责大纲的编订和本书的统稿、定稿工作,王娜担任副主编,文月娥、兰艳参加编写。具体编写分工如下:黎森编写了项目一至项目四,王娜编写了项目五,文月娥编写了项目六,兰艳编写了项目七。

在本书的编写过程中,我们参阅了大量的相关资料(见参考文献),在此向各位作者表示衷心的感谢。

由于时间和水平所限,书中如有疏漏或不当之处,希望广大读者指正。

编者

2015 年 12 月

目录

模块一　职业基础

模块二　业务程序

模块三　服务技能

》 模块一

职业基础

项目一 认知导游服务和导游人员

学习目标

知识目标

1. 了解导游服务的产生与发展
2. 掌握导游服务的性质、特点和作用
3. 了解导游服务发展的新变化
4. 掌握导游人员的概念
5. 掌握导游人员的职责与素质条件
6. 了解对导游人员的管理要求

技能目标

1. 能够根据服务原则进行服务
2. 能够在导游服务中展现应有的职业素养

导入案例

2015 年 4 月 29 日,国家旅游局揭晓十位"最美导游"名单。经过近一年的寻找和推选,李志广、金磊等 10 位导游员被推选为"最美导游"。

北京市青年旅行社股份有限公司导游李志广,1997 年毕业于北京外国语大学德语系。毕业后一头扎进旅游业的他,十几年来带着德国、瑞士和奥地利的游客,几乎走遍全国。

和李志广同时入职的很多同事早已改行做"朝九晚五"的工作,李志广却乐此不疲:"我就是喜欢跑来跑去,能和各行各业的游客打交道多有意思。"十几年间,李志广从未接到过投诉,他成了德国人眼中的"王牌导游",不断地有老顾客参团指定要求李志广带团。

2012 年 10 月 1 日,李志广带 19 位德国客人赴天津参加学术交流,旅游车行至京津唐高速公路天津武清段时发生了车祸。事发时,李志广坐在司机背后的座位上,由于巨大的惯性,他从车窗处被撞飞出去,造成多处骨折。

发生车祸后,旅游车前侧起火,并迅速向车后方蔓延,形势十分危急。此时已在车外相对安全地方的李志广,不顾伤痛向旅游车奔去,帮忙救助伤员。在抢救客人的过程中,他的身上也起了火,后背及手臂被严重烧伤。当救护车赶来时,李志广又协助医护人员先把客人安排到救护车上,直到自己昏迷倒下。

在医院经过救治后,李志广醒来后的第一句话并不是询问自己的病情,而是关心游客的安危。在重症加强护理病房里,李志广在下颌骨骨折难以正常说话的情况下依然忍着剧痛为德国游客做起了翻译工作,医护人员和游客都深受感动。

资料来源:[1]我国评出十位"最美导游"[EB/OL]. http://politics. people. com. cn/n/2015/0429/c70731-26927260.html.

[2]北京青年旅行社导游李志广 危急时刻先救客人[EB/OL]. http://news. 163. com/15/0507/10/AP0MJUNJ00014JB6.html.

任务一 认知导游服务

一、导游服务的产生与发展

导游服务是旅游服务的一个组成部分,是在旅游活动的发展过程中产生的,随旅游活动的发展而发展。在人类历史上,人类有意识的外出旅游是由于产品或商品交换引起的。即第三次社会大分工使商业从农牧业和手工业中分离出来,出现了专门从事交换的商人。他们以经商为目的,周游于不同的部落之间。在原始社会末期开创了人类旅游活动的先河。很显然,在这个时期,导游服务还没有产生。

导游服务是随着消遣性旅游活动的出现而产生的。早期的导游服务主要是向导服务,它向现代导游服务的转变经历了一个漫长的过程。

1.古代的旅行与向导服务

在奴隶社会,随着生产力的发展,奴隶主占有奴隶和劳动剩余物,他们开始了以巡视为名义的享乐旅行。在旅行中,臣仆簇拥前后,随时侍奉,实际上也起着旅行向导的作用。

进入封建社会,社会经济有了进一步发展,交通条件也得到了改善,除帝王、将相的巡游外,还出现了士人、学子的漫游。封建社会中后期,出现了以求学为目的的教育旅行;以保健为目的的疗养旅行;以探险为目的的航海旅行;以经商为目的的跨国旅行等。在这些旅游活动中配有熟悉路途的人做向导,他们不仅引路,还能介绍沿途的名胜、风俗民情,类似于现代的导游服务。

根据中国历史的查考,为旅行者当"向导"可视为原始导游的最初形态。如《孟子·离娄下》篇中就有"有故而去,则使人导之出疆"之记载。当时,充当"向导"者一般都是同旅游者邂逅的车夫、当地居民和店小二,没有雇佣关系,一般以"盘缠"和"酒钱"的形式,由"问者"根据路途的长短酌情支付。

中国古代原始导游服务的另一种类型就是"陪臣""书童""家奴"和"仆从"。他们的共同特点是有固定的服务对象,对主人的旅行全程陪同,实行全方位的私家旅行生活服务。

"书童""家奴"和"仆从"则主要受雇于富人或富人子弟出门读书,当主人出行时他们全程陪同,照料自己主人整个旅途的生活起居。

我们把古代的"向导""陪臣"等划分为原始导游服务,它不具有现代意义的导游属性,而只是导游服务的一种早期雏形。

总之,在古代虽产生了向导,但其偶然性的成分很大,难以产生向导队伍。

2. 近代旅游的发展与导游服务的产生

17世纪中叶至18世纪中叶,是人类历史的又一个重大变革时期。期间,英国发生了工业革命,并蔓延到整个欧洲。工业革命,促进了社会生产力的重大变革,新兴的资产阶级、工人阶级的出现和新型商业城市的崛起,将人类的历史推进到一个崭新的发展阶段。

托马斯·库克于1841年7月包租了一列火车,运送570人从莱斯特前往拉巴夫勒参加禁酒大会,获得成功。托马斯·库克组织的这次活动被公认为世界上第一次商业性旅游活动,于是,他本人也就成为旅行社代理业务的创始人。

1840年,西方殖民主义的大炮轰开了中国的大门。随后,英国通济隆旅游公司(前身即托马斯·库克父子旅游公司)、美国运通旅游公司等在中国开设了办事处,组织旅游活动。1923年8月,上海商业储备银行总经理陈光甫先生在银行中创设了旅游部,这样就出现了中国第一批导游员。1927年6月1日,陈光甫先生将附设在自家银行的旅游部迁出,正式成立"中国旅游社",成为中国历史上第一家旅行社。

3. 现代大众旅游的发展与导游服务

第二次世界大战后,世界进入相对平稳时期,经济稳定增长,居民的收入不断提高,闲暇时间日愈增多,现代旅游业随之发展起来。与现代旅游业一起发展起来的还有一支遍及世界各地的现代化导游队伍。

旅游消费不同于一般物质产品的消费,游客只能亲自到旅游目的地来消费,消费的同时还能享受到带有综合性的无形服务,即导游人员提供的,游客能感悟到的"求真、求职、求乐"的旅游社会学的文化服务。游客到一个陌生的地方去消费带有综合性的无形旅游服务,不借助导游人员的帮助是困难的,从而使导游服务在导游业的各种接待服务中占有更为重要的位置。正如旅游界许多人士认为的那样,"导游服务是旅游服务中最重要的服务",导游人员是"民间大使",他"沟通了不同地不同国家人民之间的友谊"。这些看法表明了战后人们对现代导游服务作用的认识有了质的飞跃。

现代大众旅游的发展推动了导游服务的前进,同时,导游服务在一定程度上也方便了现代大众的旅游,并在大众旅游发展中扮演了重要角色,并且导游服务已经正式成为一种新的职业,被社会广泛接受和认可。

4. 中国导游服务的发展

中国的旅行史悠久而漫长,但由于历史原因,我国导游队伍的形成和发展相对国外较为滞后,中国第一代导游员在20世纪20年代出现,经历了四个发展阶段。

(1)起步阶段(1923—1949年)。

20世纪初期,外国的一些旅行社,如英国的通济隆旅游公司、美国的运通旅游公司、日本的国际观光局等开始在中国境内的一些城市设立旅行机构,经营中国的旅游业务。中国人自己经营的第一家旅行社是由爱国企业家陈光甫先生创办的。1923年8月,上海商业储备银行总经理陈光甫先生在其同仁的支持下,在该银行下创设了旅游部,1927年6月旅游部从该银行独立出来,成立了中国旅行社,其分支遍布华东、华北、华南等15个省。此后,我国其他一些主要城市也相继成立了旅行社或旅游组织。1935 年,中外人士组成了中国汽车旅行社,1936 年筹组了国际旅游协会,1937 年出现有声旅行团、精武体育会旅行部等。在这一时期出现了中国第一批导游员。由于近代社会风云变幻、动荡不安,所以旅游业虽已作为一种独立的产业出现,但却未能迅速地发展起来,导游服务队伍也没能形成规模。

(2)初创阶段(1949—1978 年)。

1949 年 11 月 19 日,厦门市有关部门接管了旧华侨服务社,经过整顿,于同年 12 月正式开业,创立了新中国第一家旅行社——华侨服务社。1957 年 4 月 22 日,在北京成立"华侨旅行服务总社"。此后,广州、泉州等十几个城市也相继成立了华侨服务社。

1954 年 4 月 15 日,中国国际旅行社在北京成立,成为我国第一个从事接待外国旅游者的机构。其任务主要是负责承办除外国政府代表团之外的外宾接待工作,为外宾在中国的食、住、行、游等提供服务,后又开始接待外国自费旅游者。1960 年开始,随着西方旅游者的增多,我国的旅游事业有所开拓和发展。1964 年 6 月,国务院批准成立"中国旅行游览事业管理局"作为国务院直属机构,加强对旅游事业的组织和领导。在此期间,我国的导游队伍逐渐形成,这时导游服务的主要内容是外事接待,周恩来对此提出了"三过硬"的要求,即思想过硬、业务过硬、外语过硬。在此时期我国形成了一支优秀的国际导游队伍。1974 年,经国务院批准,成立了中国旅行社,并与华侨旅行社合署办公,统称中国旅行社。

(3)大发展阶段(1978—1989 年)。

1978 年,"中国旅行游览事业管理局"改名为"管理总局"。1980 年 6 月,中国青年旅行社在北京成立。1988 年,我国三大全国性旅行社——国旅、中旅、青旅,承揽了绝大部分入境旅游者的招徕和接待工作,以及国内旅游者的旅游业务。全国导游员扩大到 2.5 万多人,形成了一批优秀的导游队伍,但是由于导游员数量增长过快,也出现了鱼龙混杂的局面,整体导游队伍的素质不如从前。

(4)全面建设导游队伍阶段(1989 年至今)。

改革开放以来,我国导游业得到快速、全面发展。1989 年 3 月,国家旅游局在全国范围内组织进行了一次规模空前的导游资格考试。自此,每年举行一次全国性的导游资格考试。同年,《中国旅游报》等单位发起了"春花杯导游大奖赛",以后又举办了多次全国导游大赛,这些工作标志着我国开始迈入全国建设导游队伍的阶段。

1994 年国家旅游局决定对全国持有导游证的专职及兼职导游员等分级,划分为初级、中级、高级、特级四个级别;同年,国家旅游局联合国家技术监督局发布了《导游员职业等级标准》(试行);1995 年发布《中华人民共和国国家标准导游服务质量》。1999 年 5 月国务院颁发的《导游员管理条例》标志着我国导游队伍的建设迈上了法律进程。

2001 年,国家旅游局颁发《导游员管理实施颁发》,决定启用新版导游证,试行导游计分制管理。2002 年,国家旅游局开展整顿和规范市场秩序活动,全面整顿了导游队伍,促进了导游工作的规范化和导游队伍的建设。

截至 2013 年年底,我国纳入统计的旅行社达到了 26054 家,全国导游员总数为 737720 人,目前,我国已形成了一支由职业导游和兼职导游组成的专业队伍。这支队伍总体上具有较高的文化素养和工作热情。

截至 2013 年年底,全国共有高等旅游院校及开设旅游系(专业)的普通高等院校 959 所,比 2012 年末减少 138 所,在校生 49.44 万人,减少 8.18 万人;中等职业学校 873 所,比 2012 年年末减少 266 所,在校学生 27.72 万人,减少 22 万人。两项合计,旅游院校总数 1832 所,在校学生为 77.16 万人。

二、导游服务的类型

导游服务是导游人员代表被委派的旅行社,接待或陪同游客旅行、浏览,按照组团合同或约定的内容和标准向其提供的旅游接待服务。

导游服务的类型是指导游人员向游客介绍所游地区或地点情况的方式。就现代导游服务方式而言,导游服务大致可分为两大类,图文声像导游方式和实地口语导游方式。

(一)图文声像导游方式

图文声像导游方式,亦称物化导游方式,它包括:

(1)导游图、交通图、旅游指南、景点介绍页、画册、旅游新产品目录等;

(2)有关旅游新产品、专项旅游活动的宣传品、广告、招贴以及旅游纪念器等;

(3)有关国情介绍、景点介绍的录像带、录音带、电影片、幻灯片和 CD、VCD 光盘等。

旅游业发达的国家对图文声像导游极为重视,各大中城市、旅游景点以及机场、火车站、码头等处都设有摆放各种印制精美的旅游宣传资料的"旅游服务中心"或"旅游问讯处",人们可以随意翻阅,自由索取;工作人员还热情、耐心地解答有关旅游活动的各种问题并向问询者提供有参考价值的建议。很多旅游公司通过定期向有公众放映有关旅游目的国(地)的电影或录像,举办展览会等手段来影响潜在的旅游者。组团旅行社通常在旅游团集合后、出发前,在领队向团员介绍目的地的风俗民情及旅游注意事项的同时,都要为旅游者放映有关旅游目的地的电影、录像或幻灯片,发放《旅游指南》等材料,帮助旅游者对即将前往浏览参观的目的地有一基本了解。此外,博物馆、教学和重要的旅游景点装备有先进的声像设施,方便游客参观浏览并帮助他们比较深刻、全面理解重要景观内容的深奥寓意和艺术价值,从而获得更多美的享受。

(二)实地口语导游方式

实地口语导游方式,亦称讲解导游方式,它包括导游人员在游客旅行、游览途中所作的介绍、交谈和问题解答等导游活动,以及在参观游览途中所作的介绍和讲解。

随着时代的发展、科学技术的进步,导游服务方式将越来越多样化、高科技化。图文声像导游方式形象生动、便于携带和保存的优势会进一步发挥,在导游上的作用会进一步加强。然而,同实地口语导游方式相比,图文声像导游方式仍然处于从属地位,只能起着减轻导游人员负担、辅助实地口语导游方式的作用。实地口语导游不仅不会被图文声像导游方式所替代,而且将永远在导游服务中处于主导地位。

三、导游服务的范围

导游服务范围是指导游人员向游客提供服务项目的领域,即导游人员业务工作的内容。导游服务工作繁重纷杂,服务范围很广,食、住、行、游、购、娱、出入境迎送、上、下站联络、邮电通讯、医疗等,几乎无所不包(见图1-1)。但归纳起来,导游服务大体可分为三大类,即导游讲解服务、旅行生活服务和市内交通服务。

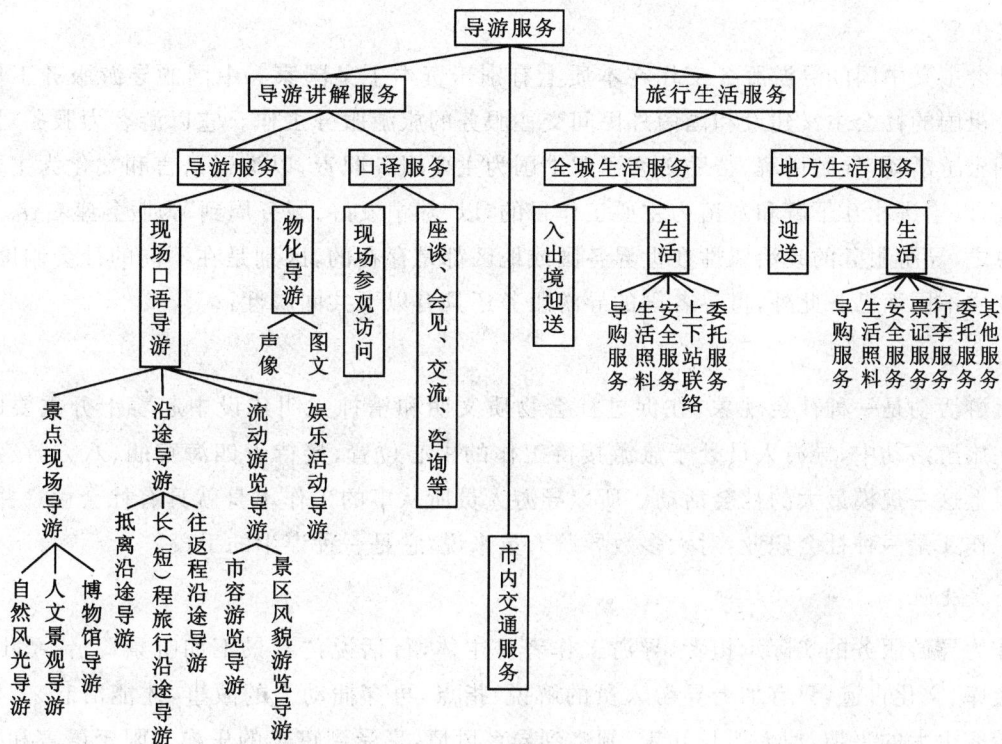

导游服务
- 导游讲解服务
  - 导游服务
    - 现场口语导游
      - 景点现场导游
        - 自然风光导游
        - 人文景观导游
        - 博物馆导游
      - 沿途导游
        - 抵离沿途导游
        - 往返程沿途导游
        - 长(短)程旅行沿途导游
    - 物化导游
      - 声像
        - 流动游览导游
        - 市容游览导游
      - 图文
        - 娱乐活动导游
        - 景区风貌游览导游
  - 口译服务
    - 现场参观访问
    - 座谈、会见、交流、咨询等
- 旅行生活服务
  - 全城生活服务
    - 入出境迎送
    - 生活
      - 导购服务
      - 生活照料
      - 安全照料
      - 上下站联络
      - 委托服务
  - 地方生活服务
    - 迎送
    - 生活
      - 导购服务
      - 生活照料
      - 安全照料
      - 票证服务
      - 行李服务
      - 委托服务
      - 其他服务
- 市内交通服务

图1-1　导游服务的范围

1. 导游讲解服务

导游讲解服务包括游客在目的地旅行期间的沿途讲解服务、参观游览现场的导游讲解以及座谈、访问和某些参观点的口译服务。

2. 旅行生活服务

旅行生活服务包括游客入出境迎送、旅途生活照料、邮电通讯、安全服务以及上、下站联络等。

3. 市内交通服务

市内交通服务是指导游人员同时兼任驾驶员为游客在市内和市郊旅行游览时提供的开车服务。

四、导游服务的性质和特点

(一)导游服务的性质

导游服务的性质因国家和地区的不同,其政治属性也不同。在资本主义制度下,导游人员由于长期受资本主义社会环境影响,资本主义思想熏陶,在向游客提供导游服务时,往往会自觉或不自觉地传播资本主义人生观、价值观和论理道德,使导游服务有形或无形地带有资本主义色彩。

社会主义中国的导游服务工作在本质上有别于资本主义国家。中国的导游服务工作是一项为祖国的社会主义建设和国内外民间交往服务的旅游服务工作。它以游客为服务对象,以协调旅游活动,导游讲解、帮助游客了解中国为主要服务职责,以沟通语言和文化为主要服务形式,以增进相互了解和友谊为主要工作目的,以"热情友好、服务周到"为服务座右铭。

总之,导游服务的政治属性在世界各国或地区都是存在的,区别是在不同的社会制度下,政治性质不同而已。此外,世界各国的导游服务还具有以下共同属性:

1.社会性

旅游活动是一种社会现象,在促进社会物质文明和精神文明建设中起着十分重要的作用。在旅游活动中,导游人员处于旅游接待工作的中心位置,接待着四海宾朋、八方游客,推动世界上这一规模最大的社会活动。所以导游人员所从事的工作本身就具有社会性。并且,导游工作又是一种社会职业,对大多数导游人员来说,它是一种谋生的手段。

2.文化性

作为导游服务的实际承担者,导游工作者是主体,行话说:"看景不如听景"。锦绣山川、艺术宝库、文化古迹,只有加上导游人员的解说、指点,再穿插动人的故事,才能活起来,才能引起游客更大的兴趣,使人增长知识、领略到异乡风情,享受到审美的乐趣。限于语言和生存环境等方面的不同,游客同旅游目的地之间往往存在很大的文化差异,导致交流和欣赏的障碍。为了加强旅游的美感和愉悦程度,游客们追切地需要导游的引导和服务,需要导游跨越不同的文化范畴,弥合文化差异。

3.服务性

导游服务,顾名思义是一种服务工作。导游服务与第三产业的其他服务一样,属于非生产劳动,是一种通过提供一定的劳务活动,提供一定的服务产品,创造特定的使用价值的劳动。与一般服务工作不同的是,导游服务不是一般的简单服务,它围绕游客展开,通过翻译、讲解、安排生活、组织活动等形式,工作内容涉及旅途中的交通、住宿、饮食、娱乐、购物、票证、货币和其他各方面的生活需求等,给游客提供全方位、全过程的服务。导游人员除具有丰富的专业知识外,还应具备一定的社会活动能力、应变能力以及独立处理问题的工作能力。导游人员有时像幼儿园的阿姨,有时像学生,有时又是指挥员、服务员、保安员、联络员等。导游服务是一种复杂的、高智能的服务,是高级的服务。

4.经济性

导游服务是导游人员通过向游客提供劳务而创造特殊使用价值的劳动。在商品经济条件下,这种劳动通过交换而具有交换价值,在市场上表现为价格。

今天,越来越多的国家和学者承认:旅游业是国民经济的重要组成部分,是具有独立特色的经济部门,是无烟的朝阳产业。导游的工作对象是游客,通过协调、组织、迎送、翻译、讲解、代理等形式为游客服务。目的在于引导游客,便利游客,满足游客的相应旅游需求,实现旅游企业的经济目标,获取相应的个人经济收入,体现个人的人生和社会价值。因此,导游工作一般具有经济性,由各级各类旅行社提供的导游服务,是旅游部门工作的组成部分。

5.涉外性

发展海外来华旅游是中国旅游业的长期方针,也是一项战略任务,自中国改革开放以来,随着经济的迅速发展,人展生活水平的不断提高,我国公民出境旅游发展势头也很强劲。我国的国际旅行社主要从事海外旅游者入境和中国旅游者出国的组织和接待工作。对于前一种旅游,导游人员是为海外游客提供服务;而对于后一种旅游,导游人员为中国公民提供出境陪同服务,两者都具有明显的涉外性。到2010年,国际旅游者已达10亿多人次。旅游者的跨国界旅行为增进各国人民之间的了解和友谊、促进世界和平作出了积极贡献。导游人员提供的涉外导游服务的政治意义和所起的民间外交的作用日益明显。

(二)导游服务的特点

导游服务是旅游服务中具有代表性的工作,处在旅游接待的前沿。随着时代的发展,导游工作的特点也会随之发生变化,但目前,其特点归纳起来有以下几点:

1.独立性强

导游服务工作独当一面。在旅游者整个旅游活动过程中,往往只有导游人员与游客朝夕相处,时刻满足他们吃、行、游、购、娱等方面的需求,独立地提供各项服务,特别在回答游客政策性问题或处理突发性事故时,常常要当机立断、独立决策,事后才能向领导和有关方面汇报。导游的讲解也是比较独特的,因为在同一景点,导游要根据不同游客的不同特性、不同时机进行针对性的导游讲解,以满足他们的精神享受。这是每一位导游人员都必须努力完成的任务,其他人无法替代。

2.脑体高度结合

导游服务是一项脑力劳动与体力劳动高度结合的服务性工作。由于旅游活动涉及面广,这就要求导游人员具有丰富而广博的知识,如此才能使导游服务工作做到尽益尽美,精益求精。除了掌握导航工作程序外,导游人员还必须具有一定的政治、经济、历史、地理、天文、宗教、民俗、建筑、心理学、美学等方面的基本知识,还必须了解我国当前的大致方针和旅游业的发展状况及其有关的政策法规,掌握旅游目的地主要游览点、旅游线路的基本知识。同时,还要了解客源国(或地区)的政治倾向、社会经济、风土民情、宗教信仰、禁忌等。导游人员在进行景观讲解、解答游客的问题时,都需要运用所掌握的知识和智能来应对,这是一种艰苦面复杂的脑力劳动。所以导游人员要不断学习,不仅在学校里学,努力扩大知识面,使自己成为"万事通",并尽力掌握一两门专业知识,成为游客敬佩的导游艺术家。另一方面,导游人员的工作量也相当大,除了在旅行游览过程中进行介绍、讲解,还要随时随地应游客的要求,帮助解决问题,事无巨细,也无份内与份外之分。尤其是旅游旺季时,导游人员往往会连轴转,整日、整月陪同游客,无论严寒酷暑长期在外工作,体力消耗大,又常常无法正常休息,因此,要求导游人员必须具备高度的事业心和良好的体质。

3.客观要求复杂多交

导游服务工作具有一定的规矩,如接站、送站、旅途服务和各方面关系的接洽、协调等,按照一定的程序进行工作,具有相对的规范性和便利性。但导游服务中面对更多的是不确定性和未知性。客面要求复杂多变,即使是预定的日程和规程范围内,具体的情况可能千差万别,意外的情况也可能随时出现,游览中各种矛盾可能集中显现。因此,导游人员必须具备应对各种可能和偶然情况的能力。

4.跨文化性

导游服务是传播文化的重要性渠道,起着沟通和传播文明、为人类创造精神财富的作用,各类游客来自不同的国家和地区、人同的民族,有着不同的文化背景,导游人员必须在各种文化的差异中,甚至在各民族、各地区文化的碰撞中工作,应尽可能多地了解中外文件之间的差异,圆满完成文化传播的任务。

五、导游服务的地位和作用

旅行社在现代旅游业的三大要素中处于核心地位,而在旅行社接待工作中处于第一线的关键角色则是导游员,是导游服务工作的主体。因而,世界各国的旅游专家把导游服务视为现代旅游业的代表工种,并给予高度的评价。日本旅游专家井厚认为"任何行业都有代表性的业务,在旅游业中,就是导游服务。"能够成为某一行业代表性工种的工作,应该具有行业的典型特征、典型工作方式,其工作应该对行业行为具有很强的关联性,能够对本行业的发展起到重要的影响。有些国际旅游界人士说:"没有导游员的旅行,是不完美的旅行,甚至是没有灵魂的旅行"。并将导游服务冠以"旅游业的灵魂""旅游社的支柱""旅行游览活动的导演"以及"旅游接待服务的四大要素之一"等美称。虽然赞辞各异,但都表明导游服务有旅游接待工作中不可或缺的作用。其重要性主要体现在以下方面:

(一)导游服务有旅游服务中的地位

旅行社、饭店和交通是现代旅游业的三大支柱,其中处于核心地位的是旅行社,因为旅行社担负着生产和销售旅游产品的职能,旅行社招徕游客的多少直接关系到饭店、交通部门接待游客的数量和其经济效益。

旅行社的业务主要有四大项,即旅游产品的开发、旅游产品的销售、旅游服务的采购和旅游接待(包括团体和散客)。根据马克思的生产原理,旅行社前三项业务属于产品的生产和交换,后一项业务属于产品的消费,即游客购买了旅游产品后到旅游目地进行消费。旅游接待过程即是实现旅游产品的消费过程。如果说我们把旅游接待过程看作是一条环环相扣的链条(从迎接游客入境开始,直到欢送游客出境为止),那么,向游客提供的住宿、餐饮、交通、游览、购物、娱乐等服务分别是这根链条中的一个个环节,正是导游服务把这些环节连接起来,使相应服务的部门和单位的产品和服务的销售得以实现:使游客在旅游过程中的种种需求得以满足,使旅游目的地的旅游产品得以进入消费。因此,导游服务虽然只是旅游接待服务中的一种服务,然而与旅游接待服务中的其他服务如住宿、餐饮服务、购物服务相比,其无疑居于主导地位。

(二)导游服务的作用

1. 纽带作用

导游服务是旅游接待服务的核心和纽带,导游人员在旅游服务各环节之间中对沟通上下,联结内外,协调左右关系方面起着举足轻重的作用,

首先,是"承上启下"的作用。导游人员是国家方针政策的宣传者和具体执行者,他代表旅行社执行完成旅游计划,同时,游客的意见、要求、建议乃至投诉,其他旅游服务部门在接待中出现的问题以及他们的建议和要求,一般也通过导游人员向旅行社转递,直至上达国家最高旅游管理部门。其次,是"连接内外"的作用。导游人员既代表接待方的旅行社的利益,又肩负着旅游者合法权益的责任;导游人员既有责任向游客介绍中国,同时又要多与游客接触,进行调查研究,了解外国,了解游客。第三,是"协调左右"的作用。旅行社与饭店、餐馆、游览点、交通部门、商店、娱乐场所等企业之间的第一联络员是导游员,他在各旅游企业之间起着重要的协调作用。导游人员要通过自己的努力使游客在游览过程中的物质补偿及其他生活需求得到满足,而相互协作是导游服务中的生活服务得以顺利进行的重要保障。而高质量的生活服务又为导游讲解服务的成功奠定了基础。所以,搞好与各部门的相互协作对提高旅游质量至关重要,而导游人员处在各项旅游服务协调的中心位置,所负责任重大。

2. 标志作用

导游服务质量是旅游服务质量高低的最敏感的标志。导游服务质量包括导游讲解质量、为游客提供生活服务的质量以及各项旅游活动安排落实的质量。导游人员与游客朝夕相处,因此游客对导游人员的服务接触最直接,感受最深切,对其服务质量的反应最敏感。旅游服务中其他服务质量虽然也很重要,对游客的旅游活动也会影响,但除特殊情况外,由于接触时间较短,游客的印象一般不如对导游服务质量印象深刻。一般来说,如果导游服务质量高,令游客感到满意,游客会认为该旅游产品物有所值,而且在满载而归后,以其亲身体验向亲朋好友进行义务宣传,从而扩大了旅游产品的销路。同时优质的导游服务还可以弥补其他旅游服务质量的某些不足,而导游服务质量低劣会导致游客抱怨和不满,并间接影响其周围的人,从而阻碍了旅游产品的销路,它给旅游企业造成的损失是无法弥补的。因此,游客旅游活动的成败更多取决于导游服务质量。导游服务质量的好坏不仅关系到整个旅游服务质量的高低,而且关系着国家或地区旅游业的声誉。

在消费过程中,游客会根据自己的需要对旅游产品的型号、规格、质量、标准等做出这样

或那样的反映。而导游人员在游客提供导游服务过程中,由于处在接待游客的第一线,同游客交往和接触时间最长,对游客关于旅游产品方面意见和需求最了解,导游人员可充分利用这种有利条件,根据自己的接待实践,综合游客的意见,反馈到旅行社有关部门,促使旅游产品的设计、包装和质量得到不断改进和完善,更好地满足游客的需要。

应当指出的是,我们在此重点阐述导游服务在旅游服务中的地位和作用,并不意味着其他各项旅游服务就不重要。其实,旅游服务是一项综合性服务,导游服务只是其中一人重要环节,没有其他各项旅游服务的配合,导游服务也无法做好,旅游产品的价值就不可能充分实现。

3.扩散作用

优质的导游服务能对旅游目的旅游产品和旅行社形象起到扩散或传播作用。旅游产品质量主要由旅游资源质量、旅游服务质量、旅游活动组织安排质量和旅游环境质量构成,它们都与导游服务质量密切相关。因为旅游资源的特色需要导游人员讲解好,"景色美不美,全靠导游一张嘴"。各种旅游服务质量和活动安排都离不开导游人员的业务水平和对工作的投入。

游客往往通过导游人员带领游客进行旅游活动的情况来判断旅游产品的使用价值。如果导游服务质量高,游客感到满意,便会认同旅游产品、旅行社和导游,而且会以亲身体验向亲朋好友进行义务宣传,进而扩大旅游产品的销路。若导游服务质量不高,则会导致游客抱怨和不满,间接影响到周围的人,从而障碍旅游产品的销路。

导游服务质量的高低,均会对旅游产品的销售起到扩散作用,不同的是,质量高时起到正面作用,质量低时则起到反面作用。

六、导游服务的原则

(一)"宾客至上"原则

"宾客至上"是服务行业的座右铭,它不仅是招来顾客的宣传口号,更是服务行业的服务宗旨、服务人员的行动指南,也是导游服务工作中处理问题的出发点。

"宾客至上"意味着"游客第一",即在游客与导游服务的关系中,游客是第一位因素,没有游客,导游服务便没有了服务对象;没有游客的购买,旅游服务行业的产品价值就不能实现,旅游服务人员的劳动就失支了对象,失去了存在的意义。同样,导游服务也是如此,没有游客,导游人员服务的价值就无从体现,旅游产品就销不出去,旅行社的收益就更无从谈起,导游人员也无法在社会生存。

"宾客至上"表现在旅游服务人员与游客关系上要尊重游客,全心全意地为游客服务。游客是买方,是"我们的衣食父母";旅游服务人员是卖方,卖方要为买方服务好。导游人员提供的不是有形的商品,而是劳务,如果导游人员陪同游客走了一圈,不进行导游服务或导游做得不好,使游客没有享受到应得到的服务,这就是对游客不尊重。

"宾客至上"表现在导游人员处理某些问题时要以游客利益为重,不能过多地强调自身的困难,更不能以个人的情绪来对待或左右游客,而应尽可能地满足游客的合理要求。

(二)AIDA 原则

A——Attention,通过有趣的、尽可能具体的形象介绍,引起谈话对方所推销商品的注意力(或吸引力 Attaction)。

I——Interest,通过进一步展开已经引起对方注意的谈话,激起谈话对方兴趣。

D——Desire to act 促使谈话对方希望进一步了解情况,获得启示,激起对商品的占有欲望。

A——Ation,继续努力,促使谈话对方采取占有商品的行为。

这本是商界在进行市场推销时的基本原则,现在已被运用到导游服务中,用以推销附加游览项目或处理游览活动内容变更等问题。

(三)合理而可能原则

满足游客的需要,使游客旅游生活顺利愉快是导游服务工作的出发点,因此,对于游客在旅途过程提出的个别要求,只要是合理的,又是可能办得的,即使有一定困难,导游人员也应该设法予以满足。

但是,有些游客在出游时常出于求全的心理,或完全出于个人利益,提出一些虽然合理但无法办到,或看似合理但实际不可能办到的,或完全就是不合理要求时,导游人员在面对此类情况时,一要认真倾听,二要微笑对待,三要耐心解释,动之以情,晓之以理,切不可断言拒绝。

对于某些并非出于真正需要而无理取闹的个别游客,导游人员也应该待之有礼、有理、有节,不卑不亢,不损害游客之尊。若这种游客无理取闹影响到整个旅游团的正常活动,导游人员可请领队协助出面解决,或直接请全体游客主持公道。

总之,满足游客的要求,导游人员即不可因有难度便将游客的合理要求拒之门外,也不能对那些不合理的苛求和胡搅蛮缠的游客以言语辱骂,更不能因此而中断对整个旅游团的导游服务。

(四)维护游客合法权益

游客的合法权益主要有:

1.旅游自由权

旅游自由权包括旅行自由权和逗留权。旅行自由权是指游客在不违背法律法规和履行了必要手续的前提下,可以根据自己的意愿前往各地旅行,其旅行方式、旅行时间和旅行地点均不受任何不合理的干预;逗留权是指游客在旅游目的地或中途有合法停留的权利,其停留的时间、方式、地点不应该受到不合理的限制。

2.旅游服务自主选择权

旅游服务自主选择权是指游客有权自行选择从事旅游经营的企业、旅游线路、旅游项目和服务等级等,不受任何部门、企业、单位和个人的干预。

3.旅游获知权

旅游获知权是指游客在接受旅游服务,享有获得包括服务内容和其他相关信息的权利,旅游经营企业有向顾客提供真实情况和信息的义务,如游客接受导游服务,导游人员有如实向游客介绍有关景区、景点知识和相关知识的义务;游客在购物时,商店有向游客介绍商品的有关知识,并提供货真价实商品的义务等。

4. 旅游公平交易权

旅游公平交易权是指旅游经营企业在同游客签订旅游服务合同或进行交易时,应遵循公正、平等、诚实、信用的原则,不得有强制、欺诈和规避义务、违反公平的内容和行为。游客对交易的商品和服务不满意时,有拒绝购买或签约的权利。

5. 依约享受旅游服务权

依约享受旅游服务权是指游客有享受旅游合同约定的服务的权利,旅游经营企业和导游人员应按约定的日期、路线、交通工具、旅游活动项目,提供符合标准的服务,游客对强加的计划外的项目有拒绝权。

6. 人身和财物安全权

在旅游活动中,游客享有人身和财物安全不受侵犯的权利,它是游客应享有的最基本的权利。旅游经营企业和导游人员有义务采取一切有效措施,防止盗窃、暴力、交通事故和食品中毒事故的发生,为游客提供安全的服务和旅游环境。

7. 医疗、求助权

游客在旅游期间如有患病、受伤等情况发生时,有权享受与当地居民同等待遇的医疗服务,旅客在旅游期间遇到困难时,有请求获得帮助的权利。

8. 求偿权和寻求法律救援权

游客在其合法效益受到损害或侵犯时,有向有关部门进行投诉和要求有关旅游经营企业或保险公司赔偿的权利。如果游客的要求得不到满足,有权在当地寻求各种可行的法律支持,或直接向法院提出诉讼。

七、导游服务发展的新变化

(一)导游服务工作面临新的挑战

首先,自20世纪90年代以来,我国旅游客源市场上越来越明显地感受到国际旅游新潮的影响,已经反映出的变化有:需求趋于多样化、个性化;团队比重下降,规模趋小;大跨度的长线减少,环口岸的区域游和淡季一地游增加;游客在华停留天数和一次性旅游停城市数减少;旅行周期越来越短,临时旅游越来越多。近年来,这种变化又有了新的发展,主要表现在:国外游客直接预订急剧增加(包括机票、客房),入境后的旅游活动也有部分是客户指定内容,这使旅行社导游人员的主动权大大削弱。更有甚者,外国旅行商加紧渗入中国市场。随着中国进入WTO,外国旅行商渴望与中国开设合资旅行社,有的已在中国旅游界物色未来合作伙伴,还有的已以个人身份在中国旅行社中挂靠,直接在中国境内进行销售和接待,这些情况使中国旅行社的经营面临着更加严峻的挑战。其次,导游服务工作将面临越来越挑剔和成熟的游客。近年来,海外旅行商及游客对旅华的市场反映仍集中在几个老问题上:一是产品老化、单一,缺乏趣味性;二是购物次数过多,买到假货、次货的事经常发生;三是餐饮水准下降,用餐地点不合理,有时需绕道,路上浪费不少时间;四是对导游服务安排提出质疑。

目前中国旅游面临两种截然不同的游客:一种是成熟的,但对中国的服务条件有一定的心理准备的国际游客;一种是较少享受旅行社服务的相对不成熟的国内游客。随着消费者权益法的发布,国内游客的投诉增加,他们开始注意保护自己的各项权益,如游客在旅游过程中遭受由于旅行社的责任而导致的物质上、精神上的损失时,有权获得赔偿,游客对涉及旅游接待的各方面咨询有知悉权等。消费者意识的觉醒仅仅是第一步的现象,随后将是一场广泛的消费者权利保障运动的到来。这是因为,群体性旅游锻炼已培养了一代有旅游意识的、成熟的游客,他们由"止步闺阁"到"已见世面"。旅游已成为一种日常性消费行为,由个别人关注到涉及群体利益共同关心的问题,因此旅行社必须通过各种手段来规范导游服务的行为。

(二)导游服务的发展趋势

未来旅游活动的发展趋势对导游服务将会产生影响并提出新的要求,导游服务在将出现以下三种趋向:

1.导游内容的高知识化

导游服务是一种知识密集型的服务,即通过导游人员的讲解来传播文化、转递知识,促进世界各地区间的文化交流。在未来社会,人们的文化修养更高,对知识的更新更加重视,文化旅游、专业旅游、科研考察的发展,对导游服务将会提出更高的知识要求。

根据这一趋向,导游人员必须提高自身的文化修养,不断吸收新知识和新信息,导游掌握的知识不仅要有广度,还要有深度,使导游讲解的内容进一步深化,更具有科学性。这样,导游人员的讲解更有说服力,不仅能同游客讨论一般问题,还能较深入地谈论某些专业问题。总之,在知识方面,导游人员不仅要成为"杂家",还要成为某些方面的专家。

2.导游手段科技化

随着科术的发展,将来还会有更先进的科技手段运用到导游工作中来。如图文声像导游、网络导游等先进的导游手段,在游览前或在游览过程中,不仅让游客看到(听到)了旅游景观的现状,还进一步了解其历史沿革和相关知识,起到深化导游讲解和以点带面的作用,现已成为导游工作不可或缺的辅助手段。因此,导游人员必须学会使用它们并在游前导、游中导和游后导中运用自如,与实地口语导密切配合,使其相辅相成,锦上添花。同时,在导游过程中讲解科技知识、运用科技手段,能够使游客了解到旅游和高科技发展之间的关系,使导游工作充满时代气息。

3.导游方法的多样化

旅游活动多样化的趋势,尤其参与性旅游活动的兴起和发展,要求导游人员随之变化其导游方法。参与性旅游活动的发展,意味着人们追求自我价值实现的意识在不断增强。追求自我价值不仅体现在工作中,人们还将其转移到了娱乐活动之中。人们参加各种节庆活动,与当地居民一起活动、生活,还在旅游目的地学习语言、各种手艺和技能,甚至参加冒险活动等。这要求导游人员不仅会说（导游讲解），还要能动，与游客一起参加各种活动。

旅游活动的这一发展趋向对导游人员提出更高的要求。未来的导游人员不仅是位能说会道、能唱会跳、多才多艺的人，还要能动手，有强壮的体魄、勇敢的精神，与游客一起回归大自然，参与旅游活动，一起参加各种竞赛，甚至去探险。

4.导游服务的个性化

今天的社会是个性张扬的社会，个性化发展成为时代的主题，人们对旅游的需求个性化，旅游产品的消费也呈现个性化的趋势，导游服务的个性化要求我们导游人员根据游客的个性差异和不同的旅游需求提供针对性的服务，使不同的游客获得更大的心理满足。另一方面，导游服务的个性化有利于导游人员根据自己的优势、特长、爱好，形成自己的个性风格，向品牌化导游发展，给游客留下特色鲜明的印象。

5.导游职业的自由化

从世界各国导游发展的历史来看，导游人员作为自由职业者是必然趋势。他们身份自由、行动自由、收入自由，靠为游客提供良好的服务和高尚的职业道德取得社会认同，收入取决于上团机会，服务水平高、个人声誉好的上团机会就多，收入就高，体现了"优胜劣汰"的原则。目前，我国各地区成立的导游公司或导服中心就是这一趋势的反映。

总之，未来的旅游业要求导游人员不仅要有"十八般武艺"，而且要掌握"三十六般武艺"或更多的导游技艺，来满足游客不断变化的旅游需求，只有这样，导游人员才能胜任未来的导游服务工作，才有可能将导游服务做得不同凡响。

任务二 认知导游人员

一、导游人员的概念和分类

(一)概念

导游人员是指按照《导游人员管理条例》的规定取得导游证，接受旅行社委派，为旅游者提供向导、讲解及其他服务的人员。

关于导游人员的资格和行为，我国的有关法规有如下规定：

(1)具有高级中学、中等专业学校或者以上学历，身体健康，具有适应导游需要的基本知识和语言表达能力的中华人民共和国公民，可以参加导游人员资格考试。

对报考外语类导游人员资格证书的人员有更高的学历要求，必须是外语专业大专以上或非外语专业本科以上学历方可报名参加导游资格考试。经考试合格的，由国务院旅游行政部门或者国务院旅游行政部门委托省、自治区、直辖市人民政府旅游行政部门颁发导游人员资格证书。

(2)取得导游人员资格证书的人员，经与旅行社订立劳动合同或者在导游服务管理公司登记，方可持所订立的劳动合同或者登记证明材料，向省、自治区、直辖市人民政府旅游行政

部门申请领取导游证。但是,有下列情形之一的,不得颁发导游证:

①无民事行为能力或者限制民事行为能力的;

②患有传染性疾病的;

③受过刑事处罚的,但过失犯罪的除外;

④曾被吊销导游证的。

(3)具有特定语种语言能力的人员,虽未取得导游人员资格证书,旅行社需要聘请临时从事导游活动的,由旅行社向省、自治区、直辖市人民政府旅游行政部门申请领取临时导游证。

(4)取得了导游证并在导游证的有效期限内,导游人员才有资格从事导游活动。导游证的有效期限为3年。导游证持有人需要在有效期满后继续从事导游活动的,应当在有效期限届满3个月前,向省、自治区、直辖市人民政府旅游行政部门申请办理换发导游证手续。临时导游证的有效期限最长不超过3个月,并不得延期。

(5)导游人员进行导游活动时,应当佩戴导游证。无导游证从事导游活动的,依据国务院发布的《导游人员管理条例》的有关规定给予处罚。

(二)分类

导游人员由于业务范围、业务内容的不同,服务对象和使用的语言各异,其业务性质和服务方式也不尽相同。即使是同一个导游人员,由于从事的业务性质不同,所扮演的社会角色也随之变换。

1.按业务范围划分

导游人员按业务范围分为境外领队、全程陪同导游人员、地方陪同导游人员和景点景区导游人员。

(1)境外领队(tour escort/tour leader)是指经国家旅游行政主管部门批准,可以经营出境旅游业务的旅行社的委派,全权代表该旅行社带领旅游团在本国境外从事旅游活动的工作人员。

(2)全程陪同导游人员(national guide),简称全陪,是指受组团旅行社委派,作为组团旅行社的代表,在境外领队和地方陪同导游人员的配合下实施接待计划,为旅游团(者)提供在本国境内全程陪同服务的工作人员。这里的组团社或组团旅行社是指接受旅游团(者)或海外旅行社预订,制定和下达接待计划,并可提供全程陪同导游服务的旅行社。这里的境外领队是指受海外旅行社委派,全权代表该旅行社带领旅游团从事旅游活动的工作人员。

(3)地方陪同导游人员(local guide),简称地陪,是指受接待旅行社委派,代表接待社实施接待计划,为旅游团(者)提供当地旅游活动安排、讲解、翻译等服务的工作人员。这里的接待社或接待旅行社是指接受组团社的委派,按照接待计划委派地方陪同导游人员,负责组织安排旅游团(者)在当地参观游览等活动的旅行社。

(4)景点景区导游人员(resort representative),亦称讲解员,是指在旅游景点景区,如博物馆、自然保护区等为旅游者进行导游讲解的工作人员。

总之,从业务范围看,境外领队是率领中国公民到海外旅游并为其提供全程导游服务的工作人员;全程陪同导游人员是率领海外来华旅游者或中国旅游者在中国境内旅游并为其提供全程导游服务的工作人员;地方陪同导游人员是接待海外来华旅游者或中国旅游者在其工作的地区旅游并为其提供当地导游服务的工作人员;景点景区导游人员是指接待海外来华旅游者或中国旅游者在其工作的景点景区旅游并为其提供该景点景区导游服务的工作人员。前两类导游人员的主要业务是进行旅游活动的组织和协调。第三类导游人员既有当地旅游活动的组织、协调任务,又有进行导游讲解或翻译的任务。第四类导游人员的主要业务是从事所在景点景区的导游讲解。

2.按职业性质划分

导游人员按职业性质分为专职导游人员和兼职导游人员。

(1)专职导游人员(full-time tour guide)是指在一定时期内以导游工作为其主要职业的导游人员。目前,这类导游人员一般为旅行社的正式职工,他们是当前我国导游队伍的主体。

(2)兼职导游人员(part-time tour guide),亦称业余导游人员,是指不以导游工作为其主要职业,而利用业余时间从事导游工作的人员。目前这类人员分为两种:一种是通过了导游资格考试取得导游证而从事兼职导游工作的人员;另一种是具有特定语种语言能力受聘于国际旅行社,领取临时导游证,临时从事导游活动的人员。

3.按使用语言划分

导游人员按使用语言分为中文导游人员和外语导游人员。

(1)中文导游人员是指能够使用普通话、地方话或者少数民族语言,从事导游业务的人员。目前,这类导游人员的主要服务对象是国内旅游中的中国公民和入境旅游中的港、澳、台同胞。

(2)外语导游人员是指能够运用外语从事导游业务的人员。目前,这类导游人员的主要服务对象是入境旅游的外国旅游者和出境旅游的中国公民。

4.按技术等级划分

导游人员按技术等级分为初级、中级、高级和特级四个等级。

(1)初级导游人员(elementary tour guide)。获导游人员资格证书一年后,就技能、业务和资历对其进行考核,合格者自动成为初级导游人员。

(2)中级导游人员(intermediate tour guide)。获初级导游人员资格两年以上,业绩明显,考核、考试合格者晋升为中级导游人员。他们是旅行社的业务骨干。

(3)高级导游人员(senior tour guide)。取得中级导游人员资格四年以上,业绩突出、水平较高,在国内外同行和旅行商中有一定影响,考核、考试合格者晋升为高级导游人员。

(4)特级导游人员(special class tour guide)。取得高级导游人员资格五年以上,业绩优异,有突出贡献,有高水平的科研成果,在国内外同行和旅行商中有较大影响,经考核合格者晋升为特级导游人员。

二、导游人员的职责

(一)导游人员的基本职责

导游人员的基本职责是指各类导游人员都应予履行的共同职责。各类导游人员由于其工作性质、工作对象、工作范围和时空条件各不相同,职责重点也有所区别。但他们的基本职责是共同的,就是为游客提供良好的导游讲解和旅行服务。

根据当前我国旅游业发展的实际和各类导游人员的服务对象,导游人员的基本职责有以下五项:

(1)接受旅行社分配的导游任务,按照接待计划安排和组织游客参观、游览;

(2)负责向游客导游、讲解,介绍中国(地方)文化和旅游资源;

(3)配合和督促有关部门安排游客的交通、住宿、保护游客的人身和财产安全;

(4)反映游客的意见和要求,协助安排会见、座谈等活动;

(5)耐心解答游客的问询,协助处理旅途中遇到的问题。

这些规定对导游人员依法行使职责起到了积极作用。在我国,全陪、地陪和境外领队统称导游人员,他们的工作各有侧重,所起的作用也不尽相同,但对上文中提出的导游人员的基本职责都必须履行。

(二)导游人员的具体职责

一个标准的、规范的、完整的旅游接待过程应该是由全陪、地陪、境外领队共同参与、共同配合才能完成的。全陪是东道国组团社利益的代表,地陪是东道国接待社利益的代表,而境外领队则是游客及他们所在国(地区)利益的代言人,三者代表着三个方面,维护着各自的利益。共同的目标,相同的工作对象,使他们走到了一起。

1.境外领队的职责

境外领队是经国家旅游行政主管部门批准组织出境旅游的旅行社的代表,是出境旅游团的领导者和代言人。其具体职责有以下五项:

(1)全程服务,旅途向导。境外领队行前应向旅游团介绍旅游目的国(地)概况及注意事项;陪同旅游团的全程参观游览活动,积极提供必要的旅途导游和生活服务。

(2)落实旅游合同。境外领队要监督但更要配合旅游目的国(地)的全陪、地陪安排好旅游计划,组织好游览活动,全面落实旅游合同。

(3)做好组织和团结工作。境外领队应积极关注并听取游客的要求和意见,做好旅游团的组织工作,维护旅游团内部的团结,调动游客的积极性,保证旅游活动顺利进行。

(4)协调联络、维护权益、解决难题。境外领队应负责旅游团与接待方旅行社的联络工作,转达游客的建议、要求、意见乃至投诉,维护游客的正当权益,遇到麻烦和微妙问题时要出面斡旋或解决。

2.全程导游人员的职责

全程导游人员又称全陪,从游客入境到出境,全陪一直陪伴着他们,在游客心目中,全陪

是东道国的代表,是旅游团在华活动的主要决策人,在导游工作集体中处于中心地位,起着主导作用。其具体职责有以下五项:

(1)实施旅游接待计划。按照旅游合同或约定实施组团旅行社的接待计划,监督各地接待单位的执行情况和接待质量。

(2)联络工作。负责旅游过程中同组团旅行社和各地接待旅行社的联络,做好旅行各站的衔接工作,掌握旅游活动的连贯性、一致性和多样性。

(3)组织协调工作。协调旅游团与地方接待旅行社及地方导游人员之间、境外领队与地方导游人员、司机等各方面接待人员之间的合作关系;协调旅游团在各地的旅游活动,听取游客的意见。

(4)维护安全,处理问题。维护游客旅游过程中的人身和财物安全,处理好各类突发事件;转达游客的意见和要求,力所能及地处理游客的意见、要求乃至投诉。

(5)宣传、调研工作。耐心解答游客的问询,介绍中国(地方)文化和旅游资源,开展市场调研、协助开发、改进旅游产品的设计和市场促销。

3. 地方导游人员的职责

地方导游人员又称地陪,是地方接待旅行社的代表,是旅游计划的具体执行者。地陪的职责重点之一是组织旅游团在当地的旅游活动并负责安排落实旅游团全体成员的吃、行、住、游、购、娱等方面的事宜;重点之二是导游讲解。就一地而言,地陪是典型的、完全意义上的导游人员,他的工作责任最大,处理的事务最多,工作最辛苦,所起的作用最关键。其主要职责有以下五项:

(1)安排旅游活动。严格按照旅游接待计划,合理安排旅游团(游客)在当地的旅游活动。

(2)做好接待工作。认真落实旅游团(游客)在当地的接送服务和行、游、住、食、购、娱等服务;与全陪、境外领队密切合作,按照旅游接待协议做好当地旅游接待工作。

(3)导游讲解。负责旅游团(游客)在当地参观游览中的导游讲解,解答游客的问题,积极介绍和传播中国(地方)文化和旅游资源。

(4)维护安全。维护游客在当地旅游过程中的人身和财物安全,做好事故防范和安全提示工作。

(5)处理问题。妥善处理旅游相关服务各方面的协作关系,以及游客在当地旅游过程中发生的各类问题。

4. 景点景区导游人员的职责

景点景区导游人员的职责有以下三项:

(1)导游讲解。负责所在景区、景点的导游讲解,解答游客的问询。

(2)安全提示。提醒游客在参观游览过程中注意安全,并给予必要的协助。

(3)结合景物向游客宣讲环境、生态和文物保护知识。

无论全陪或地陪,其主要职责都是为游客服务。在带团过程活动期间,既是翻译,又是导游;既要组织安排游览、参观,又应照顾好游客的生活,一身多职。而每一项工作都带有服务性质,服务的内容也不限于旅游协议书上规定的条文。因此,全陪、地陪与境外领队只有齐心协力、精诚合作,才能圆满完成一个旅游团(游客)的接待任务。

三、导游人员的素质和修养

21世纪的导游人员除了具有过硬的导游本领外,还应该在观念上具有市场观念和产品质量意识;在角色上,充当导游服务的供给者,以满足游客的合理需要为目标;在作用上,实现旅游产品的消费功能,即旅游产品价值和使用价值实现的功能。所以现代导游既是一种服务,又是一门专业和艺术,要求导游人员具有较高的素质与修养。

(一)导游人员的基本素质

一名合格的导游人员首先应该具有服务的意识、服务的技能,同时也应具有导演的水平和演员的本领。具体来说,导游人员的素质可归纳为思想素质、文化素质、心理素质、能力素质和身体素质五个方面。

1.思想素质

在任何时代、任何国家,人的道德品质总是处于最重要的地位,作为导游人员也不例外。导游人员的思想品德不仅关系到导游人员的个人形象,而且代表着一个国家、一个地区居民的基本素质。我国导游人员的思想品德主要应表现在以下五个方面:

(1)热爱祖国。

热爱祖国是中国的合格导游人员的首要条件。导游人员的一言一行都与祖国的荣辱息息相关。在海外旅游者的心目中,导游人员是国家形象的代表,旅游者正是通过导游人员的思想品德和言行举止来观察和了解一个国家的。因此,每个导游人员必须有很强的社会责任感和历史责任感,应把祖国的利益摆在第一位,时时处处自觉维护祖国的尊严和民族的尊严。

(2)优秀的道德品质。

社会主义道德的本质特征是集体主义和全心全意为人民服务的精神。从接待旅游者的角度说,旅行社和各接待单位实际上组成了一个大的接待集体,导游人员则是这个集体的一员。因此,导游人员在工作中应从这个大集体的利益出发,从旅游业的发展出发,依靠集体的力量和支持、关心集体的生存和发展。导游人员要发扬全心全意为人民服务的精神,并把这一精神与"宾客至上"的旅游服务宗旨紧密结合起来,热情地为国内外旅游者服务。

(3)热爱本职工作、尽职敬业。

导游工作是一项传播文化、促进友谊的服务性工作,因而也是一种很有意义的工作。导游人员在为八方来客提供旅游服务时,不但可以结识众多的朋友,而且能增长见识、开拓视野、丰富知识,导游人员应该为此感到自豪。为此,导游人员应树立远大理想,将个人的抱负与事业的成功紧密结合起来,立足本职工作,热爱本职工作,刻苦钻研业务,不断进取,全身心地投入到工作之中,热忱地为旅游者提供优质的导游服务。

(4)高尚的情操。

高尚的情操是导游人员的必备修养之一。导游人员要不断学习,提高思想觉悟,努力使个人的功利追求与国家利益融合起来。要提高判断是非、识别善恶、分清荣辱的能力,培养自我控制的能力,自觉抵制形形色色的精神污染,始终保持高尚的情操。

(5)遵纪守法。

遵纪守法是每个公民的义务,作为旅行社代表的导游人员尤其应树立高度的法纪观念,自觉地遵守国家的法律、法令,遵守旅游行业的规章,严格执行导游服务质量标准,严守国家机密和商业秘密,维护国家和旅行社的利益。对于提供涉外导游服务的导游人员,还应牢记"内外有别"的原则,在工作中多请示汇报,切忌自作主张,更不能做违法乱纪的事。

2.文化素质

随着时代的发展,现代旅游活动更加趋向于对文化、知识的追求,人们出游除了消遣,还想通过旅游来获取信息、领略异国情趣、增长知识、扩大阅历、获取教益,这就对导游人员提出了更高的要求。实践证明,丰富的知识是搞好导游工作的前提。导游人员的知识面越广、信息量越多,就越有可能把导游工作做得有声有色、不同凡响,就会在更大程度上满足旅游者的要求,从而成为一名优秀的导游人员。以下是导游人员必须掌握的六方面的知识:

(1)丰富的语言知识。

语言是导游人员最重要的基本功,是导游服务的工具。导游人员若没有过硬的语言能力和扎实的语言功底,就不可能顺利地进行文化交流,也就不可能完成导游工作的任务,更谈不上提供优质服务。而过硬的语言能力和扎实的语言功底则以丰富的语言知识为基础。导游讲解是一项综合性的口语艺术,要求导游人员具有很强的口语表达能力。

目前,我国已形成一支具有相当规模、会世界各主要语言的导游队伍,他们承担着接待大量中国游客和世界各国不同层次、不同文化水平游客的任务。但绝大多数导游人员只会一种语言,会双语的人为数不多,懂多种语言的人更少。为了能适应我国旅游业发展的需要,顺应当今世界导游人员朝多语种发展的潮流,导游人员更应该重视自己的语言运用能力。

(2)扎实的史地文化知识。

史地文化知识包括历史、地理、宗教、民族、风俗民情、风物特产、文学艺术、古建园林等方面的知识。这些知识是导游讲解的素材,是导游服务的"原料",是导游人员的看家本领。导游人员要努力学习,力争使自己上知天文、下晓地理,对本地及邻近省、市、地区的旅游景点、风土人情、历史掌故、民间传说等了如指掌,对国内外的主要名胜亦应有所了解,还要善于将本地的风景名胜与历史典故、文学名著、名人轶事等有机地联系在一起。总之,对史地文化知识的综合理解并将其融会贯通、灵活运用,对导游人员来说具有特别重要的意义,它是一名合格导游人员的必备条件。

(3)必要的政策法规知识和国际知识。

政策法规知识也是导游人员必备的知识。导游人员在导游讲解、回答旅游者对有关问题的问询或同旅游者讨论有关问题时,必须以国家的方针政策和法规作指导,否则会给旅游者造成误解,甚至给国家造成损失。对旅游过程中出现的有关问题,导游人员要以国家的政策和有关的法律和法规予以正确处理。导游人员自身的言行更要符合国家政策法规的要求,遵纪守法。导游人员应该掌握的政策法规知识主要包括:中国的外交政策和对有关国际问题的态度,国际交往原则,国家的现行方针政策,有关的法律法规知识,旅游者的权利和义务,特别是外国旅游者在中国的法律地位以及他们的权利和义务,与旅游业相关的法律、法规。涉外导游人员还应了解国际形势和各时期国际上的焦点问题,以及我国的外交政策和对有关国际问题的态度;要熟悉客源国或接待国的概况,知道其历史、地理、文化、民族、风土民情、宗教信仰、礼俗禁忌等。了解和熟悉这些情况不仅有利于导游人员有的放矢提供导游服务,而且还能加强与旅游者的沟通。

(4)灵活的心理学和美学知识。

导游人员的工作对象主要是形形色色的旅游者,还要与各旅游服务部门的工作人员打交道,导游工作集体三成员(全陪、地陪和境外领队)之间的相处有时也很复杂。导游人员要随时了解旅游者的心理活动,有的放矢地做好导游讲解和旅途生活服务工作,有针对性地提供心理服务,从而使旅游者在心理上得到满足,在精神上获得享受。事实证明,向旅游者多提供心理服务远比功能服务重要。导游人员应具备的心理学知识包括:普通心理学知识(人的一般心理活动和行为规律、个性理论、交往技巧等)、旅游心理学知识(专门针对旅游者和旅游从业人员心理和行为的相关知识)。

旅游活动是一项综合性的审美活动。导游人员的责任不仅要向旅游者传播知识,也要传递美的信息,让他们获得美的享受。一名合格的导游人员要懂得什么是美,并善于用生动形象的语言向不同审美情趣的旅游者介绍美,而且还要用美学知识指导自己的仪容、仪态,因为导游人员代表着国家(地区),其本身就是旅游者的审美对象。导游人员应掌握的美学知识主要包括:自然景观美学(山地景观、水体景观、动植物景观、气象景观)、人文景观美学(建筑、园林、民风民俗)、艺术美学(书法、绘画、音乐、舞蹈、戏剧、手工艺品等)、生活美学(饮食、服饰等)。

(5)一定的经济和社会知识。

由于旅游者来自不同国家的不同社会阶层,他们中的一些人往往对目的地的某些经济和社会问题比较关注,会询问有关经济和社会的问题,有的人还常常把本国本地的社会问题同出访目的地的社会问题进行比较。另外,在旅游过程中,旅游者随时可能见到或听到目的地的某些社会现象,会引发他们对某些社会问题的思考,要求导游人员给以相应的解释。所以,导游人员掌握相关的社会学知识,熟悉国家的社会、经济体制,了解当地风土民情、婚丧嫁娶习俗、宗教信仰情况和禁忌习俗等就显得十分必要。

(6)多种旅行知识。

导游人员率领旅游者在目的地旅游,在提供导游服务的同时,还应随时随地帮助旅游者解决旅行中的种种问题。导游人员掌握必要的旅行知识(包括入/出境、海关、交通、通信、货币、保险、卫生救护等知识),不仅便于工作,提高工作效率,还能提高导游服务的水平,这对旅游活动的顺利进行尤为重要。

3.心理素质

导游工作是面对面的接待服务,导游人员的服务对象是具有丰富心理活动的旅游者,导游人员的心理状态就像无声的语言影响着旅游者的心理,进而影响着旅游活动的成败。导游人员的心理素质主要包括性格、情感和心理承受力三方面。

（1）导游人员的性格。

在心理学上，性格是指一个人在个体生活过程中所形成的对现实稳固的态度以及与之相适应的习惯了的行为方式。旅游活动的特点要求导游人员具有乐群外向，开朗豁达；兴趣广泛，乐观向上；自信自立，勇于负责等性格。

（2）导游人员的情感。

情感是人对客观现实的一种特殊反应形式，是人对客观事物是否符合自己的需要而产生的态度体验。导游人员应该是富于情感之人，自己对祖国山河、对人间友爱有真情，才可能热爱工作、热情对人、以情感人。

（3）导游人员的心理承受力。

导游人员每天都要面对旅游者，其精神状态直接影响着旅游者的情绪，因此，导游人员的精神要始终愉快、饱满，在旅游者面前应始终显示出良好的精神状态，进入"导游"角色要快，并且能保持始终而不受任何外来因素的影响。要善于调整自己的心态和控制自己的情绪，要有较好的心理承受能力，在明知游客不对的情况下，也不能急于辩明是非，而要以豁达包容的心态把游客的"不对"变成"对"，达到客导双赢的效果。

4. 能力素质

导游工作是一项复杂而艰巨的工作，导游人员的能力直接关系到导游服务的效率、导游服务水平。导游人员的能力素质体现在以下三个方面：

（1）具有较强的独立工作能力和协调应变能力。

对导游人员来说，独立工作能力尤为重要。导游人员接受任务后，要独立组织旅游者参观游览，要独立作出决定、独立处理问题等。其独立工作能力和协调应变能力具体表现为以下四方面：

①独立执行政策和独立进行宣传讲解的能力。导游人员必须具有高度的政策观念和法制观念，要以国家的有关政策和法律法规指导自己的工作和言行。在向旅游者宣传中国、讲解中国现行的方针政策、介绍中国人民的伟大创造和建设成就以及各地方的建设和发展情况、回答游客的种种问询时，导游人员要掌握好原则，把握好分寸，帮助旅游者尽可能全面地认识中国。

②较强的组织协调能力和灵活的工作方法。导游人员接受任务后，要根据旅游合同安排旅游活动，并严格执行旅游接待计划，带领全团人员游览好、生活好。这就要求导游人员具有较强的组织协调能力，在组织各项活动时讲究方式方法并及时掌握不断变化着的客观情况，灵活地采取相应的有效措施，在安排旅游活动时有较强的针对性并留有余地。

③独立分析、解决问题和处理事故的能力。沉着分析、果断决定、正确处理意外事故是导游人员最重要的能力之一。旅游活动中意外事故在所难免，能否妥善地处理事故是对导游人员的一种严峻考验。临危不惧、头脑清醒、遇事不乱、处理果断、办事利索、积极主动、随机应变是导游人员处理意外事故时应具备的能力。

④善于和各种人打交道的能力。导游人员的工作对象甚为广泛，善于和各种人打交道是导游人员最重要的素质之一。与层次不同、品质各异、性格相左的中外人士打交道，要求导游

人员必须掌握一定的公共关系学知识并能熟练运用,具有灵活性、理解能力和适应不断变化的氛围的能力,能随机应变处理问题,搞好各方面的关系,提高导游服务质量。

(2)较高的导游服务技能。

导游服务技能可分为操作技能和智力技能两类。导游服务需要的主要是智力技能,即导游人员同境外领队协作共事、与旅游者成为伙伴、使旅游生活愉快的带团技能;根据旅游接待计划和实情,巧妙、合理地安排参观游览活动的技能;触景生情、随机应变,进行生动精彩的导游讲解的技能;合情、合理、合法地处理各种问题和旅游者投诉的技能等。

语言、知识、服务技能构成了导游服务三要素,缺一不可,只有三者的和谐结合才称得上是高质量的导游服务。

导游人员的服务技能与他的工作能力和掌握的知识有很大的关系,需要在实践中培养和发展。一个人的能力是在掌握知识和技能的过程中形成和发展的,而发展了的能力又可促使他更快、更好地掌握知识和技能并使其融会贯通,运用起来得心应手。因此,导游人员要在掌握丰富知识的基础上,努力学习导游方法、技巧,并不断总结、提炼,形成适合自己独特的导游方法、技巧及风格。

(3)认识能力。

认识能力是指人们认识客观事物、运用知识解决实际问题的能力,主要包括观察力、注意力、想象力、记忆力等。导游工作的特点要求导游人员要具备以下四种能力:

①敏锐的观察力。很多旅游者经常将自己的需要隐藏起来。导游人员若能把旅游者的某种需要一语道破,并提供相应的服务,必然令旅游者肃然起敬。要达到这一良好的效果,导游人员必须具备敏锐的观察力。

②稳定而灵活的注意力。导游人员在带团过程中,注意力应相对稳定集中,适时灵活转移,不能过于集中,也不能过于分散。在致辞、讲解、商定日程、处理问题时,导游人员应集中注意力。在带团参观、游览途中,导游人员应灵活分配自己的注意力,做到眼观六路、耳听八方,关注周围环境及旅游者动向,以防意外事故的发生。

③丰富的想象力。导游人员在为旅游者讲解自然风光和文物古迹时,要想取得良好的讲解效果,必须发挥丰富的想象力,将旅游者导入美的意境。例如,一位导游人员在讲解一座湖畔石塔造型时,这样讲道:这座古塔高 50 米,亭亭玉立,就像一位身材苗条、穿着长裙的少妇,宽大的塔檐显得大方优美,塔檐翘角上悬挂着的铜铃就像银环玉佩,把她装饰得更加美丽动人,她静静矗立在湖边,似在翘首遥望着远浦归帆,等待着出海的丈夫归来……导游人员丰富的想象力使得一座没有多少生气的古塔变得那么富有艺术魅力。

④良好的记忆力。良好的记忆力是导游人员必备的素质之一。它对于做好导游工作十分重要,可以帮助导游人员及时回想起导游服务中所需要的各方面知识,提高导游服务水平。

5. 身体素质

导游工作是一项脑力劳动和体力劳动高度结合的工作,工作纷繁,量大面广,流动性强,体力消耗大,而且工作对象复杂,诱惑性大,对导游人员的身体状况提出了较高要求。因此,强健的体魄,也是导游人员必备的素质之一。

(二)导游人员的修养

修养是指人们在政治、思想、道德品质和知识技能等方面,经过长期锻炼和培养所达到的一定水平。一名优秀的导游人员要有高度的社会主义觉悟,树立远大理想;面对形形色色的精神污染,需要具有坚强的意志和自控防腐的自觉性;要有广博的知识并随时更新、不断充实,需要具有严肃的治学态度和学无止境的精神;需要不断提高自身的文化素养,以传播文化和满足游客的精神享受。导游人员的修养是多方面的,以下仅就导游人员必须具备的情操修养、学风修养和文化修养三个方面作简单阐述。

1.情操修养

情操是感情和操守相结合,不轻易改变的心理状态。导游人员的情操是以导游服务为中心而展开的对国家、集体、游客、个人的情感倾向。一名中国导游人员的情操修养,首要的是热爱祖国、热爱社会主义,要有历史责任感和社会责任感,要热爱本职工作,具有很强的事业理想。

2.学风修养

人的知识需要不断充实、丰富,需要随时更新、扩展,以适应不断发展的时代。导游工作是一项知识密集型的服务工作。导游人员不能只将导游工作看作是谋生的手段,更应将其看成一种事业。要活到老,学到老,努力提高自己的学识,争取为游客提供更好的导游服务,使他们在精神方面获得一种美的享受。

学海无边,永无止境,人们在学习时要讲究治学的态度和方法,才能尽快提高自己的学识,导游人员在学习业务知识时更应该坚持治学之道。

3.文化修养

文化修养的内涵丰富,知识、艺术鉴赏能力、兴趣爱好、审美情趣、礼节礼貌等都属文化修养的范畴。我国的导游人员要重视自我修养,要培养高尚的情趣和美好的情操,努力使自己成为一名举止端庄、谈吐文雅、严于律己、真诚待人、深受游客欢迎的优秀导游人员。

四、对导游人员的考核与管理

(一)导游人员的考核

1.我国导游人员资格考试背景情况

(1)导游考试的发展演变。

1988年国家旅游局在上海、浙江两地试点导游资格考试制度,1989年在全国推广。1989—1996年,全国导游资格考试按旅行社类别进行分类考试,当时的二类旅行社导游资格考试由国家局负责,三类旅行社导游资格考试由省级旅游局负责组织。1997—1998年,全国导游资格考试按旅行社业务范围进行分类考试,国际社由国家旅游局负责,国内社由省级旅游局负责。1999—2000年又作了改革,按语种进行分类考试,外语导游资格考试由国家旅游局负责,中文导游考试由省级旅游局负责。从2001年起,国家旅游局将考试权利进行了下放,国家旅游局制定政策,省级旅游局负责导游考试的培训、命题、发证等管理工作。

(2)国家导游考试改革的思路。

①下放权力,简化考试程序,调动各级旅游行政部门的积极性,发挥旅游院校的作用。

②加大地方部分考试内容,增强导游考试的针对性。

③紧紧抓住职业道德教育和能力考试两个重点。

④强调培训、考试与管理工作的结合。

⑤要推进考试的规范化开展。

2.导游考核的 A·S·K 原则

导游人员的考核是指对导游人员政治思想素质、业务素质和身体素质进行的全面考察和审核。考核 A·S·K 的原则,"A"(Attitude)即导游人员的工作态度,"S"(Skill)是指导游技巧和能力,"K"(Knowledge)是指知识的深度和广度。

一般来讲,考核包括三个方面:笔试、口试以及实践工作能力。考核可在全旅行社范围内进行,也可分部门进行。导游人员的考核包括新进导游人员的录用考核、在职导游人员的考核和兼职导游人员的考核。

3.新进导游人员的录用考核

新进导游人员的录用考核,包括全面考核和择优录用两方面。

(1)全面考核。

全面考核是根据旅行社招聘导游人员的条件,对求职者进行职业适应性的考查。它一般分四层进行:第一层次是报名时的初试,即通过简单问话、目测、验证、填表和测量,考核求职者的文化程度、身体素质、口语表达能力和其他基本情况,淘汰明显不符合招聘条件的人。这项工作主要由旅行社人事部门进行,也可由人事部门与用人部门代表联合进行。第二个层次是笔试,主要测试求职者的文化水平、外语水平、思维能力和文字表达能力等。这项工作一般由旅行社人事部门与用人部门联合进行。第三层次为面试,即通过与求职者面对面交谈(招聘外语导游人员还要增加外语口试)观察求职者脸部表情、动作姿态、谈话态度、思维广度、反应速度以及个性需要、择业动机等心理素质和各种能力(招聘外语导游人员还要观察其外语水平、口语表达能力),这项工作由旅行社用人部门进行。第四个层次是体检和政审,由旅行社人事部门负责。

(2)择优录用。

择优录用就是把上述四个层次考核和测验的结果归纳起来,对求职者进行综合评估,然后进行严格挑选,确定录用名单。这项工作一般由旅行社人事部门和其他用人部门联合进行。

4.在职导游人员的考核

在职导游人员的考核分为考试和年审两种形式。考核的目的是为了全面了解和掌握每个导游人员的德、能、勤、绩,并建立导游人员业务档案,作为导游人员培训、奖惩和晋级的主要依据。

(1)考试。

根据国家旅游行政主管部门的规定,导游人员的晋级要进行全国统一考试(初级导游人员除外)。旅行社为加强对导游人员的考核,也可按照不同等级导游人员的职业标准,对导游人员的语言、导游知识、专业知识和时事政策进行综合考试或分科考试,以了解和掌握每个导游人员的业务水平,作为安排其培训的依据。

(2)年审。

对导游人员进行考试是必要的,但考试是一次性的,往往具有偶然性,有时不能全面反映一名导游人员的真实情况。因此有必要对导游人员平时的情况进行考核,尤其是导游人员平时的思想表现和品德。所以,在一定意义上讲,平时考核比考试更为重要。

导游人员的考核主要通过年审进行。考核的主要内容包括全年工作量、业务能力、游客投诉与表扬情况、学习与进修情况等。年审主要按照省、自治区、直辖市旅游行政主管部门的规定和要求,旅行社再根据平时考察情况、回收的《海外旅游者意见表》对导游人员工作的反映,以及游客返回后来信对导游人员的表扬或投诉情况进行综合评价。

要做好导游人员的考核,旅行社首先要建立导游人员业务档案,对导游人员的实际工作量、游客评价、表扬信、投诉函、事故记录、培训与奖惩情况等进行记录、登记,及时对导游人员的服务质量进行评价,作为导游人员年审的依据。其次,为了做好导游人员的考核,旅行社应当制定导游人员考核等级标准,根据标准对导游人员进行分等定级。标准应具体,能量化的指标应尽可能量化。最后,为使导游人员的考核发挥应有的作用,旅行社还应建立导游人员奖惩制度,分别规定奖励与处罚的条例,对考核中的优秀者应给予奖励,对不合格者应予处罚。

5.兼职导游人员的考核

兼职导游人员是被旅行社临时聘用来接待游客的,不属于旅行社的编制。但他们导游服务的质量如何,对旅行社的声誉也会产生影响。因此,旅行社也应对兼职导游人员认真加以管理,对其工作情况进行考核。此外,旅行社还应建立必要的制度和管理机制。

(1)聘用时的审核制度。

兼职导游人员在同旅行社签订劳动合同时,旅行社应对其所在单位的证明、导游资格证书、思想品质、身体状况、有无民事行为的能力、有无犯罪记录等情况进行审核、登记,以确定是否与其签订劳动合同。

(2)导游工作的考核。

为便于进行考核,旅行社应建立兼职导游人员业务档案,收录其导游天数统计、游客评价、表扬或投诉信函、事故记录等。根据这些资料,定期对兼职导游人员进行考核,以确定是否需要对他们进行培训或延期聘用。

(二)导游人员的管理

1.计分制管理

为了加强对全国导游人员的管理,全面提高导游服务质量,国家旅游局从 2002 年 4 月 10 日起,在全国范围内推行对导游人员的计分管理制度。该制度的推行,可视为我国导游人员管理的一次革命,它将长远且深刻地影响我国导游人员职业的未来发展趋势。

计分管理制度施行的前奏,是国家旅游局启用新版导游证。导游证以 IC 卡的形式,卡内储存导游人员的姓名、性别、民族、学历、语种、出生年月、家庭地址、身份证号码、导游证编号、导游资格证号等基本情况和违规计分情况，可凭借手持读卡机等电子设备读取其内容。国家旅游局于2002年4月1日起，在部分地区试行新版导游证，2003年4月1日起在全国实行。

导游人员计分办法实行年度管理10分制。《导游人员违规通知单》是违规导游被扣分的凭据，一式三联，一联为检查单位留存，一联通知其发证单位，一联交违规人。

导游人员在10分分值被扣完后，原则上要求暂停从事导游业务，并由最后扣分的旅游行政执法机构暂时保留其导游证，但要出具保留导游证证明，且需于10日内通报该导游人员所在地旅游行政管理部门和登记注册单位。须说明的是，如果是正在带团过程中的导游人员，可持旅游执法部门开具的保留证明完成团队剩余行程。导游人员分值被扣完后，事后必须接受旅游行政管理部门的培训，经考核合格方能继续从事导游业务。导游人员如一次性被扣10分，须接受旅游行政管理部门的相应规定处罚。

2. 年审管理

导游人员必须参加年审，通过年审能够比较清楚地了解导游一年来的基本情况。年审以考评为主，考评的内容包括：当年从事导游业务情况、扣分情况、接受行政处罚情况、游客反映情况等。考评等级为通过年审、暂缓通过年审和不予通过年审三种。

年审之前，导游人员必须参加由旅游行政管理部门组织的专业培训，从业人员每年的培训时间累计不得少于7天(56小时)。年审培训考核合格后，由负责年审培训的部门在导游人员的资格证书或等级证书上加盖印章，作为导游人员向年审管理部门申请年审的依据。没有参加年审培训或年审培训不合格者，不予通过年审。暂缓通过年审的，通过培训和整改后，方可重新上岗。

3. 等级管理

导游人员的等级管理是导游人员管理的一个重要方面。依照规定，高级导游人员和特级导游人员由国家旅游局组织评定；中级和初级导游人员由省级旅游管理部门或委托地市县级旅游管理部门组织评定。按照国家旅游行政主管部门制定的导游人员等级考核标准，初级导游人员、中级导游人员、高级导游人员和特级导游人员的标准，认真做好导游人员的等级的评定与晋升。它对促进导游人员努力提高自己的业务水平和导游服务质量具有重要意义。

4. 旅行社对导游人员的管理

由于导游人员的导游服务质量关系到旅行社乃至国家旅游业的声誉，旅行社必须加强对导游人员的管理，其管理主要包括如下几个方面：

(1)加强培训与考核，确保导游人员的素质。

导游人员素质的高低，是决定导游服务质量高低的关键因素，因此旅行社应不遗余力地提高导游人员的素质。

(2)实行合同管理，强化导游人员的责任感。

劳动用工合同是劳动者与用人单位确立劳动关系，明确双方权利和义务的协议。它作为劳动关系的法律形式，具有控制人们在劳动过程中的行为、规范劳动活动、调整劳动关系的作用。因此,劳动合同一经签订,就具有法律的效力。旅行社对导游人员实行合同管理,根据劳动合同的规定对导游人员承担的义务进行检查、监督,这是促使导游人员依法为游客提供优质导游服务的保证,是提高导游服务质量的重要措施,可促使导游人员增强责任感,自觉地为游客服务。

(3)强化导游人员的检查、监督机制。

由于导游人员常年独立工作在外,旅行社采取一些措施,强化对导游人员的检查和监督是十分必要的。它不仅有利于加强对导游人员的管理,而且也有助于促进导游人员工作自觉性的提高。这些措施除国家旅游行政主管部门制定的《海外旅游者意见表》和由导游人员填写的陪同日志外,一些旅行社还制定了旅游团境外领队评价表,定期到有关接待单位听取意见或不定期地派专人到现场进行检查等。

导游人员对旅行社管理部门对其进行的培训、考核和管理应正确对待,要做到:积极参加安排的培训,变"要我学"为"我要学";积极配合管理部门的考核,如实汇报自己的业绩与不足,既不隐瞒,也不夸大;正确认识管理部门的检查和监督,发扬成绩,改正缺点,再接再厉。

5. 建立开放而有序的导游人才市场

导游人才市场,是指按照社会主义市场经济规律,在国家政策指导和宏观调控下,自觉地运用市场手段来调节导游资源,促进导游资源的充分合理的使用的市场调节机制、市场活动、劳动关系和中介服务的总和。导游人才市场的形成,应遵循劳动力市场的一般规律。这主要包括:市场对人力资源的配置起基础性作用,实行等价交换,市场竞争决定劳动力的优胜劣汰,国家宏观调控是劳动力市场正常运行的必要条件。因此,应从以下方面加以实施:

(1)改革导游人员的干部身份,按自由职业者的身份进行管理;

(2)实行导游人员的管理者与使用者基本上分离的制度;

(3)发展导游服务中介机构,对导游人员实行专业化管理;

(4)实行导游人员注册备案制度;

(5)导游公司依靠专业化管理优势,通过提高导游人员的服务质量,对旅行社进行利益诱导,引导旅行社调整用人机制;

(6)建立全国导游人员信息库,实行导游信息资源的社会共享以利于导游人才资源的合理使用和流动。

在新体制中,根据以上六条措施,应建立适应自由职业者特点的用工制度。

思考题

1. 导游服务应遵守哪些基本原则?
2. 简述导游人员的概念及其类型。
3. 导游人员的基本职责和各类导游人员的具体职责分别是什么?
4. 导游人员的素质要求有哪些?
5. 导游人员资格证书的种类有哪些?获取条件分别是什么?

项目二　掌握导游服务的相关知识

学习目标

知识目标

1. 了解国际礼仪常识
2. 掌握出入境常识和交通常识
3. 了解货币和保险常识
4. 了解旅游安全知识和卫生保健常识

技能目标

1. 能够根据出入境的程序进行导游服务
2. 能够熟练进行外币兑换
3. 能够对旅游常见疾病和突发疾病进行救治
4. 能够在旅途遇险时采取正确的急救措施

导入案例

外媒称，在近来出现一系列令人尴尬的事件后，新华网发布了出境游文明小贴士，从而帮助本国公民认识到在国外旅行过程中什么样的行为是不文明的。在春节前几天发表的几篇文章说，谁都不想被外国人贴上不文明的标签，为此，文中给出境游的中国游客提供了一些建议，其中有些建议专为某些旅行目的地量身打造。

据美国《华尔街日报》网站2月19日报道，去肯尼亚？拜托在拍摄当地人之前先征得对方同意。而且不要购买象牙等违禁品。这一建议也适用于珊瑚：它属于斐济，而不应该被摆在中国某位大妈家的展示架上。

新华网也强调，不文明的中国游客只是特例，并援引携程旅行网的调查结果说，不文明事件的比例低于万分之一。

这篇文章向出境游的中国游客给出了如下建议：抬头看不到天空的地方不能抽烟；别乱打响指，那是用来招呼汪星人的。

据英国《泰晤士报》网站2月19日报道，中国抨击外国游客的"不文明"行为，包括乱扔爆米花以及两人占了四人长椅等。

人民网发表了一篇题为《图解：裸照、随地小便……看看这些老外的不文明行为》的文章，列举了一些外国游客的不文明行为。

文章说："春节黄金周将至，很多国人都将出游。老说中国人有不文明现象，其实老外也不少。本网梳理了近年来一些外国游客不文明的典型案例,咱不跟他们学哈。"

资料来源:外媒:中国媒体抨击中外游客不文明行为[EB/OL]. http://news.163.com/15/0221/08/AIVCG2CS00014AEE.html.

任务一 礼仪常识

一、国际礼仪常识

1. 国际礼仪的基本要求

国际交往中的基本要求即基本礼仪包括五方面的内容:

(1)讲究仪表与衣帽整洁,面、手、衣、履要洁净。男子的头发、胡须不宜过长,应修剪整齐。指甲要经常修剪,一般与指尖等长,不留污垢,保持手部清洁,若手部有疾症或疤痕要戴手套。衣着要整洁笔挺,不能有褶皱,钮扣均应整齐,裤扣不能在室外或公共场合整理。衬衣一般为白色、硬领,袖与下摆不长于外套,且放入裤内。要按交际场所或交际需要着装,礼服、领带或领花应结好,佩带端正,并备洁净手绢与梳子。皮鞋应擦亮。不得在人前做不雅的小动作,如刷牙、挖鼻孔、掏耳朵、剪指甲、搔痒等。

(2)举止大方得体,态度和蔼端庄,精神饱满自然,言行检点。站、坐、走都要符合常规,略严肃些,因为任何失礼或不合礼仪的言行都会被视为有失体面。

(3)说话客气,注意身份。说话时神情衿持和蔼,面带微笑,对萍水相逢之人不要轻易开口,应在有人介绍后方可交谈,随便与人攀谈也被视为有失体面。

(4)遵守公共秩序,不打扰、影响别人,尊重别人。不随意指责别人,不给别人造成麻烦或不便。发议论与指责别人会被认为缺乏教养。

(5)守约遵时。与人约会不能有失约,不能超时。失约超时是很不礼貌的行为。承诺别人的事情不能遗忘,必须讲"信用",按时做好。失信或失约有损自己的人格,是很丢面子的事情。

2. 国际礼仪的礼貌用语

礼貌用语是礼仪的表现形式,能传达爱心与礼节,使说话人更被人敬重。现在,我国正在提倡的礼貌用语十个字:"您好""请""谢谢""对不起""再见"。在国际交往中,使用频率极高的有其中八个字礼仪语言。

(1)"请"。几乎任何需要麻烦他人的事情,都应该说"请"。例如,如果你有疑难需人指点,你应向他人说:"我想请教一个问题";在另一种情况下,你可以说:"请顺便帮我发一封信好吗?"在商店里买东西,你应当对营业员说:"请拿这枝笔给我看看";你要问路,一定要以"请问"开头。"请"也是人际交往中尊重对方的礼节用语。当你开门迎接来宾时应说:"请进"。客人走进房间应示意"请坐"。客人坐定后应说:"请问,你喜欢喝点什么饮料?"饮料备好后应对客人说:"请饮用。"

(2)"谢谢"。西方通行的礼节是:只要别人为你做了什么,都应该说声"谢谢",包括家人或关系亲密的朋友。行走时别人为你让路,必须说:"谢谢"。在商店里买东西,要对售货员说:"谢谢"。在某些特定交往场合,常常是交往的双方都互说"谢谢"。当你对别人说"谢谢"两个字时,就意味着你已充分认识到别人为你提供的帮助。而忽略这一点,则是非常失礼的行为。

(3)"对不起"。西方人的习惯是:凡是不小心妨碍或干扰了别人,都要说"对不起"。如在公共场所无意中碰了人,就要说"对不起";当你需要打断别人的谈话时应该说:"对不起,请允许我打断一下好吗?"与别人共用餐时,无意中咳嗽一声或打个饱嗝,要说声"对不起";与客人一起聚会时,临时需要离座一下,也应说:"对不起"。否则别人会认为你缺乏教养。

(4)"再见"。"再见"不仅是同事、家人之间相互告辞时的礼貌用语,在西方社会也是陌生人之间接触后互相告辞时的礼貌用语。最常见的情况是在商店里,售货员与顾客交易后,相互说"再见"。乘坐出租车,司机与乘客结帐后,也相互说"再见",这是很平常的礼节。

3. 国际礼仪中对他人隐私的尊重

西方国家很尊重每个人的"隐私权"。所谓隐私权是指个人私生活不受他人干扰、窥视的权益。在国际交往中,尊重隐私也是重要的规范。

(1)尊重隐私,要坚持以个人为交往对象的礼仪原则。如:你给一家人中的某个人帮了忙或送了一份礼物,这行为本身也仅是对某个人而方才有意义,除受惠人会表示感谢,其他家人一般不会因此而致谢,这是很正常的。

(2)尊重隐私,不能侵犯属于个人的空间与领域。一家人同住一栋房子里,各自的房间便是各个成员自己的天地,不敲门,不经允许,便不能突然闯入。拜访他人家庭、前往他人家庭、前往他人办公室洽谈,都须预先约定。

(3)尊重隐私,在交谈中应回避涉及个人隐私的任何话题。具体来说,就是要做到"五不问"：一不问年龄；二不问婚否；三不问去向；四不问收入；五不问地址。

4. 国际礼仪中的"女士第一"原则

"Ladies first"即女士第一或女士优先，这是国际礼仪中很重要的原则。女士优先的核心是要求男士在任何场合、任何情况下，都要从行动上从各个方面尊重、照顾、帮助、保护妇女。在社交场合遵从女士第一的原则，可以显示男子气质与绅士风度。男女同行时，男应走靠外的一侧。不能并行时，男士应让女士先行一步。但在开门、下车、上楼或进无人领路的场所、遇到障碍和危险时，男士就走在女士前面。

乘坐计程车或其他轿车时，应让女士先上车；下车一般是男士先下，然后照顾女士下车。

在门口、楼梯口、电梯口及通道走廊遇到女士，男士应侧身站立一旁，让其先行。在需要开门的场合，男士应为女士开门。

在社交聚会场合，男士看到女士进门，应起身以示礼貌；当客人见到男女主人时，应先与女主人打招呼。

就餐时，进入餐厅入座的顺序是，侍者引道，女士随后，男士"压阵"。一旦坐下，女士就不必再起身与别人打招呼，而男士则需起身与他人打招呼。点菜时，应先把菜单递给女士。女士在接受男士的礼让时，不能过分腼腆与羞怯，应面带笑容道谢。

5. 国际礼仪中的"不卑不亢"原则

国际交往中人与人、国家与国家之间应是平等的关系，中国人与外国人交往时不卑不亢，这也是国际礼仪的重要原则。国际礼仪中的不卑不亢原则，最要紧的是保持人格平等，因为"卑"和"亢"都是置对方或置自身不平等位置上的交往态度。"卑"有损自身人格甚至国格；"亢"则显得虚张声势，也有伤对方的自尊。要做到"不卑不亢"，应注意：

(1)不能对对方有金钱与物质利益上的希望和企图。"心底无私天地宽"，只要把握住这一点，双方的人格就是平等的了。我方无所企求而心地坦然，对方无需戒备则轻松自如，这样的交往自然分不出尊卑。如果一味希望对方担保子女出国或获得其他物质上的好处等，就很难坚持此项原则。

(2)要有为国家和民族争气的精神。这种精神在涉外谈判中尤为重要。如：我国一代表团出访某国谈判合资项目，对方以其设备先进优势，向我方漫天要价，谈判一度陷入僵局。后来，我方领导在一次聚会演讲时若有所指地说："中国是个文明古国，我们的祖先早在1000多年前，就将四大发明的生产技术无条件地贡献给了人类，而他们的后代子孙从未埋怨过他们不要专利是愚蠢的。相反，却盛赞祖先为推进世界科学技术的进步作出了杰出的贡献。现在，中国在与各国的经济合作中，并不要求各国无条件地让出专利权，只要价格合理，我们一个钱也不少给。"这篇不卑不亢的精彩演讲，博得与会者的赞誉，促使对方在以后的谈判中自愿降低专利费，双方很快达成协议。

(3)实事求是，不过谦，不说过头话。以宴请为例，中国人请客，即使是相当丰盛的一桌饭菜，主人也会对客人说："今天没什么特别的菜好招待，请随便吃点。"西方人则相反，不管饭菜质量如何，主人都要自我夸赞："这是本地最好的饭店""这是我的拿手好菜"，目的在于表示诚意。同样,中国人到别人家做客都客气有余,主要问客人是否再添点饭,客人说不用不用,实际上也许并未吃饱。西方人作为宾客赴宴,说不吃不喝时则是真的,绝不客气。所以,在国际交往中,客气与谦虚都不能过分。

6.国际礼仪中的"入乡随俗"原则

入乡随俗,是国际交往中一条很重要的礼仪原则。出国或在国内接触外宾,都要遵循他们的风俗习惯与礼节,以缩小交往时出现的文化差距与减少相互间的观念冲突。因此,每到一个国家或接待来自某一国的客人,都要事先了解该国的礼俗,即使相当熟悉的友人,也应注意基本礼仪。因为不同国家的社会制度不异,文化习俗有别,思维方式与理解角度也往往差别较大,在交往中应相互尊重,谨慎从事,不能不拘小节或超过限度。如美国人有三大忌:一是忌有人问他的年龄;二是忌问他所买东西的价钱;三是忌在见面时说:"你长胖了。"这是因为:前两忌都是个人私事,不喜欢他人干涉,后一忌是美国有"瘦富胖穷"的观念。

二、导游服务的基本礼仪

中国自古以来就有"礼仪之邦"的美誉,上下五千年传承的礼仪文化是举世文明的。在大力提倡精神文明建设的今天,礼仪更成为每一位公民应具备的品质。我们通常讲的"礼",并不是单纯指做人,亦指处世,特别是在现代服务行业,更应该把"礼"奉为企业文化的宗旨。旅游业是一门新兴的服务行业,服务礼仪的运用不仅可以加快旅游信息的传递,还可以使旅游企业获得更大的收益。礼仪可以弥补工作中的不足,让顾客对企业产生良好的依赖感,进而成为忠实的顾客。

(一)导游服务礼仪的具体要求

导游是一个神奇的职业,他们可以带着一帮人在祖国的大地上尽情地游览和探索,有着令人羡慕的逍遥生活。但是导游也有不为人知的辛苦和规则的约束,他们要懂得礼仪规范才能和游客一起玩得尽兴。

1.服务前的准备

导游接团前必须有充足的准备,制定接待计划,在团来到之后就要组织落实相关的事宜,保证能够顺利的出发。接到团之后不能盲目出发,应与相关人员一同检查旅游路线、住宿等情况,以确定旅游线路畅通无阻,住宿安排没有问题。导游要有良好的专业素质,同时还要作好准备。在物质方面,如接站牌、导游证、胸卡、记事本等都要准备妥当。在心理上,要做到处事不惊,能够针对接团过程中发生的一些问题和事故做出应对,以防止事态的扩大或恶化。另外,还要有接受游客的抱怨、投诉等心理,能够不厌其烦地听取意见并耐心讲解。下车前给游客细致地讲解接下来几天的行程。

2.入店服务和核定行程

入住酒店前,先将游客集合在一起,然后向他们发放住房卡、地图等;向他们介绍酒店的地理位置以及周边的一些配套,如超市、商场、休闲中心、餐饮消费等,以便游客在休闲时间自行安排;告诉游客电梯方向、早餐地点、领队房号以及联系方式;与客车司机进行沟通,告诉他们次日行程及集合地点,并让他们做好准备工作。

3.参观游览服务

提前半小时来到指定的集合地点,出发前十分钟督促司机做好相应的工作。首先要核对游客人数,对不随团的游客应进行妥善安排。向游客大致介绍当天的行程及游览地点,并告知游览中可能出现的问题,需作好相应的准备。引导和协助游客上车,并再次清点人数。在游览途中要生动地介绍当日安排(如游览点、行车时间、午晚餐时间和地点)、沿途风光,并解答游客的询问。在讲解景点之前,先把游览的线路、讲解花费的时间以及其他注意事项讲清楚,然后再对景点文化进行讲解。要根据随团游客的特点进行讲解,如果游客大部分是年轻人,语速可以稍微快一点,但如果老人和孩子较多,那么语速就要慢一些,并且提高声音。在讲解中要多注意游客的动向,防止随意走动而丢失。游览结束后,将游客聚焦起来,对当天的旅游情况进行总结,还可以让游客主动提问,为他们答疑解惑。

(二)导游工作中的礼仪细节

1.仪表

一般来讲,除了必需的整洁以外,着装不要太土气。男导游如果穿正装那一定要笔挺,特别不要用呆板的正装皮带;女导游要画淡妆,但不要戴太多的首饰。

2.举止

车上点人数的时候别用手。告诉客人如何调节冷气一类的,话筒声音不要太大。在车上导游电话要置于振动,说话告一段落之后再接打电话。车上应该是和谐、融洽、兴奋的氛围,不能对游客随意开玩笑,因为每个人的幽默感不一样,如果开玩笑引起不愉快的事情,那么就显得太没必要了。如果有游客提出问题,要提高声音回答,并且再把问题重复一遍,以引起其他游客的注意。

3.景点礼仪细节

在讲解的时候一般会用到腰麦,这样便于打手势语。走的时候不要在游客的正前方,转弯的时候要在外侧引导游客。无论是在酒店还是在景点现场,都会涉及到很多的礼仪问题,导游应该谦让,如在上楼的时候会面,如果楼梯较窄,应主动侧身先让游客通过;如果游客穿的是短裙,应尽量保持一定的距离。在游览的时候经常会遇到一些吐口水、乱扔垃圾、不遵守规定的行为方式,对此不应直接对游客进行劝止,这样较容易发生冲突。而是在讲解的过程中或是某个时间节点,向游客传达环保知识,让他们注意文明礼貌。到达酒店,导游应先下车,自己先去前台安排。分房的时候要照顾到老年人和带孩子的家长,尽量让他们的房间靠近电梯,如果是一大家人则尽量让他们作邻居。办理相关手续要迅速老练,不能让游客等的太久。告诉客人,如果任何房间有问题请立刻到大堂来找导游协助解决。

4.餐厅礼仪细节

陪游客在餐厅就餐时,先请游客入座。注意不要随便替客人倒酒,你并不知道别人是否喜欢喝或愿意喝多少,让服务生去做或是请别人先倒,对服务生要有礼貌。

5.晚间和自由活动时间要注意的细节

在晚间或自由活动时间,如果有人邀请你去参加聚会,如果是出于真诚的、礼貌的,是可以接受的,如果只是客套,那么尽量婉拒。反过来,如果你准备邀请客人参加你的活动,就一定要确保安全。

任务二　出入境常识

一、出入境应持有的证件

世界上任何主权国家或地区,都实行严格的入境和出境检查制度,只有具备合法身份并持有有效证件的人员才有资格入出国境。

护照是一个国家的公民出入本国国境和到国外旅行或居留时,由本国发给的一种证明该公民国籍和身份的合法证件。护照(passport)一词在英文中是口岸通行证的意思。也就是说,护照是公民旅行通过各国国际口岸的一种通行证明。所以,世界上一些国家通常也颁发代替护照的通行证件。

各国颁发的护照种类不尽相同。中国的护照分为外交护照、公务护照和普通护照,普通护照又分因公普通护照和因私普通护照。

外交护照主要发给副部长、副省长等以上的中国政府官员,党、政、军等重要代表团正、副团长以及外交官员、领事官员及其随行配偶、未成年子女、外交信使等。

公务护照主要发给中国各级政府部门的工作人员、中国驻外国的外交代表机关、领事机关和驻联合国组织系统及其有关专门机构的工作人员及其随行配偶、未成年子女等。

因公普通护照主要发给中国国营企业、事业单位出国从事经济、贸易、文化、体育、卫生、科学技术交流等公务活动的人员、公派留学、进修人员、访问学者及公派出国从事劳务的人员等。

因私普通护照发给定居、探亲、访友、继承遗产、自费留学、就业、旅游和其他因私人事务出国和定居国外的中国公民。

1.普通护照

中华人民共和国外交护照由中华人民共和国外交部负责签发,由中华人民共和国党、政、军高级官员、全国人民代表大会上官员、全国政协主要领导人、外交官员、领事官员及其随行配偶、未成年子女和外交信使持用。外交护照的封皮,是红色。外交护照有 32 页及 96 页两种版本,后者供外交信使使用。

中华人民共和国公务护照由中华人民共和国外交部负责签发,由中华人民共和国驻外使馆、领馆或者联合国、联合国专门机构以及其他政府间国际组织中工作的中国政府派出的职员及其随行配偶、未成年子女持用。公务护照的封皮是墨绿色。公务护照是发给国家公务人员的护照,也有的国家称这种供政府官员使用的护照为"官员护照"。此外,各国都把这种护照发给驻外使(领)馆中的不具有外交身份的工作人员及其配偶和成年子女。公务护照为绿色封皮,另有黑色封皮公务护照,其作用相当于过去的普通护照,和绿色封皮公务护照有所区别。公务护照由外交部、中华人民共和国驻外使馆、领馆或者外交部委托的其他驻外机构以及外交部委托的省、自治区、直辖市和设区的市人民政府外事部门签发。公务护照即因公护照。

中华人民共和国普通护照由中华人民共和国公安部负责签发。2007年1月1日《中华人民共和国护照法》颁布以前,分为因公普通护照与因私普通护照。普通护照是指发给一般公民(即平民百姓)使用的护照(见图2-1)。公民因前往外国定居、探亲、学习、就业、旅行、从事商务活动等非公务原因出国的,由本人向户籍所在地的县级以上地方人民政府公安机关出入境管理机构申请普通护照。普通护照由公安部出入境管理机构或者公安部委托的县级以上地方人民政府公安机关出入境管理机构以及中华人民共和国驻外使馆、领馆和外交部委托的其他驻外机构签发。普通护照即因私护照。中华人民共和国因公普通护照:主要颁发给各级政府、社会团体的一般工作人员和国有企事业单位因公出国人员。因公普通护照并非由公安部签发,而是由各地人民政府外事办公室负责接受申请和签发。封皮为深棕色。中华人民共和国因私普通护照:主要颁发给出国定居、探亲、访友、继承财产、留学、就业、旅游等因私事出国的中国公民。封皮为暗红色。中国开始颁布施行《中华人民共和国护照法》后,因公普通护照更名为公务普通护照,划归公务护照的范围内,并由原来的浅紫色封面变为深棕色;而因私普通护照则更名为普通护照。

图2-1 普通护照

2.特别行政区护照

特别行政区护照目前分两类:一是指澳门特别行政区护照与其他旅行证件。二是指香港特别行政区护照。以下介绍香港特别行政区护照的相关事宜。

(1)申请。符合资格香港居民可透过邮寄,或亲自前往任何一间入境事务办事处递交申请。申请时须递交的文件:

①已填妥及签署的申请表格(ID841)。

②香港永久性居民身份证影印本(18 岁以下须递交额外证明文件)。

③划线支票。

④彩色近照一张。

⑤已填妥的邮寄标签(ID839)。

(2)收费。

①16 岁或以上人士(护照有效期为 10 年)。32 页:370 港元(海外申请:41.5 美元);48 页:460 港元(海外申请:59 美元)。

②16 岁以下儿童(护照有效期为 5 年)。32 页:185 港元(海外申请:21 美元);48 页:230 港元(海外申请:29.5 美元)。

(3)申请所需时间。

①本地申请:10 个工作天(2007 年 2 月 5 日起签发的电子特区护照);凡未满 11 岁而并未持有香港永久性居民身份证的儿童,申请需 19 个工作天。

②海外申请:持有香港永久性居民身份证者:4 至 6 个星期;未有香港永久性居民身份证者:6 至 8 个星期。

3. 其他旅行证件

(1)中华人民共和国旅行证:旧版封面为黄色,新版为墨绿色。

(2)中华人民共和国海员证:封面蓝色。

(3)中华人民共和国入出境通行证:封面绿色。分为单页对折一次有效及附加查验页多次有效两种。

(4)台湾居民来往大陆通行证:旧版(2015.7.6 之前)封面草绿色。32 页,效期五年。内页只有中文,没有英文。新版为卡式。

(5)大陆居民往来台湾通行证:封面藕荷色。内页只有中文,没有英文。

(6)港澳居民来往内地通行证(卡式),旧为"港澳同胞回乡证",封面酱黄色(十八岁以下 3 年有效,十八岁以上 10 年有效)。

(7)中华人民共和国往来港澳通行证:封面蓝色。为 5 年有效,需要签注(旧版分为 8 页 2 年一次有效,及 16 页 5 年多次有效两种,于 2002 年停止签发)。

(8)中华人民共和国前往港澳通行证:俗称单程通行证,封面主要为灰色,给予前往港澳地区定居人士使用,须在指定日期内在指定口岸出境。

(9)因公往来香港澳门特别行政区通行证:封面分为深蓝色和红色,红色是发给地位较高的官员(旧版分为 8 页 2 年一次有效,及 16 页 5 年多次有效两种)。

(10)中华人民共和国澳门特别行政区旅行证:封面为紫色。内页有中、葡、英三国文字。专为无法取得任何国家发出之护照的澳门非永久性居民赴外国旅游、探亲、商务等之用的一种旅行证件。

4.最新的电子护照

全国公安机关于 2012 年 5 月 15 日起统一启用签发电子普通护照。已启用的电子护照,防伪性能有了根本性提高,办理程序上新增指纹采集等内容。

(1)特点。电子普通护照是在传统本式普通护照中嵌入电子芯片,并在芯片中存储持照人个人基本资料、面像、指纹等生物特征的新型本式证件。电子普通护照的签发启用,标志着我国公民的国际旅行证件已迈入全数字化的新时代。

电子普通护照具有两大特点:第一,护照防伪能力更加强大。电子普通护照采用了大量新型高强度防伪工艺和材料,通过异型彩虹印刷、多层次无色荧光印刷、多色接线凹印、光彩油墨、激光穿孔打号、高分辨全息保护膜等几十项防伪技术,能够有效防范伪造变造护照行为的发生,保护持照人的合法权益。第二,护照图案设计更加美观。电子普通护照图案的主题为"辉煌中国",分别选取了 31 个省、自治区、直辖市及香港、澳门、台湾地区具有地域代表性的主题元素,以及"天安门""长城""天坛"等 3 个国家形象代表元素,以地域分布为主线,突出了民族融合、和谐共存的精神理念,勾画了祖国山河的雄浑辽阔、历史文化的源远流长,展示了当今中国的辉煌形象。

(2)注意事项。申请办理电子普通护照的条件、时限和收费标准均与以往相同,只是在办理程序方面,增加了采集申请人指纹信息及当场签署本人姓名的内容。

采集指纹方面:对于十六周岁以上的公民申请电子普通护照,公安机关出入境管理机构均应当现场采集申请人的指纹信息。不满十六周岁的公民申请电子普通护照,监护人同意提供申请人指纹信息的,公安机关出入境管理机构可以现场采集。申请人因指纹缺失、损坏无法按捺指纹的,可以不采集指纹信息。

签署姓名方面:公民应当当场在《中国公民普通护照申请表》上签名,以便公安机关出入境管理机构将申请人签名信息扫描至电子普通护照资料页。学龄前儿童等不具有签名能力的申请人可以不签名。

电子普通护照中内置敏感的电子元器件。为保持其最佳性能,请不要将电子普通护照弯折、打孔或者暴露在极端温度、湿度环境中。

(3)具体政策。公安部决定自 2012 年 9 月 1 日起,在北京、天津、上海、重庆、广州、深圳等 6 个流动人口较多的城市实施允许非本市户籍就业人员和高等院校的在读大学生异地提交出入境证件申请的便利措施。这 6 个城市就业的非本市户籍人员可持户口簿、二代居民身份证、暂(居)住证,以及人力资源和社会保障部门出具的在就业地连续一年以上缴纳社会保险的证明;高等院校在读的非本市户籍大学生可持户口簿、二代居民身份证以及就读院校出具的在学证明,向公安机关出入境管理机构申请办理普通护照、往来港澳通行证及各类签注、往来台湾通行证及各类签注(包括首次申请、换补发证件、证件失效重新申请以及证件加注)。

二、进出境旅客通关规定

根据《中华人民共和国海关法》和《中华人民共和国海关关于进出境旅客通关的规定》及

其他有关法律、行政法规,进出境旅客行李物品必须通过设有海关的地点进境或出境,接受海关监管。旅客应按规定向海关申报。除有关法律、行政法规免验者外,进出境旅客行李物品应交由海关按规定查验放行。海关验放进出境旅客行李物品,以自用合理数量为原则,对不同类型的旅客行李物品规定不同的范围和征免税限量或限值。

进出境旅客通关时,应首先在申报台前向海关递交《中华人民共和国海关进出境旅客行李物品申报单》或海关规定的其他申报单证,如实申报其所携运进出境的行李物品。

进出境旅客对其携运的行李物品以上述以外的其他任何方式,或在其他任何时间、地点所做出的申报,海关不视为申报;进出境旅客向海关申报,应在海关对有关物品实施查验(包括检查设备查验)之前完成,海关开始检查后,旅客对其所携运物品以任何方式作出的申报,均不视作为申报。

不明海关规定或不知如何选择通道的旅客,应选择"申报"通道,向海关办理申报手续。经海关验核签章的申报单证请妥善保管,以便回程时或者进境后凭此办理有关手续。海关加封的行李物品,请不要擅自开拆或者损毁海关施加的封志。

1.进境申报范围

(1)动植物及其产品、微生物、生物制品、人体组织、血液及其制品。

(2)居民旅客在境外获取的总值超过人民币5000元的物品。

(3)非居民旅客拟留在中国境内的总值超过人民币2000元的物品。

(4)超过1500毫升酒精饮料(酒精含量12度以上),或超过400支香烟,或超过100支雪茄,或超过500克烟丝。

(5)超过20000元人民币现钞,或超过折合5000美元外币现钞。

(6)中华人民共和国禁止和其他限制进境的物品。

(7)分离运输行李、货物、货样、广告品。

2.禁止进境物品

(1)各种武器、仿真武器、弹药及爆炸物品。

(2)伪造的货币及伪造的有价证券。

(3)对中国政治、经济、文化、道德有害的印刷品、胶卷、照片、影片、录音带、录像带、激光视盘、激光唱盘、计算机储存介质及其他物品。

(4)各种烈性毒药。

(5)鸦片、吗啡、海洛因、大麻以及其他能使人成瘾的麻醉品、精神药物。

(6)新鲜水果、茄科蔬菜、活动物(犬、猫)除外、动物产品、动植物病原体和害虫及其他有害生物、动物尸体、土壤、转基因生物材料、动植物疫情流行的国家和地区的有关动植物及其产品和其他应检物。

(7)有碍人畜健康的、来自疫区的以及其他能传播疾病的食物、药品或其他物品。

3.限制进境物品

(1)无线电收发信机、通信保密机。

（2）烟、酒。

（3）濒危的和珍贵的动、植物（均含标本）及其种子和繁殖材料。

（4）国家货币。

（5）海关限制进境的其他物品。

4. 出境申报范围

（1）文物、濒危动植物及其制品、生物物种资源、金银等贵重金属。

（2）居民旅客携带需复带进境的单价超过人民币5000元的照相机、摄像机、手提电脑等旅行自用物品。

（3）超过20000元人民币现钞，或超过折合5000美元外币现钞。

（4）货物、货样、广告品。

（5）其他需要向海关申报的物品。

5. 禁止出境物品

（1）列入禁止进境范围的所有物品。

（2）内容涉及国家秘密的手稿、印刷品、胶卷、照片、影片、录音带、录像带、激光视盘、激光唱盘、计算机储存介质及其他物品。

（3）珍贵文物及其他禁止出境的文物。

（4）濒危的和珍贵的动植物（均含标本）及其种子和繁殖材料。

（5）国家规定禁止出境的其他物品。

6. 限制出境物品

（1）金、银等贵重金属及其制品。

（2）国家货币。

（3）外币及其有价证券。

（4）无线电收发信机、通信保密机。

（5）贵重中药材。

（6）一般文物。

（7）海关限制出境的其他物品。

7. 常见物品携带规定

（1）人民币。旅客携带人民币进出境，限额为20000元，超出的不准进出境。

（2）外币。旅客携带外币进境，数量不受限制，但旅客携带现钞折合5000美元以上外币的，进境须向海关申报；复带出境时，海关凭旅客本次入境时的申报单核对放行。

（3）出境旅客携带外汇现钞折合5000美元以上的，海关凭银行出具的"携带外汇出境许可证"放行。

（4）金、银及其制品携带规定。出境旅客携带在我境内购买的金、银及其制品过50克的，海关凭中国人民银行印制的《特种发货票》放行。

（5）中药材、中成药携带规定。旅客携带中药材、中成药出境前往港、澳地区的，总值限人民币 150 元;前往国外的,限人民币 300 元。

旅客携带用外汇购买、数量合理的自用中药材、中成药出境,海关验凭盖有国家外汇管理局统一制发的"外汇购买专用章"的发货票放行。

麝香、虎骨、熊胆及其制品,以及超出规定限值的中药材、中成药不准携带出境。

(6)文物携带规定。旅客携带文物进境,如需要复带出境,应在入境时向海关详细申报。

携带文物出境,海关凭文化行政管理部门在文物上盖的鉴定标志"火漆印"及文物古籍外销统一发货票,或文化行政管理部门开具的《文物出境许可证》查验放行。

三、入出境手续

任何国家对入出境旅客均实行严格的检查手续。办理这些手续的部门一般设在旅客入出境地点,如机场、车站、码头等。

(一)入出境的具体手续

1. 边防检查

边防检查在很多国家由移民局(或外侨警察局)负责,我国由边防检查站负责。主要是填写入出境登记卡片(有时在飞机上由航空公司代发卡片可提前填写)、交验护照、检查签证等。有些国家免办过境签证,并允许旅客出机场到市内参观,只是将护照留在边防,领取过境卡,返回时再换回。

出境时,旅客需填写出境卡(有些国家不用填),并将出境卡连同护照和登记牌交工作人员检查。不少国家出境旅客需先交纳机场税后再办理护照检查。入境时旅客需交验护照和入境卡(有些国家不用填),入境卡一般在飞机上发给,旅客在飞机上提前填好。

2. 海关检查

一般仅询问一下有否需申报的物品,或填写旅客携带物品入境申报单。必须时海关有权开箱检查所带物品。持外交护照者一般可免验。各国对入出境物品,管理规定不一,一般烟、酒等物品按限额放行。文物、武器、当地货币、毒品、动植物等为违禁品,非经特许不得出入国境。

各国海关对外国旅客或非当地居民的检查常有以下四种情况:

第一种,免验。如西欧一些机场在海关处写明"不用报海关",或者在海关处根本无人办公。

第二种,口头申报。旅客不需要填写海关申报表,过海关时,海关人员只是口头问问带了什么东西,通常不用开箱检查。

第三种,旅客须填写海关申报单,但在通过海关时,海关人员一般也只是口头上问问是否携带了海关所限制的物品,很少开箱检查。

第四种,旅客须填写海关申报表,通过海关时还要开箱检查。

3. 安全检查

为防止有人秘密携带武器弹药武装劫持飞机事件的发生,世界上绝大多数机场在旅客上下飞机前或后进行安全检查。

对身体及随身携带行李的检查方式有以下五种:

(1)搜身。检查员从上到下、前前后后用手摸搜旅客全身(不搜衣袋)。一般男检查员搜男性旅客,女检查员搜女性旅客。不过,也有女检查员搜身时不分男女。

(2)用磁性探测品近身检查。检查员手持一种探测器贴近旅客身体搜索全身上下,仪器遇到手表、衣袋内的钥匙、小刀、纪念章等金属物后,即会发生特殊声音。此时,如果声音信号引起检查的怀疑,旅客则需要从衣袋内取出全部金属物再进行检查,直到检查员消除怀疑为止。

(3)过安全门。这种门式检查装置像一外门框,故也称作安全门或探测门。检查时,旅客需从门框内一一通过。如果身上携带有金属物,装置就会发生信号。检查员在一旁观察信号,并对有怀疑的人再作搜身检查。

(4)物品检查。打开全部物品进行检查。

(5)用红外线透视仪器检查。检查时,将全部手提行李放上输送带送入检查。检查员通过监视荧光屏观察物品。有怀疑的东西要打开检查。有些国家或地区要求旅客将物品送入红外线透视检查之前取出未曝光的胶卷。

目前,安全检查一般都同时用(1)、(3)、(4)、(5)方式对旅客身体和随身行李分别进行检查。按有关国家和有关航空公司的规定,不论头等舱或普通舱的,也不论持外交护照或其他旅行证件的各国旅客原则上均需接受同样方式的安全检查。遇有特殊情况,也有免检的可能。

4.卫生检疫

旅客出入境时,国境卫生检疫部门要检查预防接种证书(即黄皮书)。有些国家有时免验,但有时对某些流行病检查特别严格,如发现未进行必要的种接,则采取隔离、强制接种措施。

中国国境卫生检疫部门(属卫生部领导)根据旅客来自国家或地区不同决定是否实施检疫;对我国旅客根据旅客前往国家或地区在回国时决定是否实施检疫。但无论是出境或入境均应预防接种。随着世界疫情的变化,现尚需检疫传染病的有鼠疫、霍乱、黄热病等。

我省出国人员在出国前应与中华人民共和国合肥(芜湖、安庆)卫生检疫所联系,在其他口岸出入境应与当地国境口岸、卫生检疫部门联系,如在其他内地可与当地防疫部门联系,了解需要办理何种检疫手续。

(二)入出境注意事项

1.入境

(1)为避免发生意外事端,尽可能选择建交国家的航班,在直接过境机场争取不下飞机。

(2)一般要在飞机上预先填写好海关申报单(由航空公司代发),但持有外交护照的人员可不填写海关申报单。

(3)飞机经过中间站时休息一小时,在飞机内或候机室内休息。

(4)飞机到达目的地下机后,按礼宾次序进入机场检查处。

(5)每人手持护照、黄皮书,到边防检查站排队办理入境手续、填写卡片。如经对方国家接待(或主人)单位联系,可集中有关证件交验。

(6)边防检查手续办毕,即去取自己的行李。机场一般备有手推车子,数人合用一辆,到海关检查站办理手续。但持外交护照的人员可不让对方海关检查行李。

(7)人数较多的代表团,组要整理好队伍,有秩序地走出机场上车。

(8)护照、黄皮书注意妥善保管,最好放在贴身的衣服口袋里,以防遗失。如是出国团、组,到旅馆后,将护照、黄皮书交专人统一保管。

2.出境

(1)严格遵守各国海关规定,携带物品要注意对外影响。

(2)手提行李检查比较严格,尽量减少手提行李,金属物品不要放在手提包内。

(3)护照、黄皮书经边防检查站检查后,要妥善保管。

(4)团、组上飞机前要清点人数,整理队伍依次上飞机,以防失散。

(5)在飞机上填写申报单和入境卡片,申报单项目内携带手表等物,系指除自己带着的手表等物以外的东西。

(三)入出境行李物品

(1)出国人员进出境携带的行李物品以自用合理数量为限。对长期出国(一年以上的)人员或临时出国人员进境时携带的行李物品,在规定的品种、数量内,给予免税优待;超出部分如仍属自用范围,予以征税放行。

(2)大件和超大件商品:主要包括摄像机;激光视盘、唱盘机;电视、录象联合机;家用空调机;微计算机(包括主机和专用配件);钢琴;30寸以下电视机;125CC以下摩托车;组合音响;录像机;洗衣机;电冰箱;照相机;收录音机和价值人民币500元以上,1000元(含1000元)以下的其他生活用品。以上物品出国人员在外实际天数每满180天,任选其中一件免税,长期出国人员可连续享受四年,同一年度内同一品种不能重复,不满180天的短期出国人员,任选其中一件征税,公派出国留学人员最后半年不满180天,但超过150天的,仍按180天验收。

(3)小件商品:包括打字机和价值人民币200元以上,500元(含500元)的电子琴、照相机等其他生活用品,出国人员在外实际天数每满180天,可任选其中一件免税。

(4)不计件商品:长期或临时出国人员每次进境后在境内指定的免税商店可购入以下商品:吸尘器(800W以下);电烤箱;热水器;手动缝纫机;自行车;播放机;加湿机;电风扇;微波炉(机械式)。每次每种限购三件,总数长期出国人员不超过十件,临时出国人员不超过五件。

(5)出国人员在中国出国人员服务公司和外交部驻外机构供应处等处购买的物品,计算在本人免税物品限量内,按海关对中国出国人员服务公司和外交部驻外机构供应处外汇商品监管规定办理。

(6)出国人员不得接受外籍人、华侨、港澳同胞、台湾同胞委托带进或带出物品,也不得委托他们带进物品。

(7)出国人员进出境不得携带国家规定禁止进出口的物品。

(8)出国人员应模范地遵守本规定及其他有关规定,认真履行海关手续。经海关免税放行的自用物品需出售时,应售给经批准经营外货的国营商业部门。

(9)经批准前往香港、澳门地区工作的人员携带进口的物品,也按本规定办理,但不得托人带物品进口,对持有《往来港澳通行证》或护照,经常来往港澳地区的人员的行李物品验放规定,由海关总署另行制定。

任务三 交通常识

一、航空客运

1.定座

旅客乘国际航班,可根据有关规定向航空公司售票处或其代理人预定,已定妥国际、地区航班座位的旅客,应按航空公司规定的出票时限办理购票手续。如未在购票时限内购票,所定座位即被取消,已定妥国际、地区航班座位,包括联程座位的旅客,如所定座位不利用时,应尽早向所定座的航空公司售票处或其代理人提出取消座位。

2.儿童票

十二周岁以下的儿童按成人全票价的50%或67%付费,未满两周岁的婴儿,按成人全票价的10%付费,不单独占一座位。

3.退票

由于承运人及旅客本人原因,旅客未能按客票列明的航程旅行,旅客申请退票,可按规定办理退票。退票只限在原购票地点或经航空公司同意的地点办理。

4.客票

客票(包括行李票)是承运人与旅客之间的运输凭证,也是旅客乘机交动行李的凭证,客票只限客票上所列姓名的旅客本人使用。客票不得转让或涂改,经转让或涂改的客票无效。

5.乘机

乘国际、地区航班的旅客,必须在规定的时间到达指定的机场,凭机票、有效的护照、签证及旅行证件办妥乘机及出境等各类手续。旅客没有按规定的时间到达指定机场或携带的护照、签证及旅行证件不符合规定,而未能办妥乘机和出境等各类手续引起的一切损失和责任由旅客自负。

机场费对每一个从中华人民共和国国际机场出境的国际旅客,收取机场费人民币90元。对持有外交护照的旅客,24小时内过境的旅客以及12岁以下的儿童,免收机场费。

6.旅行证件

国际旅客在办理乘机及出境手续前,应办妥护照、签证及旅行证件等一切手续。旅客的护照、签证及旅行证件应随身携带,不得放在交运行李中运输。由于旅客旅行证件不完备而受到的损失和支付的费用,承运人不承担责任。但对于由此使承运人受到的一切损失和支付的费用,包括(但不限于)罚金,旅客应当负责赔偿。

7. 行李包装

随机交运的行李应有承受一定压力的包装,应封装完整,锁扣完善,捆扎牢固。对包装不符合要求的交运行李,承运人可拒绝接受或不负担损坏、破损责任。

8. 禁运货物

禁止运载文物、毒品和易燃、易爆、腐蚀、有毒等危险物品,以保证运输安全,承运人对托运的货物须进行检查。

危险货物国际航线上可载运危险货物,其品名、数量和包装等须按照承运人有关规定办理。

9. 货物托运

托运国际货物,应先交海关检验,货物应附有一切必要证明,并应符合货物运输过程中入境、出境和过境国家的有关规定。

10. 座位再证实

已定妥续程或回程国际、地区航班座位的旅客,如在上机地点停留 72 小时以上,应最远在班机起飞前 72 小时对所定座位预以再证实,否则所定座位将自行取消如在续程或同程地点停留时间在 72 小时以内,无需办理座位再证实。

11. 客票有效期

普通票价的客票,无论是单程、来回程或环程,有效期为一年。特种票价的客票和有折扣的普通票价客票规定计算随身携带物品附计重免费交运的行李额外,每一持有全价或半价客票的旅客,还可免费随身携带下列物品:女用手提包一个,大衣或雨衣一件或旅行用毛毯一条,手杖一根和伞一把,在飞行途中用的少量用物,小型照相机一架,小型望远镜一具,婴儿食物(限旅途中食用),婴儿摇篮(限一个),供病人行动的可折叠的轮坐椅或一副拐杖或撑架或假肢。

12. 计重免费行李额

在国际地区航机上,按旅客票价等给,每一全票或半票旅客免费交运的行李额为:一等票价客票 40 公斤,公务票价客票 30 公斤,经济客票 20 公斤,按成人票价 10% 付费的婴儿,无免费行李额。

二、铁路客运

1. 铁路列车的种类

按行驶区域分成国际和国内旅客列车两种;按行驶速度分为普快、直快、特快、旅游列车等类型;按车辆内座位和设施分为硬席、软席、硬卧、软卧等级别。

2. 车票

车票中包括客票和附加票两部分。客票部分为软座、硬座。附加票分为加快票、卧铺票、空调票。附加票是客票的补充部分,除儿童外,不能单独使用。

铁路部门一般不接受儿童单独旅行(乘火车通学学生和承运人同意在旅途中监护的除外)。随同成人旅行身高 1.1 米～1.4 米的儿童,可购半价儿童票,每一成人旅客可以免费携带一名身高不足 1.1 米的儿童,超过一名时,超过人数应买儿童票。

20 人以上乘车日期、车次、到站、座别相同的旅客可作为团体旅客,承运人可优先安排。

3.站台票

到站台上迎送旅客的人员应买站台票。站台票当日使用一次有效。对经常进站接送旅客的单位,车站可根据需要发售定期站台票。随同成人进站身高不足 1.1 米的儿童及特殊情况经车站同意进站人员可不买站台票。未经车站同意无站台票进站时,加倍补收站台票款,遇特殊情况,站长可决定暂停发售站台票。

4.变更

旅客不能按票面指定的日期、车次乘车时,在不超过客票有效期的前提下,可以办理一次提前或改晚乘车签证手续。办理改晚乘车签证手续时,最迟不超过开车后 2 小时,团体旅客必须在开车 48 小时以前办理。往返票、联程票、卧铺票不办理改签。

5.丢失车票

旅客丢失车票应另行购票。在列车上应自丢失站起(不能判明时从列车始发站起)补收票价,核收手续费。旅客在补票后又找到原票时,列车长应编制客运纪录交旅客,作为在到站时向车站要求退还后补票价的依据。

6.退票

旅客要求退票时,按下列规定办理,核收退票费:

在发站开车前,特殊情况也可在开车后 2 小时内,退还全部票价。团体旅客必须在开车 48 小时以前办理。

旅客开始旅行后不能退票(伤、病不能继续旅行除外)。

退还带有"行"字戳迹的车票时,应先办理行李变更手续。

站台票售出不退。

7.携带品

旅客携带品每人免费携带的重量和体积是:儿童(含免费儿童)10 千克,外交人员 35 千克,其他旅客 20 千克。每件物品外部尺寸长、宽、高之和不能超过 160 厘米,杆状物品不超过 200 厘米;重量不超过 20 千克。

残疾人旅行时代步的折叠式轮椅可免费携带并不计上述范围。

三、公路客运

公路交通服务是指旅行社为旅游者提供的以汽车为交通工具的旅游交通服务方式,主要适合于市内游览和近距离旅游目的地之间的旅行。另外,在一些民航交通和铁路交通欠发达的内陆地区,公路客运交通则成为主要旅游交通方式。

1.营运客车的种类

用于公路交通的营运客车按舒适程度分为普通客车和豪华客车,按座位设置的多少可分为小型客车、中型客车和大型客车。

2.公路交通的优缺点

公路交通的最大优点是方便。旅游者能够乘汽车前往任何有公路的旅游景点参观游览。另外,旅游者乘坐汽车旅行时可以顺便在途中游览当地的景点。

公路交通的缺点也比较明显:乘坐汽车旅行的速度和活动范围受到一定的限制;汽车运载的旅客人数有限;汽车的安全性能差;造成空气污染和噪音污染。

3.公路客运的购票与退票

(1)享受半票优惠。根据交通部有关规定,享受半票的对象有两类:一是身高在1.1~1.4米间的儿童,超出1.4米的儿童须购买全票。持一张全票的旅客可以免费携带一名身高1.1为以下的儿童,但不提供座位。二是革命伤残军人,但需凭民政部门颁发的革命伤残军人抚恤证购买。

(2)旅客退票。旅客退票应在当次班车规定开车时间2小时前办理,最迟在开车后1小时内办理。开车1小时后以及车上发售的客票和签证改乘的客票均不办理退票。旅客退票,按以下规定收取退票费:班车开车时间2小时前办理退票,按票面额10%收取退票费。2小时内办理退票按票面额20%收取退票费。班车开车1小时以内办理退票,按票面额50%收取退票费。

4.我国国道编号

国道,是国家干线公路的简称,是在国家公路网内具有全国性政治、经济意义,并经确定为国家干线的公路。

根据地理走向,我国国道分为三类:第一类以首都北京为中心,呈扇形辐射的公路;第二类是我国版图之内南北走向的公路;第三类是东西走向的公路。目前全国共有70条国道。每一条公路干线均采用三位数字表示,其中第一位数字表示国道的类别,即1××代表第一类国道,现有12条;2××代表第二类国道,现有28条;3××代表第三类国道,现有50条。编号中的第二、第三位数字表示国道的排列顺序,1××的××就是第一类国道自正北开始按顺时针方向排列的序数,其他两类国道也同样排列。

5.营运客车分类

按客车舒适程度,分为普通客车、中级客车和高级客车

按车内设置座位的多少及装置形式,分为小型客车、中型客车和大型客车。

小型客车是指座位总数为15座及以下的客车。

中型客车是指座位总数为16个~30个的客车。

大型客车是指座位总数为31个及以上的客车。

四、水路客运

1.乘船旅行一般知识

乘船旅行价格较为低廉,内河航运平稳舒适,没有颠簸之苦。中国的水路交通分为沿海航运和内河航运两大类。近年来,我国内河游轮发展迅速,为游客的水路旅游创造了较为便利的条件。

大小不等的客轮设备差异很大,规模等级不同的游轮,设置、设施、服务条件也有较大区别。大型客轮的舱室一般分为五等:一等舱(软卧,1~2人),二等舱(软卧,2~4人),三等舱(硬卧,4~8人),四等舱(硬卧,8~24人)和五等舱(硬卧),还有散席(包括座席)。豪华客轮设有特等舱(由软卧卧室,休息室、卫生间等组成),其服务条件类似于星级酒店。

2.船票

船票是人们乘船的一种凭证。船票种类分普通船票和加快船票,全价票、儿童票和残废军人优待票;船票大致可分为7等:特等、一等、二等、三等、四等、五等、坐席。

退票必须在开船前办理,并收取收退票费。30人以上的团体票,须在开船4小时前办理;已办理托运的,先办理行李、包裹取消或变更托运手续后才能退票。

旅客在乘船前丢失船票,应另行购票;上船后旅客丢失船票,如能提出足够的证明,经确认后无需补票;无法证明时,按有关规定处理。

3.行李

乘坐沿海和长江客轮,持全价票的旅客可随身携带免费行李30千克,持半价票者、免费儿童可免费携带行李15千克;每件行李的体积不得超过0.2立方米,长度不超过1.5米,重量不超过30千克。乘坐其他内河客轮,免费携带的行李分别为20千克和10千克。

下列物品不准携带上船:法令限制运输的物品;有臭味、恶腥味的物品;能损坏、污染船舶和妨碍其他旅客的物品;爆炸品、易燃品、自燃品、腐蚀性物品、有毒物品、杀伤性物品以及放射性物质。

任务四　货币和保险常识

一、货币知识

1.外汇

外汇,是指以外币表示的可用于国际结算的一种支付手段,它包括外国货币、外国有价证券、外币支付凭证以及其他外汇资金。

我国对外汇实行由国家集中管理、统一经营的方针。

2.旅行支票

旅行支票是银行或旅行支票公司为方便旅行者,在旅行者交存一定金额后签发的一种面额固定的、没有指定的存款人和付款地点的定额票据。

3. 信用卡

信用卡是指银行或信用卡公司为提供消费信用而发给客户在指定地点支取现金、购买货物或支付劳务费用的信用凭证，实际上是一种分期付款的消费者信贷。第一张信用卡 1950 年在美国诞生。

信用卡的种类很多。按持卡人的资信程度分为：普通卡、金卡和白金卡（其资信程度依次递增）；按发卡机构的性质分为旅游卡（由商业、旅馆、服务等部门发出）和信用卡（银行或金融机构发出）；按使用地区分为世界通用卡和地区用卡。为了避免风险，发卡机构对其发行的信用卡规定使用期限一般为 1 年～3 年，并规定一次取现或消费的最高限额。

国外的万事达卡、维萨卡、运通卡、JCB 卡、大莱卡、发达卡、百万卡等外汇信用卡的持卡人可在我国的一些宾馆、餐馆、商店持卡消费。

二、保险知识

保险是一种风险转移机制，即个人或企业通过保险将一些难以确定的事故转移给别人去负担。以付出一笔已知的保险费为代价，就可将损失转移给保险公司承担。

1. 旅游保险

旅游保险是保险业的一项业务。它是指根据合同的约定，投保人向保险人支付保险费，保险人对于合同约定的在旅游活动中可能发生的事故所造成的人身财产损失承担赔偿保险金责任。

目前，我国旅游保险市场，主要有旅行社责任险和旅游者自愿购买的旅游意外保险。

与其他保险合同相比较，旅游保险具有短期性，强制保险与自愿保险相结合，财产保险与人身保险相结合等特点。

2. 旅行社责任保险

(1)旅行社责任保险的概念。旅行社责任保险是指旅行社根据保险合同的约定，向保险公司支付保险费，保险公司对旅行社在从事旅游业务经营活动中，致使旅游者人身、财产遭受损害应由旅行社承担的责任，转致由承保的保险公司负责赔偿保险金的行为。旅行社责任保险属强制保险。

(2)旅行社责任保险的投保范围。

①旅游者人身伤亡赔偿责任；

②旅游者因治疗支出的交通、医药费用赔偿责任；

③旅游者死亡处理和遗体遣返费用赔偿责任；

④对旅游者必要的施救费用，包括必要时近亲属探望等需支出的合理的交通、食宿费用，随行未成年人的送返费用，旅行社人员和医护人员前往处理的交通、住宿费用，行程延迟需支出的合理费用等赔偿责任；

⑤旅游者的行李物品的丢失、损坏或被盗所引起的赔偿责任；

⑥由于旅行社责任争议引起的诉讼费用;

⑦旅行社与保险公司约定的其他赔偿责任。

这里的"赔偿责任"是指由旅行社的过错造成的游客的财产、人身的损失,因而对于旅游者在旅游行程中,由自身疾病或个人过错导致的受损,或者在旅行社组织安排的活动之外发生的损失,旅行社是不承担赔偿责任的。

(3)旅行社责任保险合同的内容。旅行社责任保险合同的内容,是指旅行社责任保险合同双方当事人的权利和义务。一般都是依照保险公司预先拟定的保险条款来确立的。

《旅行社投保旅行社责任保险规定》对旅行社责任保险合同的内容做了若干规定,主要有:

①保险期限,又称为保险期间,只有在保险期内发生的保险事故,保险人才承担保险责任。按照《旅行社投保旅行社责任保险规定》,旅行社责任保险的保险期限为一年。

②保险金额,简称保额,是指保险人承担赔偿或者给付保险金责任的最高限额。依据《保险规定》,旅行社办理责任保险的保险金额不得低于以下标准:国内旅游每人责任赔偿限额为人民币8万元,入境旅游、出境旅游每人责任赔偿限额为人民币16万元。

(4)旅行社不承担赔偿责任的情形。

①旅游者参加旅游活动,应当保证自身身体条件能够完成旅游活动。因此在旅游过程中,旅游者由于自身疾病引起的各种损失或损害,旅行社不承担任何赔偿责任。但是在签时旅游者已经声明且为旅行社接受的需要旅行社照顾的情形,旅行社及其工作人员没有尽到应尽的照顾义务的,仍然应当承担赔偿责任。

②旅游者参加旅行社组织的旅游活动,应当服从导游人员或领队的安排,在旅行过程中注意保护自身和随行的未成年人的安全,妥善保管随身携带的行李、物品。由于旅游者个人过错导致的人身伤亡和财物损失,以及由此产生的各种费用支出,旅行社不承担赔偿责任。

③旅游者在自行终止旅行社安排的旅游行程后,或者没有参加约定的旅游活动而自行活动时,发生的人身、财物损害,旅行社不承担赔偿责任。

3.旅游意外保险

(1)旅游意外保险的概念。旅游意外保险,是指旅行社在组织团队旅游时,为保护旅游者的利益,代旅游者向保险公司支付保险费,一旦旅游者在旅游期间发生事故,按合同约定由承保保险公司向旅游者支付保险金的保险行为。

(2)旅游意外保险的赔偿范围。旅行社办理的旅游意外保险的赔偿范围应包括旅游者在旅游期间发生意外事故而引起的下列赔偿:

①人身伤亡、急性病死亡引起的赔偿;

②受伤和急性病治疗支出的医疗费;

③死亡处理或遗体遣返所需的费用;

④旅游者所携带的行李物品丢失、损坏或被盗所需的赔偿;

⑤第三者责任引起的赔偿。

(3)旅游意外保险合同的内容。旅游意外保险合同的内容,就是旅游意外保险合同双方当事人的权利和义务，一般都是依照保险公司预先拟定的保险条款订立的。旅游意外保险合同的内容一般有：

①保险期限。保险期限是指保险合同的有效期限。旅行社组织的入境旅游，旅游意外保险期限从旅游者入境后参加旅行社安排的旅游行程时开始，直至该旅游行程结束，办完出境手续出境为止。旅行社组织的国内旅游、出境旅游，旅游意外保险期限，从旅游者在约定的时间登上由旅行社安排的交通工具开始，直至该次旅行结束离开旅行社安排的交通工具为止。如果旅游者自行终止旅行社安排的旅游行程，其保险期限至其终止旅游行程的时间为止。此外，旅游者在中止双方约定的旅游行程后自行旅游的，也不在旅游意外保险之列。

②保险金额。保险金额，是指保险人承担赔偿或者给付保险金额责任的最高限额，也是投保人对保险标的的实际投保金额。

旅行社为旅游者办理的旅游意外保险金额，不得低于以下基本标准：入境旅游：每位旅游者30万元人民币；出境旅游：每位旅游者30万元人民币；国内旅游：每位旅游者10万元人民币。一日游（含入境旅游、出境旅游与国内旅游）：每位旅游者3万元人民币。

旅行社开展登山、狩猎、漂流、汽车及摩托车拉力赛等特种旅游项目时，可在上列旅游意外保险金额基本标准之上，按照该项目的风险程度，与保险公司商定保险金额。

③保险金赔偿或者给付办法。旅行社应当与承保保险公司在保险条款中对旅游意外保险索赔有效期限作出约定，一般应规定自事故发生之日起180天内为限；当旅游者在保险有效期限内发生保险责任范围内的事故时，旅行社应及时取得事故发生地公安、医疗承保保险公司或其分支公司等单位的有效凭证，并由组团社同承保保险公司办理理赔事宜；对旅游者的小额行李物品损失的赔偿，旅行社应与承保保险公司在保险条款中做出规定；在约定数额内可由旅行社先向旅游者垫付，旅行社凭理赔申请及损失证明与承保保险公司办理赔偿手续。

任务五　卫生保健和安全常识

一、卫生救护常识

人们外出旅游，由于环境变化，加之大脑亢奋、身体疲劳、饮食不调等因素，容易生病或不适，甚至突发急症，有时还会受伤。因此，导游员应该学习并掌握一些旅游常见病、突发病及意外伤害的防治和救护方法，以便在关键时刻派上用场，保护好旅游者的安全，使旅游活动顺利进行。但要记住，任何紧急情况发生后，导游员都应报告旅行社，并把严重者送医院治疗、抢救。

1.常见病的防治

（1）中暑。人长时间地处在曝晒、高热、高湿热环境中容易中暑。盛夏旅游时，导游人员在带团时要注意劳逸结合，避免游客长时间地在骄阳下活动。

①症状。中暑的主要症状是大汗、口渴、头昏、耳鸣、眼花、胸闷、恶心、呕吐、发烧，严重者会神志不清甚至昏迷。

②处理办法。若有人中暑,可让中暑者于阴凉通风处平躺,解开衣领,放松裤带;可能时让其饮用含盐饮料,对发烧者要用冷水或酒精擦身散热,服用必要的防暑药物;缓解后让其静坐(卧)休息。严重中暑者在做必要治疗后应立即送医院。

(2)腹泻。腹泻的病因很多,最常见的有:食物中毒、痢疾、某些药物、情绪压力、酗酒、病毒、细菌感染和腹寒。如果腹泻不严重,而患者又知道多喝水,身体的水分会自然得到补充。如果患者不愿意多喝水,或会呕吐,水分补充就很困难,脱水现象很快会发生,此时可能需要住院。

①症状(下列现象之一或全部现象可能出现)。频繁排便,粪色不一,从淡褐到绿色;肚子绞痛;疲倦;口渴;粪中有血丝。

②处理办法。建议食用液态饮食以补充体内的水分及化学物质,如茶、清汤、运动饮料、碳酸饮料(摇晃以减少气泡)或盐糖稀释液。水可以直接被吸收,每小时最少要饮用 60 毫升的稀释液。如果腹泻持续 1~2 天,或尿量和次数减少,就要看医生,因为可能发生严重的脱水。避免食用坚硬的食物。

(3)呕吐。

①各种情况。有许多情况会造成呕吐,尤其常见于肠子病毒感染、吃太多、饮酒过量和情绪不佳。呕吐也会出现在更严重的情况下,诸如盲肠炎、粪便阻塞、气喘、动物咬、昆虫叮咬过敏、褐色蜘蛛叮咬、海洋生物叮咬、毒蝎咬、毒蛇咬、戒除药物、心脏病、热衰竭、受伤休克、糖尿病昏迷、食物中毒和头颈受伤。与肠病毒、过度饮食和情绪压力有关的呕吐通常不会持久。任何严重或持续超过 1~2 天的呕吐就需要就医,因为脱水或体内化学物损失可能发生。这点对婴儿、老人或有心脏病的人尤其重要。呕吐可能意味着有严重问题。如果呕吐还带有严重腹痛,或最近头部受伤,或呕吐物带有咖啡色的血,就要立刻看医生。

②处理办法。在处理和肠胃不适有关的单纯呕吐时,要补充失去的体液,应经常吸食诸如碳酸饮料、茶、果汁或肉汤。呕吐停止后,避免吃硬食物,慢慢恢复正常饮食。

如果患者没有知觉并且呕吐,只要没有头、颈或背伤,应让他侧躺而头部后仰,这样做可以防止患者被呕吐物哽塞。头部受伤的患者应将头侧转以防止哽塞。

2. 突发病的救护

(1)心脏病猝发。旅游者心脏病猝发时,切忌急着将患者抬或背着去医院,而应让其就地平躺,头略高,由患者亲属或领队或其他游客从患者口袋中寻找备用药物让其服用;同时,地陪应与附近医院或医务所联系,请医生速来救治,病情稍稳定后送医院。

(2)昏厥。

①症状。昏厥是由于脑中血液补充量减少所造成的短暂知觉丧失,通常几分钟后就会恢复。症状为:皮肤苍白、湿、凉;头晕;恶心;症状可能发生在昏厥之前或当中。

②防止昏厥的办法。让患者躺下,腿抬高 20~30 厘米,或让患者坐着,并慢慢向前弯曲身体,直到头在两膝之间。将患者前方的危险物品移开。安慰患者,使他冷静。

如果昏厥已经发生,要立即处置。让患者躺下,抬高脚部 20~30 厘米,除非怀疑患者头部有伤(跌倒所致);维持畅通的气道,解开衣领;如果患者呕吐,让他侧卧,或是把他的头侧转以防止哽塞;轻轻的用冷水拍患者的脸,不可以对脸部泼水;检查身体各部有无摔倒所致的肿大或变形;除非患者看起来完全复原,否则不可以给他任何喝的东西。在患者恢复知觉后,要观察他、安慰他,使他冷静。如果几分钟内不能恢复,就要请医生。

3.受伤的救护

(1)骨折。当游客发生骨折时,必须及时送医院救治,但在现场,导游人员应做一些力所能及的初步处理。

①止血。如果游客受伤骨折并有出血,首先应及时止血。常用的止血方法有:手压法,即用手指、手掌、拳在伤口靠近心脏一侧压迫血管止血;加压包扎法,即在创伤处放厚敷料,用绷带加压包扎;止血带法,即用弹性止血带绑在伤口靠近心脏一侧的大血管处止血。

②包扎。如果有外伤,包扎前最好要清洗伤口。包扎时动作要轻柔,松紧要适度,绷带的结口不要在创伤处。

③上夹板。就地取材上夹板,以求固定两端关节,避免转动骨折肢体。

(2)蝎、蜂蜇伤,蛇咬伤。若游客被蝎、蜂蜇伤,导游人员要设法将毒刺拔出,用口或吸管吸出毒汁,然后用肥皂水,条件许可时用5%的苏打水或3%的淡氨水洗敷伤口,同时服用止痛药。导游人员、游客如识中草药,可用大青叶、薄荷叶、两面针等捣烂外敷。

蛇咬伤处如在手臂或腿部,可在咬伤处上方5~10厘米处用一条带子绑住,但不要切断血液循环。在医护人员治疗之前,用肥皂和水清洗蛇咬伤处,或用消毒过的刀片在蛇毒牙痕处切一道深约半厘米的切口,切口方向应与肢体纵向平行,然后用嘴将毒液吸出吐掉。严重者要送医院抢救。

(3)脱臼。当骨头末端脱离关节的位置时就是脱臼,通常因跌倒或骨头受打击造成。脱臼最常发生在肩膀、臀部、肘部、指头、拇指和膝盖骨。其症状为:肿大、关节变形、受伤部位移动会疼或不能移动、受伤部位皮肤变色、碰触患处会疼。导游员须将将患者安置在舒适的位置,用夹板、枕头或吊带将患处加以固定,将客人送往医院,进行救治。

4.人工呼吸救助法(CPR)

实施CPR并无特定的疾病对象,任何人只要处于呼吸与心跳停止的状态之下,便需要CPR的急救处置,例如溺水、心脏病发作或呼吸衰竭所引起的呼吸与心跳停止。

CPR的施行步骤:呼叫患者,评估意识;请人报警求救;打开呼吸道;人工呼吸;心外按摩。

单人CPR施救方法:胸外按摩与呼吸之比率是15:2;胸外按摩之速率是每分钟80~100次;每做完15次心脏按摩后,给予患者人工呼吸2次。

二、旅游保健

越来越多的人利用假期外出旅游度假,但有一些游客由于出行前一些准备工作做的不充分,往往在旅游中遇到一些不必要的麻烦,例如在游览过程中,很可能会早起晚睡,舟车劳顿,可能会造成游客的身体免疫力下降,易患感冒等疾病;有的游客在异地容易水土不服,难免会出现胃肠道疾病,所以在旅途过程中,应当注意饮食,避免在旅途中饱一顿、饥一顿。多吃绿叶蔬菜、水果,多喝水。注意饮食卫生,预防肠道感染。尤其是在沿海地区用餐时,多吃些蒜,对预防腹泻也是有帮助的。

因此,在旅途中要想保持身体健康,其首要问题就是时刻注意饮食卫生,防止"病从口入"。旅行中的饮食卫生,主要有以下几个方面:

1. 科学的食用三餐

(1)早餐要吃好。多吃豆制品、花生米、牛奶、鸡蛋等,这样可使旅游时精力充沛。

(2)午餐要按时摄取,尽可能不要推迟或提前用餐。注意饮食的营养搭配,勿大吃大喝、暴饮暴食。若旅游途中无条件就餐时,出发前应备好食品、饮料。

(3)晚餐时间比较充裕,但不可过量。晚餐应清淡,忌油腻,以蔬菜、豆制品为主,适当搭配少量瘦肉、海鲜、鱼类,尽量不吃肥肉、煎炸及高热量的食物;要节制饮食,以七八分饱为宜,且不可餐后即睡,餐后最好2～3小时后再入睡。

2. 合理食用蔬菜

蔬菜是重要的副食品,人体需要的多种维生素主要是通过蔬菜而获得的,如维生素C(抗坏血酸)、维生素A(胡萝卜素)、维生素B(核黄素)等,还有一些重要营养成分、矿物质等也需要通过蔬菜来补充。旅游中人体的消耗很大,需要及时补充,应注意合理地食用蔬菜,以保证身体的需要。不同的蔬菜含有不同的营养成分。富含核黄素和钙质的蔬菜有鲜豆类、黄豆芽等;富含抗坏血酸的蔬菜有包心菜、大白菜、萝卜、藕、苦瓜等;富含胡萝卜素同时含抗坏血酸的有胡萝卜、红(黄)心甜薯、葱、青蒜、南瓜、辣椒等。

3. 坚持清淡的饮食

旅游其实是一种消耗体力比较大的活动,因此饮食应该特别注意。旅游饮食以清淡为佳,少用辛辣油腻的食品。旅游中特别是在疲劳、头晕、恶心、食欲不振的情况下,应进食清淡、稀软易消化的食物,不要吃辛辣油腻及生冷坚硬等难以消化的东西。

4. 旅途中对于水果的选择

水果营养丰富,美味可口,有的能生津止渴,清暑解烦,有的能健胃消食,还有的能治疗某些疾病。因此,水果是在旅游生活中不可缺少的食品。但在旅途中,使用的时候也需要讲求正确的方法。

(1)要清洗干净。吃水果前,最好将水果消毒好,在0.1%的高锰酸钾或0.2%的漂白粉溶液中浸泡5～10分钟,再用清水冲净即可。

(2)四不吃。不吃不成熟的水果,因这样的水果含鞣质多,味涩可口性差;不要摘不认识的野果吃,因为有些野果对人体有害;不要吃腐败变质的水果,因为这样的水果中有大量细菌繁殖,食后容易引起疾病;不要随便剥食果仁,因有些果仁中含有毒物质,食后会引起中毒。

(3)注意水果的性质和治疗作用。有些酸味水果有助消化作用,如山楂、木瓜、枇杷及酸味的苹果、梨、葡萄等,宜饭后吃。还有的水果,如白果会引起中毒,必须熟吃,菠萝会使有的人产生过敏反应,吃柿子不当会发生胃结石等,须引起注意。

(4)常见水果的性质。

温性水果:山楂、樱桃、石榴、荔枝、青果、木瓜、白果等。

凉性水果:西瓜、甜瓜、梨、柑、桔、香蕉、桑葚、柿子、荸荠等。

中性水果:葡萄、苹果、桃、杏、菠萝、龙眼、甘蔗、乌梅等。

思考题

1. 你是如何理解国际礼仪基本要求的,在接待外国游客时,哪些是我们最需要注意的?

2. 如何区分游客发生的是晕厥还是脑溢血呢?如果发生这样的情况应如何进行急救措施呢?

3. 目前有哪些购买机票和火车票的途径呢?对于网上购票,你知道如何操作吗?

业务程序

项目三 团队导游服务程序与规范

学习目标

知识目标
1. 了解游客个别要求产生的诱因
2. 体会领队、全陪与地陪的关系
3. 掌握全陪六项服务的程序与规范
4. 掌握地陪八项服务的程序与规范

技能目标
1. 能够模拟完成典型团队领队任务
2. 能够模拟完成典型团队全陪任务
3. 能够完成典型团队地陪任务

导入案例

海南6日5晚跟团游·北京成团＋海南全景＋全陪全程陪同服务

第1天 北京一海口

07:15

航班：北京飞海口 航班号：JD5595 07:15起飞 12:20抵达

行程距离：约3000公里 | 飞行时间：约4小时30分钟

第2天 海口一兴隆

下午

前往酒店:海口金泰商务酒店或海口振龙酒店

行驶距离：约30公里 | 行驶时间：约40分钟

参考酒店:金银洲/美京/金泰/华大普标/锦江之星/华侨宾馆/振龙/百合或同级别酒店,具体酒店以实际入住为准。

06:00

早餐：酒店含早餐

用餐时间：约40分钟

08:30

前往景点:多河文化谷旅游区

行驶距离：约110公里 | 行驶时间：约1小时 | 游览时间：约1小时

10:00

前往景点:博鳌亚洲论坛永久会址

行驶距离:约30公里│行驶时间:约30分钟│游览时间:约40分钟

博鳌城的标志性建筑物是博鳌亚洲论坛会址,其位于博鳌中心位置,这是一个面积达3000平方米的膜结构建筑。膜结构的膜材料从法国进口,为赶时间直接空运到海南。它在设计上巧妙地利用地形,在万泉河边上由钢柱支撑而成,形成一种开放性的风帆式建筑,意为亚洲经济扬帆启航走向世界,这既与国际建筑理念接轨,又具有浓郁的热带风格。正常工期为3至4个月的工程,建设者只用了三分之一多的时间就完成,造就了令人叹服的"博鳌速度"。这项工程被评为海南省优质"样板工程"。博鳌亚洲论坛永久会址虽然已迁到了东屿岛,但作为博鳌亚洲论坛成立会址,膜结构主会场依然吸引着成千上万的游客和许多国内大型的商务会议活动在此举行。

12:00

午餐:旅游团队餐

行驶距离:约10公里│行驶时间:约10分钟│用餐时间:约1小时

13:30

自由活动:

行驶距离:约20公里│行驶时间:约20分钟│游览时间:约1小时

随后游览【兴隆咖啡文化博览园/不少于40分钟】享受独特的海南下午茶时光,免费品尝兴隆咖啡。

15:00

自由活动:

行驶距离:约30公里│行驶时间:约40分钟│游览时间:约2小时

游览兴隆知名热带植物景区【南药植物园】,徜徉在奇花异卉和热带植被之间,感受南国热带植物园景中最纯粹的天然氧吧;晚餐后自由活动,在这里您可感受到浓郁东南亚风情的华侨小镇。

17:30

晚餐:旅游团队餐

行驶距离:约15公里│行驶时间:约20分钟│用餐时间:约1小时

18:30

前往酒店:万宁天健花园酒店

行驶距离:约10公里│行驶时间:约20分钟

参考酒店:东方花园/正昊温泉/鑫兴温泉/绿岛阳光/天健花园/汇丰/乐金宵或同级别酒店,具体酒店以实际入住为准。

第3天　兴隆—三亚

06:00

早餐:酒店含早餐

用餐时间：约40分钟

08：00

前往景点：椰田古寨

行驶距离：约30公里 | 行驶时间：约40分钟 | 游览时间：约1小时

在陵水县乘坐开往三亚的车，在英洲高速路口下，按照指示牌步行200米即可。

10：00

前往景点：亚龙湾

行驶距离：约40公里 | 行驶时间：约1小时 | 游览时间：约1小时

亚龙湾是一个半月形的海湾，绵延7公里，平缓而宽阔。这里的沙粒洁白细软，蔚蓝的海水清澈晶莹，能见度达9米。五颜六色的珊瑚礁和各种热带鱼儿穿梭其中，跃入海水中畅游，五彩缤纷的鱼儿似乎触手可及。这里终年可游泳，年平均海水温度22℃～25.1℃。凭借优越的沙质，亚龙湾被称为"东方夏威夷"，而它的海滩长度却是夏威夷的3倍。

12：00

午餐：旅游团队餐

行驶距离：约10公里 | 行驶时间：约10分钟 | 用餐时间：约1小时

14：00

前往景点：西岛

行驶距离：约20公里 | 行驶时间：约1小时 | 游览时间：约2小时

西岛又名西玳瑁洲，周边海域属三亚国家级珊瑚礁自然保护区，是世界公认的潜水胜地之一。水深10～20米，在这里可以观赏美伦美奂的鹿角珊瑚、冠状珊瑚和五彩斑斓的狮子鱼、小丑鱼、青衣、神仙鱼等热带鱼以及海星、海葵、海胆、海螺等种类繁多的海洋生物。

18：00

晚餐：旅游团队餐

行驶距离：约20公里 | 行驶时间：约20分钟 | 用餐时间：约1小时

19：00

前往酒店：三亚凤凰荣和酒店

行驶距离：约10公里 | 行驶时间：约20分钟

第4天 三亚一地

06：00

早餐：酒店含早

行驶距离：约1公里 | 用餐时间：约40分钟

08：00

自由活动：

行驶距离：约20公里 | 行驶时间：约30分钟 | 游览时间：约1小时

参观【中加海产或台新海味馆/不少于60分钟】，免费品尝各种海产品。

10:00

前往景点:南山寺

行驶距离:约 20 公里 | 行驶时间:约 30 分钟 | 游览时间:约 2 小时

仿古盛唐风格的寺院,整体气势恢宏,为华南地区规模最大的寺庙。寺院位于南山文化旅游区,一般来此都是为了祈福,这座寺庙的规模很大。寺院建有仁王殿、大雄宝殿、东西配殿、钟鼓楼、转轮藏等,分别供奉门神哼哈二将、释迦牟尼佛、阿弥陀佛和药师佛、十六罗汉。南山寺是仿古盛唐时期的风格,它依山就势,错落有致,庄严肃穆,清净幽雅。

国家 5A 级景区——【南山佛教文化苑/不少于 120 分钟】参观南山两园一寺一谷和世界第一的南海观音圣像,在这片佛教圣地、梵天净土中体验返璞归真、回归自然的亲身感觉。

12:30

午餐:旅游团队餐

行驶距离:约 20 公里 | 行驶时间:约 30 分钟 | 用餐时间:约 1 小时

14:00

前往景点:天涯海角

行驶距离:约 20 公里 | 行驶时间:约 30 分钟 | 游览时间:约 2 小时

古时候被流放的人跋山涉水来到这里,面对着茫茫大海,他们发出了"到了天之涯,海之角"的感叹。清雍正年间,当地官员程哲于命人在此镌刻了"天涯"二字,后又有文人在另一块巨石上题刻"海角"二字。

17:00

晚餐:旅游团队餐

行驶距离:约 20 公里 | 行驶时间:约 30 分钟 | 用餐时间:约 1 小时

18:00

前往酒店:三亚凤凰荣和酒店

行驶距离:约 20 公里 | 行驶时间:约 30 分钟

第 5 天　三亚—海口

06:00

早餐:酒店含早

用餐时间:约 40 分钟

08:00

前往景点:大东海

行驶距离:约 20 公里 | 行驶时间:约 40 分钟 | 游览时间:约 2 小时

大东海是三亚海湾中离市中心最近的一个湾,市区东行 10 分钟车程便可到达,也因此交通和吃东西都相对比较便利。虽然沙质和水质比不上亚龙湾,但是比三亚湾要好,加上地理位置和酒店价位,成了高性价比的旅游地所在。它三面环山,一面大海。整个海湾呈现迷人的月牙形,一排排翠绿椰林环抱着沙滩,辽阔的海面晶莹如镜,海滩和海洋也成了它的魅力所在。顺着大东海的海滩东行三四百米,有一座滨海小公园,山顶上有观海亭,可俯视大海胜景。周边景点还有白鹭公园和鹿回头公园。都是公车或者旅游专线几站内可达的，一样住大东海了，可以一并游览掉。大东海的度假酒店集中在海滩边一小片区域内，推荐的酒店比如说老牌五星的湘投银泰或者经济适用型的爱丽丝海景，当然，这里有更多的酒店等待着你的慧眼发现。大东海开发早，设施配套也齐全，常年有多种水上活动和沙滩运动，潜水多为浮潜，没有游泳基础也不用担心，因为升降都是由教练控制的，你要做的就只是愉快的游玩和享受。

10：00

前往景点：奥特莱斯

行驶距离：约30公里 | 行驶时间：约40分钟 | 游览时间：约2小时

万宁首创奥特莱斯由首创置业投资兴建，位于海南省万宁市礼纪镇莲花村，距离主城区约13公里，与神舟半岛、兴隆旅游度假区车程均约为20分钟，是首创置业倾力打造的海南全岛规模最大，品牌最多，业态最丰富，首家纯正奥特莱斯。万宁首创奥特莱斯，商业总建筑面积18万平方米；奥特莱斯建筑面积10万平方米；酒店式公寓面积6万平方米；底商面积1万平方米；商业街面积1万平方米，以奥特莱斯品牌折扣店为核心，集餐饮、娱乐、休闲度假等为一体的休闲度假消费新模式，将吸引百万深度游度假人群，深度消费，打造海南岛唯一纯正奥特莱斯，形成一个以世界名品奥特莱斯为核心的高端产业综合体。

12：00

午餐：旅游团队餐

行驶距离：约10公里 | 行驶时间：约20分钟 | 用餐时间：约1小时

14：00

前往景点：海南农垦万嘉热带植物园

行驶距离：约20公里 | 行驶时间：约30分钟 | 游览时间：约2小时

18：00

晚餐：旅游团队餐

行驶距离：约50公里 | 行驶时间：约1小时 | 用餐时间：约1小时

19：00

前往酒店：海口金泰商务酒店

行驶距离：约20公里 | 行驶时间：约20分钟

第6天 海口—北京

06：00

早餐：酒店含早

用餐时间：约40分钟

18：50

航班：海口飞北京 航班号：JD5596 18：55起飞 22：45落地

行程距离：约3000公里 | 飞行时间：约4小时

旅游团队是通过旅行社或旅游服务中介机构，采取支付综合报价或部分报价的方式，有组织的按照预定行程计划进行旅游消费活动的旅游者群体。导游团队服务集体通常由地陪、全陪和领队构成,他们的工作好坏是旅游接待质量高低的决定因素。导游服务集体的任务是实施旅游接待计划,为旅游者提供或落实食、住、行、游、购、娱等方面服务,保证团队旅游活动的顺利进行。由于导游服务集体中的各成员工作范围和工作重点的不同,他们的服务内容也会有所差别。

任务一 景区讲解员服务程序与规范

随着我国旅游的蓬勃发展,旅游景区讲解服务也越来越重要,旅游景区讲解员的队伍也在不断扩大,因此,对旅游景区讲解服务程序和服务质量进行规范也就显得十分必要。

旅游景区是指以旅游及其相关活动为主要功能之一的(或其经营项目一部分的)空间或地域,即具有参观浏览、休闲度假、娱乐体验、康体健身等功能,具备相应旅游设施并提供相应旅游服务的独立管理区(或管理区的一部分)。它包括风景区、文博院馆、寺庙观堂、旅游度假区、自然保护区、主题公园、森林公园、地质公园、游乐园、动物园,以及以工业、农业、经贸、科教、军事、体育、文化艺术等旅游为吸引内容的各类营业性和非营业性旅游活动区。

旅游景区讲解员是指受旅游景区委派或安排,为旅游团或旅游者提供旅游景区讲解服务的专职人员或兼职人员。要做好旅游景区的导游讲解服务,旅游景区讲解员需要对其服务的景区或景点乃至该景区或景点所在的地区有较全面、深入的了解以及相应的专门知识。

一、服务准备

(一)准备工作要求

1. 知识准备

景区讲解员知识准备应符合以下要求:

(1)熟悉并掌握本景区讲解内容所需的情况和知识(基于景区的差异,可分别包括自然科学知识,历史和文化遗产知识,建筑与园林艺术知识,宗教知识,文学、美术、音乐、戏曲、舞蹈知识等;以及必要时与国内外同类景区内容对比的文化知识)。

(2)基于游客对讲解的时间长度、认知深度的不同要求,讲解员应对讲解内容做好两种或两种以上讲解方案的准备,以适应旅游团队或个体的不同需要。

(3)预先了解游客所在地区或国家的宗教信仰、风俗习惯,了解客人的禁忌,以便能够实现礼貌待客。

2. 接待前的准备

接待前的准备包括以下方面:

(1)接待游客前,讲解员要认真查阅核实所接待团队或贵宾的接待计划及相关资料,熟悉该群体或个体的总体情况,如停留时间、游程安排、有无特殊要求等诸多细节,以使自己的讲解更有针对性;

(2)对于临时接待的团队或散客,讲解员同样也应注意了解客人的有关情况,一般应包括客人主体的来源、职业、文化程度以及其停留时间、游程安排、有无特殊要求等,以便使自己的讲解更能符合游客的需要。

(二)上岗时的准备

上岗时应准备:

(1)佩戴好本景区讲解员的上岗标志;

(2)如有需要,准备好无线传输讲解用品;

(3)需要发放的相关资料;

(4)接待团队时所需的票证;

(5)对特殊需要的讲解内容或第一次讲解线路,事先踩点和准备。

(三)仪容仪表

仪容仪表应符合以下要求:

(1)着装整洁、得体;有着装要求的景区,也可以根据景区的要求穿着工作服或指定服装。

(2)饰物佩戴及发型,以景区的原则要求为准;女讲解员一般以淡妆为宜。

(3)言谈举止应文明稳重,自然而不做作。

(4)讲解活动中可适度使用肢体语言,且力避无关的小动作。

(5)接待游客热情诚恳,并符合礼仪规范。

(6)工作过程中始终做到情绪饱满,不抽烟或进食。

(7)注意个人卫生。

(四)讲解语种

讲解语种包括:

(1)景区讲解,应以普通话为普遍使用的语言;

(2)位于民族地区的景区,宜根据客源情况提供民族语言和普通话的双语讲解服务;

(3)有条件的景区,宜根据客源情况提供多语种的讲解服务。

二、旅游景区讲解活动要求

1.接待开始时的服务要求

接待开始时的服务要求应符合:

(1)代表本景区对游客表示欢迎;

(2)介绍本人姓名及所属单位;

(3)表达景区对提供服务的诚挚意愿;

(4)了解游客的旅游需求;

(5)表达希望游客对讲解工作给予支持配合的意愿;

(6)预祝游客旅游愉快。

2. 游览前的讲解服务要求

游览前的讲解服务要求包括：

(1)应向游客介绍本景区的简要情况，尤其是景点的背景、价值和特色；

(2)应向游客适度介绍本景区的所在旅游地的自然、人文景观和风土人情等相关内容；

(3)应提醒团队游客注意自己团队原定的游览计划安排，包括在景区停留的时间，主要游览路线，以及参观游览结束后集合的时间和地点；

(4)应向旅游者说明游览过程中的注意事项，并提醒游客保管好自己的贵重物品；

(5)游程中如需讲解人员陪同游客乘车或乘船游览，讲解人员宜协助游客联系有关车辆或船只。

3. 游览中的讲解服务要求

(1)讲解内容的选取原则。

讲解内容的选取原则如下：

①有关景区内容的讲解，应有景区一致的总体要求；

②内容的取舍应以科学性和真实性为原则；

③民间传说应有故事来源的历史传承，任何景区和个人均不得为了景区经营目而随意编造；

④有关景区内容的讲解应力避同音异义词语造成的歧义；

⑤使用文言文时需注意游客对象，需要使用时，宜以大众化语言给以补充解释；

⑥对历史人物或事件，应充分尊重历史的原貌，如遇尚存争议的科学原理或人物、事件，则宜选用中性词语给以表达；

⑦讲解内容如系引据他人此前研究成果，应在解说中给以适度的说明，以利于游客今后的使用和知识产权的保护；

⑧景区管理部门应积极创造条件，邀请有关专家实现对讲解词框架和主体内容的科学审定。

(2)讲解导游的方法与技巧。

讲解导游的方法与技巧如下：

①对景区的讲解要繁简适度；讲解语言应准确易懂；吐字应清晰，并富有感染力；

②要努力做到讲解安排的活跃生动，做好讲解与引导游览的有机结合；

③要针对不同游客的需要，因人施讲，并对游客中的老幼病孕和其他弱势群体给予合理关照；

④在讲解过程中，应自始至终与游客在一起活动；注意随时清点人数，以防游客走失；注意游客的安全，随时做好安全提示，以防意外事故发生；

⑤要安排并控制好讲解时间，以免影响游客的原有行程；

⑥讲解活动要自始至终使用文明语言；回答问题要耐心、和气、诚恳；不冷落、顶撞或轰赶游客；不与游客发生争执或矛盾；

⑦如在讲解进程中发生意外情况,则应及时联络景区有关部门,以期尽快得到妥善处理或解决。

(3)与游客的沟通。

与游客的沟通包括:

①旅游讲解也是沟通,讲解员在讲解中应注意平等沟通的原则,注意客人与自己在对事物认知上的平等地位;

②在时间允许和个人能力所及的情况下,宜与游客有适度的问答互动;

③要意识到自己知识的盲点,虚心听取游客的不同意见和表达;

④对游客的批评和建议,应该礼貌地感谢,并视其必要性及时或在事后如实向景区有关部门反映。

(4)讲解活动结束时的服务要求。

在讲解活动结束活动时,讲解员应做到:①诚恳征求游客对本次讲解工作的意见和建议;②热情地向游客道别;③一般情况下,在游客离开之后方可离开。

在游客离开景区后,或当天工作结束前,讲解员应做到:按照景区的规定,及时认真地填写《工作日志》或本单位规定的有关工作记录;如有特殊情况,及时向景区有关方面如实反映。

4. 乘车(乘船)游览的讲解服务要求

景区讲解如果是在乘车(乘船)游览时进行,讲解员应做到:

(1)协助司机(或船员)安排游客入座;

(2)在上车(船)、乘车(船)、下车(船)时提醒游客有关安全事项,提醒游客清点自己的行李物品;并对老幼病孕和其他弱势群体给予特别关照;

(3)注意保持讲解内容与行车(行船)节奏的一致,讲解声音应设法让更多的游客都能听见;

(4)努力做好与行车安全(或行船安全)的配合。

5. 游客购物时的服务要求

游客如需购物时,讲解员应做到:

(1)如实向游客介绍本地区、本景区的商品内容与特色;

(2)如实向游客介绍本景区合法经营的购物场所;

(3)不得强迫或变相强迫游客购物。

6. 游客观看景区演出时的服务要求

如游客游程中原已包含有在景区内观看节目演出,则讲解员的服务应包括:

(1)如实向游客介绍本景区演出的节目内容与特色;

(2)按时组织旅游者入场,倡导游客文明观看节目;

(3)在游客观看节目过程中,讲解员应自始至终坚守岗位;

(4)如个别客人因特殊原因需要中途退场,讲解员应设法给以妥善安排;

(5)不得强迫或变相强迫游客增加需要另行付费的演出项目。

7.讲解活动中的安全要求

在景区的讲解活动中,应充分注意安全:

(1)提前了解讲解当天的天气和景区道路情况,以期防患于未然;

(2)讲解活动应避开景区中存在安全隐患的地区;

(3)讲解中随时提醒游客注意安全(尤其是在游客有可能发生失足、碰头等的地带);

(4)发生安全事故时冷静妥善对待,在积极帮助其他游人疏散的同时,并及时通知景区有关部门前来救助。

三、旅游景区电子讲解说明服务

(一)旅游景区电子讲解说明服务的设备与功能

1.器材选用

应根据讲解环境和游客的不同需要选择适应的讲解器材:除了空旷山野的必需外,景区的讲解不宜使用扩音器,以减少不同讲解员同时讲解时的相互干扰。

在游客比较密集且允许不同讲解同时讲解的景区,以选用电子讲解说明服务设备为宜。

电子讲解说明服务设备,宜以不同器材对游客群体的适应度作出安排:可配备无干扰导游无线讲解系统,以用于对团队(或多人)的讲解;可配备自助电子语音讲解系统,以提供给有此需要的散客;可配备非语音查询说明设备(主要为台式或壁挂式触摸屏查询说明系统)以提供给游客自由使用;景区的大屏幕录像播放系统,可作为讲解活动的适度补充。

2.语音讲解器材要求

语音讲解器材包括:

(1)适宜团队使用的无干扰导游无线讲解系统,宜选用频率数值较高和工作频段数较多的设备,以保证语音的清晰和团队众多时的不同讲解。

(2)适应于散客的自助电子语音讲解系统,宜选用自动接收与自由点播相结合的产品(包括无线自行播放式、无线触点感应式,以及预存储手动数字选择式),手动数字选择式以能支持重复收听为宜。

(3)适应于散客的自助电子语音讲解系统,宜配有景区导游图,并适合在室外查看:导游图上应标有序号和讲解点名称;导游图上宜标有厕所、停车场、景区出入口。

(4)设备周转量宜与景区游客需求量大体适应。

(5)注意保障无线传输设备的使用安全,并避免雷雨天户外使用。

(6)景区应安排专用的消毒设施(或程序)及时对耳机与话筒进行消毒,以有利于游客与讲解人员的健康。

(二)预录式语音讲解要求

1.预录语种要求

预录式讲解语种要求,与前面讲解员现场讲解的要求相同。

2.预录内容要求

(1)预录讲解内容的取舍原则及讲解方法、技巧,与讲解员现场讲解的要求相同;

(2)预录讲解内容应以游客游览线路和拟讲知识结构为次序,每一个讲解点都应独立讲述;

(3)预录讲解内容应具有较为权威的准确性,可依据已有的权威资料改写,亦可委托专业公司或专家撰稿;

(4)预录讲解内容宜有明确的知识产权说明。

3.预录翻译要求

(1)外语翻译应邀请有关专家工作,注意翻译中的"信达雅",以让外国游客真正了解景区所要传达与旅游者的内容;

(2)除对已有的权威性译文资料的利用外,应努力创造条件,争取外国专业人士参与外语翻译或校订;

(3)外语翻译亦应有有关译者的明确的知识产权说明。

4.预录配音要求

(1)预录配音语速不宜过快,要适应于游客的边走边听;

(2)预录配音亦应与景区地形地貌或环境呼应,并及时提醒该讲解点附近可能出现的不安全因素。

5.预录内容的更新与保存

(1)预录讲解内容应及时更新,旅游景区的语音讲解系统以配有专门的语音写入系统为宜,亦可委托有关专业服务的企业负责此项工作;

(2)旅游景区对语录讲解内容应建立明确的历史档案,其中应包括有关知识产权权的保护与作者、译者的档案。

(三)其他解说系统要求

(1)非语音查询说明设备(主要为台式或壁挂式触摸屏查询说明系统)和景区的大屏幕录像播放系统,是景区解说的补充性公共设施,具有条件的景区宜有适度的设置;

(2)景区内台式或壁挂式触摸屏的设置,景区的大屏幕录像播放,均宜有适当的场地;

(3)应保持设备的完好可靠,可以常年正常运行;

(4)对于景区的相关介绍,应有图文并重的设计与预录;

(5)应安排专人负责其运行管理;

(6)景区的相关介绍应有适时的更新;

(7)应保障游客使用触摸屏时的用电安全。

任务二 地陪服务程序与服务规范

地方陪同导游人员,简称"地陪",是"受接待旅行社委派,代表接待社实施接待计划,为旅游团(者)提供当地旅游活动安排、讲解、翻译等服务的导游人员"。地方陪同导游服务程序是指地陪接受旅行社下达的旅游团接待任务起,至旅游团离开本地并做好后续工作为止的工作程序。在地陪导游服务过程中,地陪应按时做好旅游团在本地的迎送工作;严格按照接待计划,做好旅游团在本地参观游览过程中的导游讲解服务和计划内的食、宿、购物、娱乐等活动的安排;妥善处理各方面的关系和出现的问题。

地陪应严格按照导游服务质量标准和旅游合同提供各项服务。具体的服务程序如下:

服务准备→迎接服务→入店服务→核对、商定日程→参观游览服务→其他服务→送站服务→后续工作。

一、服务准备

导游员从接到旅行社下发的接待计划书开始,进入服务准备,到前往接站地点之前,均为准备阶段。准备环节如图3-1所示。

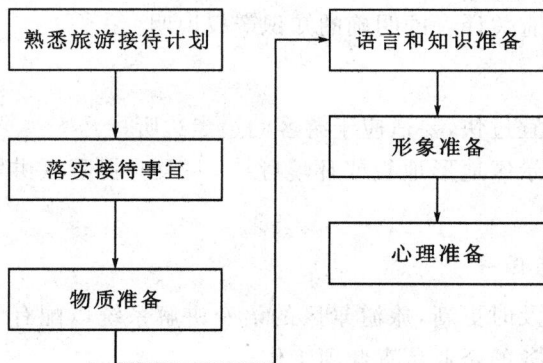

图3-1 准备环节

导游员接到接待任务后,必须充分作好各方面的准备工作,这是导游人员顺利完成接待任务的重要前提,也是导游人员在接待工作总过程中的基础性工作和头等大事。"凡事欲则立,不欲则废",做好充分而完备的准备工作,可以保证导游员在导游服务中掌握充分的主动权,遇事可以做到心中有数,处变不惊,从而计划、有步骤地开展各项服务工作,确保给旅游者带来满意的旅游效果。

1. 熟悉旅游接待计划

旅游接待计划是组团旅行社委托各地方接待旅行社组织落实旅游团活动的契约性安排,是导游人员了解该旅游团基本情况和安排活动日程的主要依据。导游人员在接受接待任务后,应在旅游团抵达之前,认真阅读接待计划和有关资料,详细、准确地了解该旅游团的服务项目和要求(见表3-1、表3-2),对重要事宜作好记录。地陪应从旅游接待计划熟悉以下细节:

(1)计划签发单位(即本国组团社)名称、组团社联系人姓名及联系方式、全陪姓名及联系方式。

(2)客源地组团社名称、旅游团名称、代号、旅游团国别及其使用语言、收费标准(豪华等、标准等、经济等）、领队姓名。

（3）旅游团成员情况：团队人数、性别、姓名、职业、宗教信仰。

（4）了解该旅游团成员是否带小孩？小孩是否收费？收费标准怎样？

（5）全程旅游路线、入出境地点。

（6）所乘交通工具情况：抵、离本地时所乘交通工具的班次、时间和乘坐地点。

（7）掌握交通票据情况：

①该团去下一站的交通票据是否按计划订妥，有无变更以及更改后的落实情况；

②有无返程票；

③有无国内段国际机票；

④出境票是 OK 票还是 OPEN 票。

（8）特殊要求和禁忌：

①该团在住房、用车、游览、用餐等方面是否有特殊要求；

②该团是否要求有关方面负责人出面迎送、会见、宴请等礼遇；

③该团是否有老弱病残等需要特殊服务的客人；

④该团有无要办理通行证地区的参观游览项目，如有则要及时办好相关手续。

熟悉接待计划的目的就是了解旅游团基本情况，明确服务项目与服务标准，预见在接待中可能发生的问题，并采取相应的措施，以便在旅游团抵达之前，做到心中有数，出色地完成接待任务。

2.落实接待事宜

导游员在旅游团抵达的前一天，应与各有关部门或人员一起检查、落实旅游团的交通、食宿等事宜。

落实接待事宜是导游员在旅行社计调工作基础上重新进行的一次再确认手续。此项事务的落实，可以最大限度地减少旅行社工作中的失误，从而使导游工作变得更加主动。

（1）落实旅行车辆。

与旅游汽车公司或车队联系，确认为该团在本地提供交通服务的车辆的车型、车牌号和司机姓名；接大型旅游团时，车上应贴有编号或醒目的标记；确定与司机的接头地点并告知活动日程和具体时间。

（2）掌握联系电话。

导游员应备齐并随身携带有关旅行社各部门、餐厅、饭店、车队、剧场、购物商店、组团人员和其他导游人员的联系电话。

（3）落实住房及用餐。

熟悉旅游团所住饭店的位置、概况、服务设施和服务项目；核实该团客人所住房间的数目、级别，是否含早餐等；与各有关餐厅联系，确认该团日程表上安排的每一次用餐情况：团号、人数、餐饮标准、日期、特殊要求等。

（4）了解落实运送行李的安排情况。

各旅行社是根据旅游团人数来确定是否安排行李车，地陪应了解本社规定。如该团配有行李车,地陪应提前和行李车司机和行李员联系,使其了解该团抵达的时间、地点、住哪一家饭店等。

(5)熟悉参观点。

对新的旅游景点或不熟悉的参观游览点,导游员应事先了解其概况,如开放时间、最佳行车路线和游览路线、具体游览景点情况、游览方式、游览注意事项、厕所位置、休息场所、停车场位置等,以保证游览活动顺利进行。

3.物质准备

首先,作为一名导游员要认真填写《物质准备检查表》(见表3-3)。《导游服务质量标准》要求:"商团前地陪应做好必要的物质准备,带好接待计划、导游证、胸卡、导游旗、接站牌、结算凭证等物品。"

表 3-1　旅行团接待通知单

客情简况	团　号				组团社	
	来自国家或地区		语种要求		组团社联系人及联系方式	
	客人共人数　　人,其中夫妇　　对,小孩　　人,单男　　人,单女　　人				全陪姓名及联系方式	
抵达时间及地点	月　　日乘　　抵			离开时间及地点	月　　日乘　　赴	
团队等级				收费标准		
住宿饭店		客人房间数	单人房　间双人房　间		陪同	单人房　间双人房　间
膳食标准及要求	早餐　　元/人;中餐　　元/人;晚餐　　元/人(　菜　汤;　荤　素)					
游览活动	月　日	上午			下午	
	月　日	上午			下午	
	月　日	上午			下午	
	月　日	上午			下午	
用餐安排	月　日	早餐		中餐		晚餐
	月　日	早餐		中餐		晚餐
	月　日	早餐		中餐		晚餐
	月　日	早餐		中餐		晚餐
市内用车	车　号		车型		车座	司机姓名
						联系方式
备注						

接待部门:　　　　　　　地陪:　　　　　　　联系电话:

表 3 - 2 导游派遣书

导游派遣书

根据导游员（兼职）：　　　　　与我中心签订之聘用协议书，现派遣其执行接待任务。

此派遣有效期为三个月（　　年　　月——　　月），与导游证、接待计划书合用。

××市导游服务中心（章）

年　月　日

注：此为长期派遣书，另还有一团一派的派遣单。

表 3 - 3 导游物质准备检查表

部门	国内部	团员	京	国籍	中国	人数	25
陪同	李燕	联系方法			电话:13912345678		
检查项目:备齐或符合画√,未带或不符合画×;纠正后补画√,不需要画／							

证件及标识类	1	身份证	√	资料类	12	陪同卷	√
	2	导游证	√		13	接待计划	√
	3	胸卡	√		14	陪同日志/记事本	√
	4	导游旗	√		15	导游图	√
	5	接站牌	√		16	客户自带设备清单	√
票据类	6	餐单	√	其他类	17	喇叭(10人以上)	√
	7	门票结算单	√		18	手机充电池	√
	8	支票	√		19	着装要求	√
	9	现金	√		20	仪表要求	√
	10	离站机、车、船票	√		21		
	11	行李卡、封卡	√		22		
备注	检查人:王长安 2009 年 5 月 1 日						

(1)地陪在每次上团前,必须提前准备好上述证件和物品。

(2)地陪在做准备工作时,要按照该团人数和活动安排,到本社有关内勤处领取门票、餐饮结算单及有关表格(如行李交接单、租车结算单、客人意见表以及导游图等)。

(3)掌握联系电话。地陪应备齐随身携带有关旅行社各部门、餐厅、饭店、车队、剧场、购物商店、组团人员、行李员和其他导游人员的电话和手机号码。

4.语言和知识准备

(1)根据接待计划上确定的参观游览项目,对翻译、导游的重点内容作好外语和介绍资料的准备。

(2)接待有专业要求的团队如地质考察团队、经济考察团队、佛教团队等,要作好相关专业知识、词汇的准备。

(3)对当前的热门话题、国内外重大新闻等旅游者可能感兴趣的话题作好准备。

(4)对城市概况、旅游车行车路线沿途景点及风光介绍的准备。

5.形象准备

导游员的形象仪表不仅仅是个人行为,在宣传旅游目的地、传播精神文明等方面也起着重要作用,还有助于在旅游者心目中树立导游人员的良好形象。因此,导游员在上团前要作好仪容、仪表方面(即服饰、发型和化妆等)等细节的准备。

(1)着装要符合导游人员的身份,要方便导游服务工作。

(2)衣着要整洁、大方、自然,佩戴首饰要适度,不浓妆艳抹。

(3)上团时,必须佩戴导游证。

6.心理准备

导游员在接团前的心理准备应注意有两个细节:

(1)准备面临艰苦复杂的工作。

导游人员带团时,不仅要按照正常的工作程序为旅游者提供热情的服务,还要为旅游者提供个性化的服务,满足旅游者提出的合理而又可能的特殊服务需求,同时,不管导游在带团前做怎样的准备和预测,旅游接待服务的综合性使导游接待工作中总会出现各种变故,会出现各种出乎导游意料之外的问题或事故,使得导游接待服务显得艰苦而又复杂。导游人员要有面临这种艰苦复杂工作的心理准备。

(2)准备承受抱怨和投诉。

导游员在带团过程中经常会遇到这样一些情况:尽管导游员已尽其所能、热情周到地为旅游团服务,但由于旅游者的文化层次、性格、职业、年龄、习惯等的不同,总会有一些旅游者挑剔、抱怨、指责导游员的工作,甚至会提出投诉。对于这些情况,导游员只有有了足够的心理准备,才能够足够的冷静以便顺利地继续为旅游者服务。

二、迎接准备

迎接服务是导游员与游客初次接触的过程。在此期间,导游员的第一次亮相、出口、出手都将给游客留下深刻的印象。导游员在迎接地点的接待是否及时、热情、周到也将对游客经历产生重要的影响。因此导游员在掌握基本技能的基础上,必须熟练掌握迎接服务环节。迎接服务如图3-2所示。

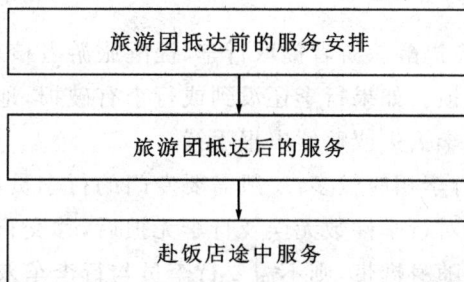

```
┌─────────────────────────┐
│   旅游团抵达前的服务安排   │
└─────────────────────────┘
            │
            ▼
┌─────────────────────────┐
│    旅游团抵达后的服务     │
└─────────────────────────┘
            │
            ▼
┌─────────────────────────┐
│      赴饭店途中服务       │
└─────────────────────────┘
```

图3-2　迎接服务

1.旅游团抵达前的服务安排

(1)确认旅游团所乘交通工具抵达的准确时间及接站地点。

接团当天,地陪应提前到旅行社全面检查准备工作的落实情况。出发前,要向机场(车站、码头)问讯处问清飞机(火车、轮船)到达的准确时间(一般情况下应在飞机抵达的预定时间前2小时,火车、轮船预定到达时间前1小时向问讯处询问)。

(2)与旅游车司机联络。

通知司机接站时间,确定接头地点,并再次告知活动日程和具体时间。

(3)提前到达接站地点。

地陪应提前半小时到达机场(车站、码头),并掌握接团用车停放位置。

(4)再次核准旅游团抵达的准确时间。

地陪提前到达机场(车站、码头)后,要再次核实旅游团抵达的准确时间。如果该团抵达时间推迟太久,地陪要及时通知司机、行李员、饭店、餐厅等。

(5)与行李员联络。

地陪应在旅游团出发前与行李员取得联系,通知其行李送往的地点。

(6)持接站牌或导游旗迎候旅游团。

旅游团所乘飞机(火车、轮船)抵达后,地陪应在旅游团出站前,持接站牌或导游旗站立在醒目的位置,热情迎候旅游团。如果是持接站牌,接站牌上要写清团名、团号、领队或全陪姓名;接小型旅游团或无领队、全陪的旅游团时要写上客人姓名。

2.旅游团抵达后的服务

(1)主动认找旅游团。

旅游团出站时,地陪应尽快找到旅游团。认找旅游团的方法是:地陪站在出站口明显的位置举起接站牌或导游旗以便领队、全陪(或客人)前来联系,同时地陪也应从旅游者的民族特征、衣着、组团社的徽记、人群规模等分析判断并主动上前询问,认找自己应接待的旅游团队。询问内容包括:组团社名称、全陪姓名、客人国别或来自地区、大致旅游线路、旅游团人数等。

如该团无领队和全陪,地陪应与该团成员核对团名、国别(地区)及团员姓名等,一切相符后才能确定是自己应接的旅游团;如果旅游团实到人数与计划人数不符,地陪要及时通知旅行社并向饭店退掉多余房间或增订房间。

(2)集中清点行李。

认找到旅游团后,地陪应提醒旅游者提取行李、提醒旅游者核对行李件数是否无误、提醒旅游者检查行李是否完整无损。如果行李还没到或行李有破损,地陪应协助当事人到机场登记处或其他有关部门办理行李丢失或赔偿申报手续。

国际旅游团来华旅游,行李相应较多,一般需要专门的行李员和行李车运送行李。因此,地陪应与领队、全陪、游客核对行李件数无误及行李无损后,移交行李员,双方办好交接手续。而国内旅游团客人一般行李随身携带,则不需要行李员与行李车来运送行李。

(3)集合登车。

①导游员要提醒旅游者带齐行李和随身物品,引导旅游者前往旅游车停车处。旅游者上车时,地陪要恭候在车门一侧,帮助行李物品较多的客人顺利上车,对年老体弱者、孕妇、儿童、残疾者给予必要的搀扶或协助。

②上车后,地陪应协助旅游者就座;检查、整理旅游者放在行李架上的行李或物品,以免行车途中行李或物品从行李架上滑下砸伤游客;礼貌清点人数,最好默数或颔首数,切不可用手指点数;核实游客到齐坐稳后请司机开车。

3.赴饭店途中服务

如果是入境旅游团或者国内旅游团到达当天没有参观游览项目,从机场(车站、码头)出来,旅游车会把旅游团送往下榻饭店。旅游车一开动,地陪的讲解服务就正式开始。此时是地陪与游客的第一次见面,彼此互不相识,这就需要地陪尽快投入角色,营造和谐气氛,缩短彼此的心理距离,给游客留下美好的第一印象,使游客对地陪产生信任感。在前往下榻饭店的行车途中,地陪要做好以下几项讲解服务。

(1)致欢迎辞。

欢迎辞的内容应视旅游团的性质及其成员的文化水平、职业、年龄、性别、民族、居住地区等情况有所不同,表达欢迎辞的语气、方式也要根据游客的不同而灵活运用。总之,地陪通过欢迎辞的表达要给游客以亲切、热情、可信之感,使游客进入轻松、愉快、满足的状态。

欢迎辞一般应包括以下内容:
①代表地接社、本人及司机欢迎客人光临本地旅游;
②介绍自己的姓名、所属单位;
③介绍司机;
④表达提供服务的诚挚愿望和希望得到合作的良好意愿;
⑤预祝旅游愉快顺利。

【导游示范】
各位来自(城市)的团友:大家下午好!
首先我代表××旅行社、司机王师傅和我本人对各位团友来××(城市)观光旅游表示欢迎。我是本次旅游活动的导游,我姓陈,我国著名笑星演员陈佩斯的陈,大家可以叫我"小陈"或"陈导",当然,小陈也真心希望能像陈佩斯一样给大家的旅途带来更多的欢声笑语。在我右手的是我们的司机王师傅(讲这句话时,可适当配合右手的手势)。本次旅游活动就是小陈和王师傅共同为大家提供服务,我们会尽量让大家吃的满意、住得舒服、玩得开心,使本次旅游活动成为大家的一次难忘的旅游经历。大家在这几天的旅游中,如果有什么问题或困难,请尽管提出来,我们会竭尽所能为大家解决或解答。同时,小陈和王师傅也真心希望我们的工作能得到大家的配合和支持。

在此,小陈和王师傅预祝大家旅游愉快!

(2)调整时间。

接入境旅游团,如果客源地与我国存在时差,导游人员要介绍两国(两地)的时差,请旅游者调整时间。

(3)首次沿途导游。

导游员必须做好首次沿途导游,以满足旅游者的好奇心和求知欲。精彩成功的首次沿途导游能展示导游员渊博的知识、高超的导游技能和极强的工作能力,会使旅游者产生信任感和满足感。

首次沿途导游的内容:

①本地概况介绍。导游员应介绍本地的概况,包括历史沿革、行政区划、人口、气候、社会生活、文化传统、土特产品、市容市貌等,使游客一踏上这片土地,就对当地情况有个初步的了解。

②沿途风光导游。游客初到一个陌生城市,对沿途所见的一切均有强烈的好奇心,在汽车经过的地方,常常就所见景物心中涌出"这是什么"的疑问,而导游人员在此刻对此进行及时的解释会有很好的效果。因此,在前往下榻饭店的途中,导游人员要进行沿途风光介绍,介绍内容为车外所见事物,见物讲物,见人说人,讲解的内容与所见景物同步。切忌漠视游客的心理,而大讲其他与沿途景物不相关的内容。

③介绍下榻饭店。导游员应向旅游者介绍该团所住的基本情况:饭店的名称、位置、星级、规模、主要设施设备及服务项目、交通状况、饭店的特色等。其中要突出饭店特色的介绍,可以说,旅游团住在哪个饭店,哪个饭店就是当地同等档次最有特色的饭店,这样能使游客产生一种心理满足感。比如,老饭店:历史悠久,牌子响亮,服务规范,是身份的象征;新饭店:设备齐全,装潢考究,设备设施好,服务项目多;闹市区:交通方便,商铺集中,夜生活丰富,自由活动去处多;偏静区:闹中取静,环境幽雅,空气清新,休闲度假好地方。其他,如早餐品种丰富、有异国情调、有民族风格等都可作为饭店的特色或优势加以介绍。

【导游示范】

各位游客,我们今天晚上入住的是位于市中心的××大酒店,距离机场20公里,行车需30分钟左右。利用这段时间,我简要地介绍一下太原的情况。

我们现在看到的这条公路是通往北京的高速公路。全程560公里,从太原乘汽车出发行走5个半小时,就可以到达北京,非常方便。这段高速公路中的山西境内部分叫做"太旧路",

是指从太原到山西和河北的交界处旧关的这段公路，全程144公里。这段路地形复杂，施工难度极大，山西的筑路大军发扬不怕牺牲的精神，多方协助，在很短的时间内，高质量地完成了任务，成为山西修路的楷模。这几天我们在山西游览时就会在许多地方看到"发扬太旧精神"的大幅标语，"太旧精神"已经成为"艰苦奋斗，不怕牺牲，高速度，高质量"的代名词了。

太原是山西省的省会，同全国的省会城市相比，太原市只是个中等城市，人口只有三百多万，但在全国的经济建设中，太原市却有着举足轻重的位置，是全国的能源重化工基地的中心。

我们看一下公路两边的绿化带，可谓绿阴成行。大家知道这是什么树吗？这是国槐，是太原市的市树，无论是公路旁还是街道旁边，无论是庭院还是公园，栽种最多的就是这种国槐。这种树具有耐干旱、易成活和叶密阴浓的特点，非常适宜太原干燥、少雨的气候条件。

太原人栽种国槐历史悠久，现在仍可见到上千年的古槐，郁郁葱葱，虽然是饱经沧桑，但仍是生机盎然。我们明天在游览晋祠时就可以看到唐槐和隋槐。

我们的旅游车现在是从南向北行驶，前面即将进入市区。请各位留意一下，太原市的街道大部分都比较正直、宽阔，方向感极强，不是正南正北，就是正东正西，很少有斜向的，许多外地人都开玩笑地说，太原市的街道和太原人一样。各位还可以注意一下，太原市的街道的名字也起得很有规律，凡是南北方向都叫做"路"，凡是东西方向的都叫做"街"，正如上海的街道一样，易于分辨，凡是东西方向的都以城市命名，凡南北方向的都以省名命名，十分方便，因此，我们在太原就不用担心迷失方向了。

我们现在看到的这条河，就是山西境内的第一河——汾河。大家都听过《汾河流水哗啦啦》这首好听的歌吧，指的就是这条河。汾河从北向南，全长660公里，几乎贯穿全省。多少年来，山西人就是喝汾河水一代代繁衍生息的，因此汾河也叫山西的母亲河。现在，山西有许多的名都与汾河有关，比如汾阳、汾西、临汾等，就连山西最有名的酒也叫"汾酒"。汾河从太原市中间穿过，将太原市分为东、西两部分，我们习惯称河东、河西。太原市的河东是政治、经济、商业的主要活动中心，河西则是以工业区和高校为主。太原市横跨汾河两岸共有四座大型公路桥，交通十分方便。我们现在行驶在汾河的东岸，这条路叫做"滨河东路"。各位往车窗左边看，汾河两岸绿草茵茵，小径纵横，这就是太原市政府治理汾河后为太原市民修建的汾河公园。白天，小孩子在这里嬉戏玩耍，晚上，华灯万盏，劳累了一天的人们在这里消夏休闲，人们把它誉为太原的"外滩"。

现在汽车往右拐，向东行驶，这条街道叫迎泽大街。由于街道宽阔，最宽的地方达70米，一共八条双向机动车道，两条自行车道，再加上机动车道与自行车道的隔离花坛，显得十分气派，太原人自豪地称迎泽大街为中国的第二长安大街。我们入住的饭店马上就到了，下面我简单地介绍一下饭店的情况……

三、入店服务

当旅游团到达饭店后，导游人员应尽快办理入店手续，使旅游者尽早进入房间、取到行李；让旅游者及时了解饭店的基本情况和住店的注意事项；让旅游者知道当天或第二天的活动安排。基本环节如图 3-3 所示。

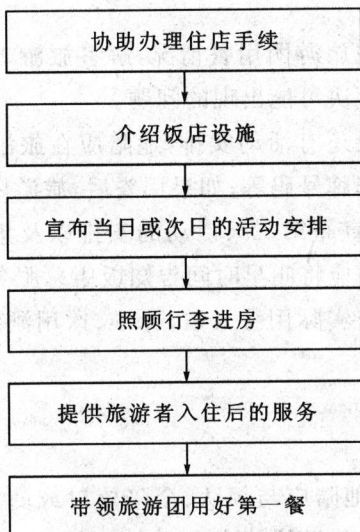

```
┌─────────────────────┐
│   协助办理住店手续      │
└─────────────────────┘
          ↓
┌─────────────────────┐
│   介绍饭店设施         │
└─────────────────────┘
          ↓
┌─────────────────────┐
│  宣布当日或次日的活动安排 │
└─────────────────────┘
          ↓
┌─────────────────────┐
│   照顾行李进房         │
└─────────────────────┘
          ↓
┌─────────────────────┐
│  提供旅游者入住后的服务   │
└─────────────────────┘
          ↓
┌─────────────────────┐
│  带领旅游团用好第一餐    │
└─────────────────────┘
```

图 3-3　入店服务

1. 协助办理住店手续

旅游者抵达饭店后,地陪要协助领队和全陪办理住店登记手续,请领队分发房卡。地陪要掌握领队、全陪和团员的房间号,并将自己联系的方法或房间号、电话号码等告诉全陪和领队,以便有事时及时联系。

2. 介绍饭店设施

进入饭店后,地陪应向全团介绍饭店内的外币兑换处、中西餐厅、娱乐场所、商品部、公共洗手间、紧急出口处等的位置,并讲清住店注意事项,提醒客人做好贵重物品或钱款的寄存。

3. 宣布当日或次日的活动安排

在客人分散入住房间前,地陪要向全团宣布有关当天的活动安排或就餐安排,告知集合时间、地点及游览需要的装束或要携带的物品(如登山的平跟鞋、雨伞等),或者就餐时间、就餐餐厅、就餐形式,以免客人入住房间后再一个个通知。

4. 照顾行李进房

地陪应等待本团行李送达饭店,负责核对行李,督促饭店行李员及时将行李准确无误送至旅游者的房间。

5. 提供旅游者入住后的服务

旅游者入住房间后,可能会对房间内设施的使用需要帮助或有其他一些要求。一般情况下,旅游者可以向饭店服务人员要求帮助,但地陪也可以向旅游者主动提供提示或示范服务,如空调的使用、热水器的使用、电水壶的使用、彩电的使用等。

6. 带领旅游团用好第一餐

(1)地陪应在约定就餐时间前到达餐厅,了解菜肴准备情况、餐桌(椅)安排情况等;旅游者到达餐厅,地陪应主动引领旅游者入座;将领队或全陪介绍给餐厅经理或主管服务员,告知旅游团的特殊要求。

(2)用餐过程中,地陪要巡视旅游团用餐情况,解答旅游者在用餐中提出的问题,监督餐厅是否按订餐标准提供服务并解决可能出现的问题。

(3)如果用餐后,旅游团当天还有活动安排,地陪应在旅游团用餐期间,向旅游者告知餐后集合时间、集合地点、旅游车车牌号码等;如果用餐后,旅游团当天没有活动,地陪应在旅游团用餐结束解散前,再次向全团宣布第二天活动的安排以及集合时间、地点,并与领队、旅游团商定第二天的叫早时间。地陪应将叫早时间告知饭店总服务台。

(4)用餐后,导游员应严格按实际用餐人数、标准、饮用酒水数量,与餐厅结账,并索要正规发票。

四、核对、商定日程

旅游团开始参观游览之前,地陪应与领队、全陪核对或商定活动日程。一般旅游团在一地的参观游览内容已明确规定在旅游协议书上,而且在旅游团到达前,旅行社有关部门已经安排好该团在当地的活动日程。即便如此,地陪也必须进行核对、商定日程的工作。

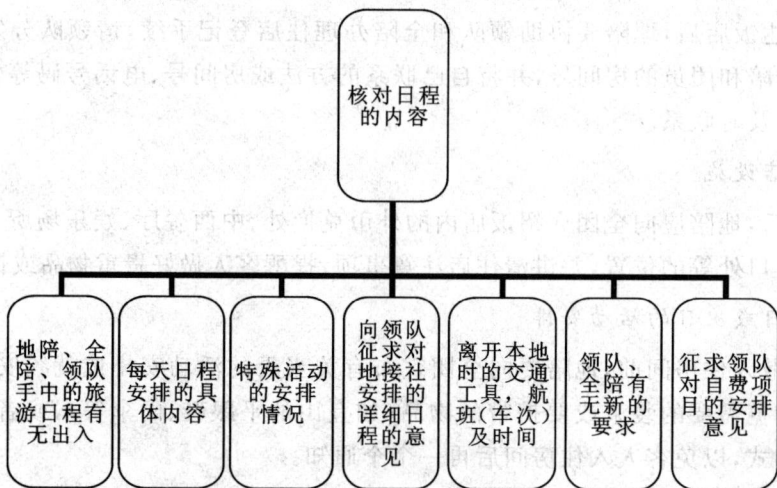

图 3-4 核对日程的内容

如果在游客抵达本地后,还有一段可以安排游览的时间,导游人员应先就当天的日程安排与领队商量,以后的日程商定放在回饭店以后进行。核对日程的内容如图 3-4 所示。

在核对日程时,针对出现的不同情况,地陪要采取相应的措施.

1.地陪接待计划中旅游行程与全陪或领队手中行程有出入时

(1)地陪应及时向地接社报告,查明原因,分清责任。

(2)如果是地接社的责任,地陪应实事求是说明情况,赔礼道歉,按正确的接待计划执行。

(3)如果是组团社或境外组团社的责任,而又不好向游客交待,在双方都能接受的基础上商定调整行程。

2.旅游团提出小的修改意见或增加新的游览项目

(1)及时向旅行社有关部门反映,对合理而又可能的项目,应尽力予以安排。

(2)需要加收费用的项目,地陪要事先向领队或旅游者讲明,按有关规定收取费用。

(3)对确有困难无法满足的要求,地陪要详细解释、耐心说明。

3.提出的要求与原日程不符且又涉及接待规格时

(1)一般应予婉言拒绝,并说明我方不便单方面不执行合同。

(2)如确有特殊理由,并且由领队提出时,地陪必须请示旅行社有关部门,视情况而定。

【温馨提示】

地陪在与领队、全陪商定日程的过程中,如需要对日程作部分调整,导游人员必须做到心中有数,对调整原因做出实事求是的说明与解释,切不可为旅行社利益而对游客进行隐瞒或欺骗。对调整后的日程,导游人员要有充分的预见和足够的准备,涉及新产生的费用要与领队、全陪和游客认真协商或按有关规定予以确认。对于重大的日程调整,一定要经组团社与地接社的同意,变更及调整的项目或计划要由领队及地接社业务人员或授权导游人员签字确认。在满足旅游者要求和接受旅游者修改日程、调整计划时,导游员一定要谨慎从事,注意规避风险。

五、参观游览服务

参观游览活动是旅游团的整个行程中最重要的活动,是旅游者旅游的根本目的,也是导游服务工作的中心环节。

参观游览过程中的地陪服务,应努力使旅游团参观游览全过程安全、顺利,使旅游者详细了解参观游览对象的特色、历史背景等及其他感兴趣的问题。为此,地陪必须按照以下环节认真准备、精心安排、热情服务、生动讲解(见图3-5)。

1.作好出发前的各项准备

(1)准备好社旗、话筒、导游证和必要的钱款或票证(如门票结算单)。

(2)落实用餐事宜。团队旅游一般是早出晚归,因此,出发前,地陪就应该对午、晚餐进行落实或确认,带好相关餐厅的联系号码。

(3)督促司机做好各项准备工作,如车内的清洁、车况的检查等。

(4)出发前,提前10分钟到达集合地点。地陪应提前到达集合地点,一方面可以礼貌地招呼早到的旅游者,与客人适当寒暄,拉近与游客之间的距离;另一方面可以在时间上留有余地,以应付紧急突发的事件。同时,地陪的早到也给游客一种以身作则的感觉。

(5)集合登车、清点实到人数。旅游者陆续到达后,礼貌招呼客人登车;客人上车后,清点人数,确认旅游者到齐后示意司机开车。如发现有旅游者未到,地陪应向领队或其他旅游者问明原因,设法及时找到;如有客人因生病不能参加活动,要劝其往医院就医,如不需要,让其在饭店休息,并通知总台进行适当照顾,落实送餐服务等;若有的旅游者愿意留在饭店或不随

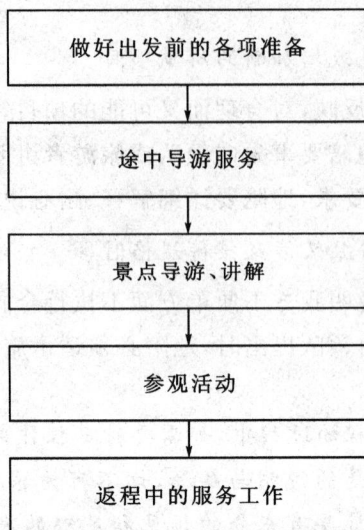

图 3-5 参观浏览服务流程

团活动,地陪要问清情况并妥善安排;若出发时间已过,又不知未到者在何处,应征求领队、全陪意见决定是否继续等候,若决定不等候,地陪必须将当日活动日程及用餐地点告诉总台及旅行社,以便使这些旅游者能尽早地回归团队。

2.途中导游服务

(1)重申当日活动安排。

开车后,地陪要向旅游者重申当日活动安排,包括午、晚餐的时间地点;向旅游者报告到达游览参观点途中所需时间;视情况介绍当日国内外重要新闻。

(2)风光导游。

在前往景点途中,地陪应进行沿途风光介绍。如果在这之前,地陪还没有向旅游者作本地概况、风土人情的介绍,此时可以适当穿插,并回答旅游者提出的问题。

(3)介绍游览景点。

在即将到达游览景点前,地陪应对游览景点的总体概况向旅游者作简要介绍,包括名称由来、历史价值、成因、景观特征等,以使旅游者对游览景点有个总体认识并激起其游览景点的欲望,这样也避免到达景点后旅游者集聚景点大门却只是聆听与眼前所见不太相关的景点总体概况介绍的尴尬,同时也可节省到达目的地后的讲解时间。因为旅游者还未曾游览过该景点,因此,对景点的讲解总的来说应遵循宜粗不宜细的原则。另外,地陪还应向旅游者讲明游览参观过程中的有关注意事项。

(4)活跃气氛。

如前往旅游景点所需的时间比较长,地陪可以组织讨论一些旅游者感兴趣的国内外问题,或者组织适当的娱乐活动等来活跃气氛。

3.景点导游、讲解

(1)交待游览注意事项。

抵达景点下车前,地陪应讲明游览所需时间、现在时间、集合时间、集合地点,并提醒旅游者记住旅游车的型号、颜色、标志、车号;在景点入口处的景点示意图前,地陪应讲明游览路线,并重申游览所需时间、集合时间和地点。

(2)游览中的导游讲解。

对景点进行讲解,包括该景点的历史背景、特色、地位、价值等方面的内容。讲解内容要正确无误、繁简适度;讲解方法上要有针对性,因人而异;讲解内容的安排上要有艺术性,讲解好比讲故事一样,有开始、有发展、有高潮、有结局;讲解语言要丰富生动,导游员的讲解如同演员演戏,只有自己把感情注入到讲解内容上,才能用声情并茂的语言形式表达出来。

在景点导游的过程中,地陪应保证在计划的时间与费用内让旅游者能充分地游览、观赏,做到讲解与引导游览相结合,适当集中与分散相结合,劳逸适度,并应特别关照老弱病残的旅游者。

(3)留意旅游者的动向,防止旅游者走失。

地陪在景点导游过程中,应注意旅游者的安全,要自始至终与旅游者在一起活动。注意旅游者的动向并观察周围的环境,随时清点人数,防止旅游者走失和意外事件的发生。

4.参观活动

旅游团的参观活动一般都需要提前联络,安排落实并有主人接待。一般是先介绍情况,然后引导参观并回答旅游者的提问。如需要地陪提供翻译服务,地陪的翻译要正确、传神,介绍者的言语若有不妥之处,地陪在翻译前应给予提醒,请其纠正;如来不及可改译或不译,但事后要说明,必要时还要把关,以免泄漏有价值的经济情报。

5.返程中的服务工作

(1)回顾当天活动。

返程中,地陪应回顾当天参观、游览的内容,必要时可补充讲解,回答旅游者的问询。

(2)沿途风光介绍。

如旅游车不从原路返回饭店,地陪应做沿途风光导游。

(3)调节气氛。

返程途中,旅游者一般都比较累,导游应适时调节气氛,或让旅游者小憩或自由观景。

(4)宣布次日活动日程。

在即将到达下榻饭店时,地陪要预报晚上或次日的活动日程、出发时间、集合地点等。到达饭店后,地陪要提醒旅游者带好随身物品。

六、其他服务

旅游者外出旅游,"游"固然是最主要的内容,但是"食、购、娱"等项目的恰到好处的安排能使旅游活动变得丰富多彩,加深旅游者对目的地的印象。因此,在安排食、购、娱等旅游活动时,地陪同样应该尽心尽力,提供令旅游者满意的服务。其他服务如图3-6所示。

```
┌─────────────────────────────────────────────┐
│        风味餐、自助餐和告别宴会时的服务           │
└─────────────────────────────────────────────┘
                      │
                      ▼
┌─────────────────────────────────────────────┐
│                  购物服务                      │
└─────────────────────────────────────────────┘
                      │
                      ▼
┌─────────────────────────────────────────────┐
│             参加文娱活动时的服务                 │
└─────────────────────────────────────────────┘
```

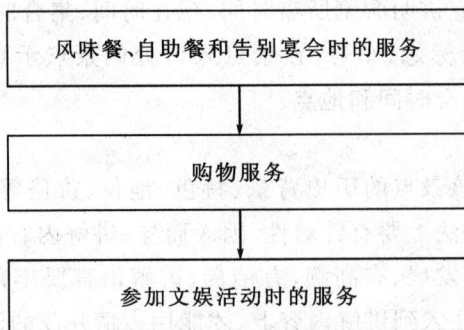

图 3-6 其他服务

1.风味餐、自助餐和告别宴会时的服务

(1)风味餐。

旅游团队的风味餐有计划内和计划外两种。计划内风味餐是指包括在团队计划内的,其费用团款中已包含;计划外风味餐则是指未包含在计划内的,是旅游者临时决定而又需现收费用的。计划内风味餐按团队计划安排即可;而计划外风味餐应先收费用,后向餐馆预订,或者是地陪向旅游者推荐风味餐馆,指引去该餐馆的路线,由旅游者自己前去。

风味餐作为当地的一种特色餐食、美食是当地传统文化的组成部分,宣传、介绍风味餐是弘扬民族饮食文化的活动。因此,在旅游团队用风味餐时,地陪应加以必要的介绍,如风味餐的历史、特色、人文精神等,能使旅游者既饱口福,又饱耳福。

在用计划外风味餐时,作为地陪,不是旅游者出面邀请不可参加;受旅游者邀请一起用餐时,则要处理好主宾关系,不能反客为主。

(2)自助餐。

自助餐是饭店旅游团队用餐常见的一种形式,是指餐厅把事先准备好的食物饮料陈列在食品台上,旅游者进入餐厅后,即可自己动手选择符合自己口味的菜点,然后到餐桌上用餐的一种就餐方法。自助餐方便、灵活,旅游者可以根据自己口味,各取所需,因此深受旅游者欢迎。在用自助餐时,导游员要强调自助餐的用餐要求,告诫旅游者以吃饱为标准,注意节约、卫生,不可以打包带走。

(3)告别宴会。

旅行团队在行程结束时,常会举行告别宴会。告别宴会是在团队行程即将全部结束时举行的,因此 ,旅游者都比较放松自己,宴会的气氛往往比较热烈。作为地陪,越是在这样的时刻越要提醒自己不能放松服务这根"弦"。要正确处理好自己与旅游者的关系,既要与旅游者共乐而又不能完全"混迹"于他们之中,举止礼仪不可失常,并且要做好宴会结束后的旅游者送别工作。

2.购物服务

购物是旅游者旅游过程中的一个重要组成部分。旅游者总是喜欢一些当地的名特产品、旅游商品。旅游购物的一个重地特点是随机性较大。因此,作为地陪要把好旅游者的购物心理,做到恰到好处地宣传、推销本地的旅游商品,既符合旅游者的意愿,也符合导游工作的要求。

在带领旅游团队购物时,要做到:

(1)严格按照旅行社制定的接待计划,带旅游团到旅游定点商店购物,避免安排次数过多、强迫旅游者购物等问题出现。

(2)在旅游者购物时,地陪应向全团讲清停留时间及有关购物的注意事项,介绍本地商品特色,承担翻译工作,介绍商品托运手续等。

(3)如遇小贩强拉强卖时,地陪有责任提醒客人不要上当受骗,不能放任不管。

(4)若遇到商家有不法行为时,应站在旅游者一边,维护其正当的消费权益。

3.参加文娱活动时的服务

旅游团观看文娱演也有计划内和计划外两种。

(1)计划内的文娱活动是指包括在团队计划内的,其费用团款中已包含,地陪按团队计划安排即可。

(2)计划外的文娱活动要在保证可以安排落实的前提下向旅游者收取费用,并给旅游者票据。

七、送站服务

要想保证旅游团活动的顺利开始和完满结束,就必须注重行程中的每一个环节,而旅游团的送行服务,则是使旅游行程获得圆满结局的最重要的环节。旅游团的送行服务既是把全程接待工作推向高潮的机会,也是对前段服务工作不足的一种补救,导游人员不能有丝毫的放松与懈怠。导游员应做到确保全团游客准时、安全地离开,应做到像重视迎接服务一样重视送团服务,做到善始善终,并妥善及时地处理一些遗留问题和善后事宜。送站服务如图3-7所示。

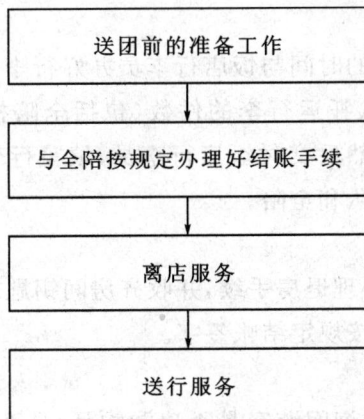

图3-7　送站服务

1.送团前的准备工作

(1)核实交通票据。

旅行社团离开的前一天,地陪应再次核实团队离开的交通票据,即航班号(车次、船次)、起飞(开车、起航)时间、离港离站地点(机场、车站、码头)等。

如果全陪、领队或旅游者带有返程机票,地陪应提醒或协助其提前72小时确认机票。

(2)商定集合、出发时间。

一般由地陪与司机商定出发时间(因为司机比较熟悉路况),但为了安排得更合理,还应及时与领队、全陪商议,确定后应及时通知旅游者。

(3)商定出行李时间。

在商定集合、出发时间后,地陪应与全陪、领队商量好出行李时间,商定后通知旅游者及饭店行李房,同时提醒客人行李打包和托运的有关注意事项。

(4)商定叫早和早餐时间。

地陪应与领队、全陪商定叫早和用早餐时间,并通知饭店有关部门和旅游者。如果该团早上离店时间较早,地陪应与饭店协商,请饭店提前准备好早餐或请饭店准备早餐外带。

(5)协助饭店办理与旅游者的结账手续。

地陪应及时提醒、督促旅游者尽早与饭店结清与其有关的各种费用(如洗衣费、长途电话费、饮料费等);若旅游者损坏了客房设备,地陪应协助饭店妥善处理赔偿事宜。

地陪应及时将旅游团的离店时间通知饭店有关部门,提醒其及时与旅游者结清相关费用。

(6)请全陪、领队、全体旅游者或旅游者代表填写意见反馈表。

2.与全陪按规定办理好结账手续

地陪在旅游团离站前一天与全陪按规定办理结帐手续,核清旅游团实际发生费用,妥善保管好钱款或单据。

3.离店服务

(1)集中交运行李。

离饭店前,地陪要按商定好的时间与饭店行李员办好行李交接手续。旅游者的行李集中后,地陪应与领队、全陪共同确认托运行李的件数(包括全陪托运的行李),检查行李是否上锁、捆扎是否牢固、有无破损等,然后交付饭店行李员,填写行李运送卡。行李件数一定要当着行李员的面点清,同时告知领队和全陪。

(2)办理退房手续。

地陪应在中午12:00以前办理退房手续,并收齐房间钥匙或提请旅游者将房间钥匙交回饭店总台,核对用房实际情况后按规定结帐签字。

(3)集合登车。

上车后、车开前,地陪应再次询问游客是否遗漏物品,是否结清有关个人费用,提醒游客再次检查证件、钱物,确定无误后方可离开饭店。

4.送行服务

如果说迎接途中的讲解是地陪首次亮相的话,那么,送站途中的讲解则是地陪的最后一次"表演"。同演戏一样,这最后一次"表演"应是一场压轴戏。通过这最后的讲解,地陪要让旅游者对旅游地区或城市产生一种留恋之情,加深旅游者不虚此行的感受。

送行途中的讲解主要由以下几部分内容组成:

(1)总结回顾。

在几天来的旅游活动中,旅游者的审美需求得到了满足,并留下了美好的回忆。但是可能由于时间匆忙,行程较紧,对个别景点印象并不深刻,甚至对有些问题还留有疑问。这时,地陪应利用送行途中的时间,对前面的行程进行简短的总结回顾,以加深游客的印象,唤起记忆,增强认识。讲解方式可用归纳式和提问式两种;讲解内容可视途中距离远近而定,但应突出以下两个方面的内容:

①总结景点的特色。每个景点均有其自身的特色与魅力,在总结回顾中,导游人员无须将整个景点从头至尾地再讲一遍,而是要抓住景点的特色和游客的兴趣,进行强调讲解,使游客增强感悟,加深印象。通过总结,使游客对所游览的景点有了更深刻的认识,并且在总结讲解中,注意与游客的交流互动,这样会收到很好的效果。

②总结旅游团的趣事。从几天的行程中,旅游团从游览到娱乐再到生活,始终是一个整体,游客们朝夕相处,产生了友谊,增进了感情。地陪如果能在总结中将旅游团发生的趣事笑话重提,引发大家的共鸣,使游客在美好的记忆中完成旅游,将是十分有意义的。

(2)致欢送辞。导游人员致欢送辞,可以加深与旅游者之间的感情。致欢迎辞时语气应真挚、富有感情。

欢迎辞的内容一般包含以下内容:

①回顾旅游活动,感谢大家的合作;

②表达友谊和惜别之情;

③诚恳征求旅游者对接待工作的意见和建议;

④若旅游活动中有不顺利或旅游服务有不尽人意之处,导游人员可借机会再次向旅游者赔礼道歉;

⑤表达美好的祝愿。

(3)提前到达机场(车站、码头),照顾旅游者下车。

地陪带团到达机场(车站、码头)必须留出充裕的时间。具体要求是:乘出境航班,提前 2 小时;乘国内航班提前 1.5 小时;乘火车提前 1 小时。

旅游车到达机场(车站、码头),下车前,地陪应提醒旅游者带齐随身的行李物品,照顾全团旅游者下车后,应再次检查车内有无旅游者遗漏的物品。

(4)办理离站手续。

①移交行李。到达机场(车站、码头)后,地陪应迅速与行李员联系,行李到达后,地陪应与领队、全陪、旅游者交接行李,并清点核实。

②协助办理登机手续。地陪应协助全陪办理集体登机手续,协助全陪、旅游者办理行李托运手续。如果是送国际航班,地陪应向领队扼要介绍办理出境手续的程序。

③送别。旅游者乘坐的交通工具顺利离站后,地陪方可离开。

(5)与司机结账。

旅行社与旅游运输公司在用车费用结算上有多种方式,有的是按天计算,有的则是按实际行车公里数核算。如果是按行车公里数核算,那么地陪在刚上团旅游车还未开始行使时,地陪应抄写旅游车已行使公里数,在送团结束下车前,仍应抄写旅游车已行使公里数,从而得出本次旅游活动实际行使公里数,在用车单据上签字,并要保留好单据。

八、后续工作

游客走了,导游下团了,但这并不代表导游的工作就结束了。下团后,导游员应按以下环节妥善做好旅游团的遗留问题、写好陪同小结并做好收尾工作。如图3-8所示。

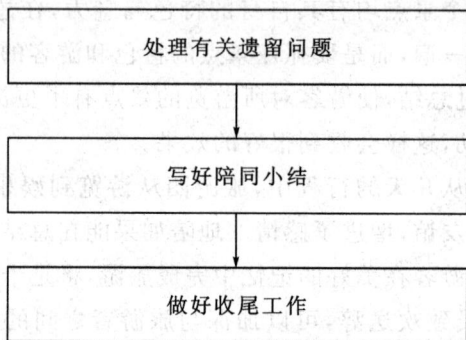

```
┌─────────────────────┐
│   处理有关遗留问题   │
└──────────┬──────────┘
           ↓
┌─────────────────────┐
│     写好陪同小结     │
└──────────┬──────────┘
           ↓
┌─────────────────────┐
│     做好收尾工作     │
└─────────────────────┘
```

图3-8 后续工作

1. 处理有关遗留问题

下团后,地陪应妥善、认真处理好旅游团在当地游览期间的遗留问题,按有关规定好办理旅游者临行前委托办理的事宜。

2. 写好陪同小结

陪同小结是导游员在接待工作结束后,对每一次带团经历的一个整理、归纳,也是向旅行社的一个全面的接待工作情况汇报。陪同小结可以使旅行社全面了解接待工作中的情况、旅游者的反映,有利于旅行社在日后对该行程的设计、销售以及接待环节进行改进,同时陪同小结也促使导游去思考、去总结,从而不断提高服务质量、提高效率。

小结时,应坚持实事求是的原则,不能只报喜不报忧。涉及旅游者的意见时,应尽量引用原话并注明其姓名和身份。汇报发生的问题时,要写明事情发生的背景、原因、经过及问题的处理经过与结果等细节。

陪同小结具体内容如下:

(1)旅游团名称、人数、抵离时间、全陪和领队姓名、下榻酒店名称。

(2)旅游团成员的基本情况、背景、活动中表现出的特点及兴趣。

(3)旅游团重点人物、一般成员的反映及意见。

(4)各地接待社住宿、餐饮、游览车的落实情况及导游员的讲解水平和工作态度。

(5)行程中有无意外、失误发生及处理情况。

(6)本次带团成功经验及失败教训的总结认识。

（7）从本次带团中认识到的应提高和补充的接待技巧和知识。

（8）小结汇报人的姓名及日期。

3.做好收尾工作

地陪在下团后应按旅行社的具体要求，在规定的时间内尽快结清相关账目、归还所借物品。

（1）分门别类地整理各种票据，整齐地粘贴在报销衬托单上（需特别说明的票据要备注），请领导审核签字后，到财务部门报账。

（2）上交陪同小结及游客意见反馈表。

（3）归还向旅行社所借物品。

（4）整理接待材料，将有关该旅游团的接待材料集中整理，交旅行社指定部门统一保管存档。

任务三　全陪服务程序与规范

全程导游服务是保证旅游团的各项旅游活动按计划顺利、安全实施的主要因素之一。全陪作为组团社的代表，应自始至终参与旅游团整个旅程的活动，负责旅游团移动中各环节的衔接，监督接待计划的实施，协调领队、地陪、司机等旅游接待人员之间的关系，严格按照导游服务规范向游客提供各项服务。全陪导游服务的流程如图3-9所示。

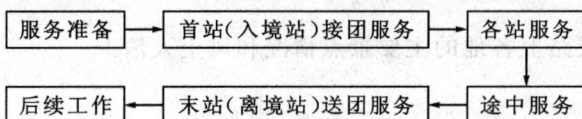

图3-9　全陪导游服务流程图

一、服务准备

全陪外出带团少则几天，多则几周，加上旅途中可能出现的不可预测因素，使全陪接待服务带有艰苦性和复杂性。因此，全陪需要认真、细致、周全地作好有关准备。

（一）熟悉接待计划

上团前全陪要认真查阅接待计划及相关资料，了解所接待旅游团的全面情况，注意掌握该团重点游客情况和该团的特点。

1.熟悉旅游团的全面情况

（1）记住旅游团的名称（或团号）、游客国别、人数和领队姓名。

（2）了解旅游团成员的民族、姓名、职业、性别、年龄、宗教信仰、生活习惯等。

（3）了解团内有身份或较有影响的成员、特殊游客（如记者、旅游商、残疾人、儿童、高龄老人等）的情况。

（4）掌握旅游团的特殊要求和特点。

2.熟悉旅游团的行程计划

（1）记住旅游团所到各地接待社名称、地址、联系人、联系电话和传真号码。

（2）了解沿线各地的基本情况，如历史、地理、风土人情、主要旅游景点和特色等。

（3）了解旅游团抵离旅游线路上各站的时间、所乘交通工具，以及交通票据是否定妥或是否需要确认、有无变更等情况。

（4）了解旅游团在各地下榻饭店的名称、位置、星级和特色等。

（5）了解行程中各站的主要参观游览项目，根据旅游团的特点和要求，准备好讲解和咨询时要解答的问题。

（6）了解全程各站安排的文娱节目、风味餐食、计划外项目及是否收费等。

（7）了解重点团是否有特殊安排，如会见、座谈、宴请等。

（8）了解收费情况及付款方式，如团费、风味餐费等。

（二）知识准备

由于全陪同游客相处时间较长，交谈时间较多，特别是在途中，除了要做好生活服务外，还要解答游客的各种问题，甚至可能要做一些专题讲解，因此作好有关知识准备十分必要。

1.对象国（地区）知识

了解游客所在国家（地区）的历史、地理、政治、经济、文化、礼俗等方面的知识。

2.景点知识

了解和熟知旅游线路上各地的主要景点情况和风土人情。

3.专题知识

根据旅游线路的不同，准备的专题知识内容也不同，如华东旅游线，应重点收集园林艺术方面的资料，而西北旅游线路则要侧重于石窟艺术方面的知识。根据游客特点的不同，准备的专题知识也不同，如旅游团中老年人多，应准备中国老龄问题方面的知识，若团中女宾较多，则应多收集中国婚姻和家庭方面的资料等。

（三）物质准备

上团前，全陪要作好必要的物质准备，携带必备的证件和有关资料，主要包括：

（1）必带的证件：本人身份证、导游证、边防通行证等。

（2）少量现金，如旅游团在火车上的用餐费用等。

（3）接团资料和物品，如接待计划、日程表、抄有各地旅行社地址和电话号码的通讯录、讲解资料和"全陪日志"、行李卡和组团社社旗等。

（4）个人物品，如手机充电器、备用药品等。

（四）与接待社联系

接团前一天，全陪应同地接社联系，特别是首站接待社，要互通情况，妥善安排好接团事宜，并领取去首站地的交通票据。

二、首站(入境站)接团服务

在首站顺利完成旅游团的接待,是全陪与游客建立良好关系的基础。为此全陪要与地陪做好密切的配合,使旅游团抵达后能立即得到热情友好的接待。首站接团包括迎接客人、入境介绍、商谈日程和入店服务四个方面。

(一)迎接客人

全陪迎客工作要做到认团准确,热情友好,以消除游客初来乍到的紧张和不安心理,使之有宾至如归的感觉。

(1)接团前,全陪要与接待社联系,了解首站接待工作详情安排情况。

(2)与地陪一起提前半小时到达接站地点,迎候旅游团。全陪要协助地陪认找应接的旅游团,防止漏接和错接。

(3)认准旅游团后,全陪要向游客问好,与领队接洽并交换名片,询问和确认实到人数。如实到人数与接待计划有出入,应及时通报组团社,由组团社再通知各站地接社。

(4)把地陪介绍给领队,并与领队、地陪一起清点行李,再移交行李员。

(二)入境介绍

为使初次踏上异地的游客心情放松和知悉旅途的安排,全陪应做好入境介绍,要在简明扼要的介绍中尽快与游客建立起信任关系。入境介绍多在旅游车行驶途中进行,主要包括如下内容:

(1)致欢迎辞。全陪应代表组团社和个人向旅游团致欢迎辞,欢迎辞内容一般包括:表示欢迎、自我介绍并将地陪介绍给全团,真诚地表达提供全程服务的意愿,预祝旅行顺利愉快等。

(2)全程安排概述。全陪应将各站的主要安排(包括下榻的饭店、风味餐和主要景点等)向游客作简要介绍,对于沿线中可能存在的住宿或交通问题也要让他们适当了解,使其有心理准备。

(3)介绍旅途中的注意事项。

(三)商谈日程

商谈日程对入境旅游团尤为必要,国内组团社与海外旅行社确认的安排由于时间关系双方都可能有某些变化,从而使全陪手中的接待计划与领队持有的旅行计划之间可能出现差异。所以双方商谈日程不仅是一种礼貌,而且也是必需的。

全陪与领队商谈日程时,应将双方持有的旅行计划进行对照。商讨时应尽量避免大的变动。如果变动较小而又能予以安排,可主随客变;若变动较大而又无法安排,应做详细解释;如果领队和游客坚持,又有特殊理由,全陪应及时请示组团社,再做决定。日程商定后,让领队向全团正式宣布。

(四)入店服务

为使旅游团进入饭店后尽快办妥入住手续,顺利进入客房,全陪应该:

（1）主动协助领队办理旅游团住店手续。

（2）领队分配住房后，要掌握住房分配名单，并与领队互通各自房号以便联系。

（3）热情引导游客进入房间，帮助解决游客进房和认领行李时遇到的问题。

（4）如地陪不住饭店，全陪要负起照顾旅游团的全部责任。

（5）掌握饭店总服务台电话号码及与地陪联系的办法。

三、各站服务

旅游团在各站的行、游、住、食、购、娱主要由各地的地陪安排为主，全陪的工作主要是承担各站之间的联络和有机衔接，以及按照接待计划的安排对各站服务进行检查、督促和协助，使旅游团的接待计划得以全面、顺利地实施。各站服务包括抵站服务、停留服务和离站服务。

（一）抵站服务

抵站服务要求全陪做好旅游团抵达各站时同各地地陪的接洽和转递工作。

（1）手举组团社社旗，带领游客到指定的出口出站。

（2）认找地陪，并向地陪问好。

（3）将旅游团行李托运单交给地陪。

（4）将地陪介绍给领队和游客，并向地陪介绍旅游团成员的情况，转达他们的建议和要求。

（二）停留服务

旅游团在各站停留期间，全陪应做好协助地陪的各项工作，保障游客安全，并检查各站的服务质量。

1. 照料旅游团游客，协助地陪工作

由于全陪自始至终参与旅游团的全部活动，能够比较深入地了解旅游团的情况，因此有责任向地陪通告旅游团的有关情况（如游客的需要、兴趣、个性及团中"活跃人物"、"中心人物"等），以便能更好地与地陪合作，有针对性地做好各站接待工作。

（1）进入饭店后，全陪应协助领队办理入住登记手续，并掌握住房分配名单；如果饭店压缩预订房，而订房单位是组团社，全陪要负责处理；如果地陪不住饭店，全陪要负全责，照顾好旅游团。

（2）景点游览时，地陪带团前行，全陪应殿后，招呼滞后游客，并不时清点人数，以防走失。如果有游客走失，一般情况下应有全陪与领队分头寻找，而地陪则带领其他游客继续游览。如果游览中需要登山，而少数老年游客不愿爬山，全陪应留下来照顾他们，地陪则带团登山。

（3）旅游活动中若有游客突然生病，通常情况下由全陪及患者亲友将其送往医院，地陪则带团继续游览。

2. 维护和保障游客安全

旅游过程中，游客的人身和财物安全不仅关系游客的安危和其切身利益，而且关系到旅游目的地和旅游企业的形象以及旅游活动的顺序进行，因此，保护游客的安全是全陪的一项

重要工作。

（1）入住饭店时，要提醒游客将贵重物品存放在前台保险柜中；入睡前，将门窗关好，不要躺在床上抽烟。

（2）每次上车和集合时，要清点人数；下车时提醒游客带好随身物品。

（3）景点游览中，走在最后，随时留意游客的动向，尤其要关注团中那些因爱好拍照而滞后的游客和那些"好动的人物"，并注意周围环境有何异常，如发现形迹可疑者，要提醒游客照看好自己的随身物品；道路崎岖不平时，要提醒他们走路小心，对老弱者施以援手；天气异常时，要提醒他们增加或减少衣服。

（4）旅游团抵离各站时，负责清点行李。

3. 检查各站服务质量

旅游接待计划是游客对旅游产品质量评价的客观依据，因此检查和督促各地是否按照接待计划保质保量地提供各项服务是全陪的又一重要工作。对于某些方面存在的缺陷和不足，全陪应向其提出改进的意见和建议。

（1）通过观察和征询游客意见来了解和检查各地在交通、住宿、餐饮和地陪服务等方面的服务质量。

（2）若发现有减少规定的游览项目、增加购物次数或降低质量标准的情况，要及时向地陪提出改进或补偿意见，必要时向组团社报告，并在"全陪日志"上注明。

（3）若旅游活动安排在内容上与上几站有明显重复，应建议地陪作必要的调整。

（4）在地陪导游员缺位或失职的情况下，兼行地陪导游员职责。

（三）离站服务

离站前全陪应做好旅游团乘坐交通工具前的有关工作以及上下站之间的衔接工作。

（1）提前提醒地陪再次核实旅游团离开本地的交通票据以及离开的准确时间。如离开的时间有变化，全陪要迅速通知下一站接待社，若离开时间紧迫，则督促地陪通知。

（2）离开前，要向游客讲清航空（铁路、水路）有关行李托运和手提行李的规定，并帮助有困难的游客捆扎行李，请游客将行李上锁。

（3）协助领队和地陪清点行李，与行李员办理交接手续。

（4）离站前，要与地陪、旅游车司机话别，对他们的热情工作表示感谢。

（5）到达机场（车站、码头）后，应与地陪交接交通票据和行李托运单，点清、核实后妥善保存。

（6）如遇航班延误或取消，要协同航空公司安排好游客的餐饮、住宿问题。

四、途中服务

无论途中乘坐何种交通工具赴下一站，全陪都要提醒游客注意人身和财物的安全，积极争取交通运营部门工作人员的支持和配合，安排好游客的途中生活，努力使他们感到旅途舒适、愉快。

(1)如乘火车,应事先请领队分配好包房、卧铺铺位,无领队的旅游团,则由全陪负责这项工作。上车后,应立即找餐厅找餐厅负责人订餐,告知游客人数、餐饮标准和游客的口味等。

(2)如有晕机(车、船)的游客,要给与重点照顾。若有游客突患重病,应在可能的情况下进行初步急救后,通知有关方面尽早落实车辆,到站后争取时间送患者到就近医院救治。

(3)途中可根据游客的特点和旅途中的具体情况,或组织些娱乐活动,或组织专题讲解。

(4)保管好机(车、船)票和行李托运单,抵达下站时将其交予当地陪同。

(5)若交通工具不正常运行时,全陪要与交通部门保持有效沟通并稳定游客的情绪;若因交通工具原因被迫在当地过夜时,要协助相关部门安排或请示旅行社安排好游客的住宿。

五、末站(离境站)送团服务

末站(离境站)送团服务是全陪服务的最后环节。使游客如期顺利离境,并给他们留下良好的印象,是对全陪最后环节提出的要求。

(1)在离境前一天晚上,应与旅游团话别,可简明扼要回顾全程中的主要活动,表示与游客共同的度过了一段愉快的旅行生活,对全团给予的合作表示感谢,并欢迎再次光临。同时征求游客对整个接待工作的意见和建议。如途中游客蒙受了损失或发生过不快的事,要再次表示歉意,以求得游客的谅解或予以弥补。

(2)提醒游客出境时随身带好护照、海关申报单、购买文物和贵重中药材的发票,以备海关查验。

(3)送出境旅游团,要将提前两个小时到达机场的规定告知游客,以作好准备。

(4)向领队和游客介绍如何办理出境手续。

(5)到达机场后,热情地向游客道别,并提醒他们自带行李出关。

六、后续工作

(1)旅游团离境后,全陪应认真处理好旅游团的遗留问题,提供可能的延伸服务,如有重大问题,应先请示旅行社后再处理。

(2)认真、按时填写"全陪日志"或提供旅游行政管理部门(或组团社)所要求的资料。

"全陪日志"的内容包括:旅游团的基本情况,旅游日程安排及飞机、火车、航运交通情况,各地接待质量(包括游客对行、游、住、食、购、娱等方面的满意程度),发生的问题及处理经过,游客的反应及改进意见。全陪日志如表3-4所示。

(3)按财务规定,尽快结清该团账目。

(4)归还所借物品。

表 3-4　全陪日志

单位/部门			团号	
全陪姓名			组团社	
领队姓名			国籍	
接待时间	年　月　日至　年　月　日		人数	（含岁儿童名）
途经城市				
团内重要客人,特别情况与要求				
领队或游客意见、建议和对旅游接待工作的评价				
该团发生问题和处理情况（意外事件、游客投诉、追加费用等）				
全陪意见和建议				
全陪对全过程服务的评价：合格　不合格				
行程状况	顺利	较顺利	一般	不顺利
客户评价	满意	较满意	一般	不满意
服务质量	优秀	良好	一般	比较差
全陪签字		部门经理签字		质管部门签字
日期		日期		日期

注：总评价为合格的条件：各站评价均为合格。

总评价为不合格的条件：总评价中客户评价和服务质量两项出现"不满意"或"比较差"。

任务四　境外领队服务程序与规范

出境旅游领队既是旅游团的领导和代言人,又是其服务人员和游客合法权益的维护者,在派出方旅行社（组团社,即经国务院旅游行政管理部门批准,依法取得出境旅游经营资格的旅行社）和旅游目的地国家（地区）接待方旅行社之间以及游客与导游人员之间起桥梁作用。根据《中国公民出国旅游管理办法》和《旅行社出境旅游服务规范》,其工作程序如下：服务准备、出境服务、境外服务、目的地国（地区）离境服务、归国入境服务、归国后续工作。

一、服务准备

接到带领出境旅游团任务后,领队要做好有关出境带团准备工作,并对计调人员移交的该团资料进行认真核对查验（通常包括团队名单表、出入境登记卡、海关申报单、旅游证件、旅游签证/注、交通票据、借贷计划书、联络通讯录等）。

（一）听取出境旅游团队计调人员关于该团情况的介绍和移交有关资料

（1）领队要认真听取所带出境旅游团的情况介绍,对不明白的地方要问清楚。介绍内容包括：①该团构成情况；②团内重点成员情况；③该团旅游行程；④该团特殊安排与特殊要求；⑤该团行前说明会的安排。

（2）出境旅游团计调人员向领队移交该团的有关资料。

如"出境旅游行程表""中国公民出国旅游团队名单表"以及团队名单表、出入境登记卡、海关申报单、旅游证件、旅游签证/签注、交通票据、接待计划书和联络通讯录等。其中，"出境旅游行程表"由领队在说明会上发给旅游者。"出境旅游行程表"应列明的内容有：①旅游线路、时间、景点；②交通工具的安排；③食宿标准/档次；④购物、娱乐安排及自费项目；⑤组团社和接团社的联系人和联络方式；⑥遇到紧急情况的应急联络方式；"中国公民出国旅游团队名单表"一式四联，即出境边防检查专用联、入境边防检查专用联、旅游行政部门审验专用联和旅行社自留专用联。

（二）熟悉旅游接待计划

1. 了解和熟悉旅游团的基本情况

如出游的国家或地区、入境口岸和旅游线路；掌握旅游目的地国家或地区接待社的社名、联系人、联系电话和传真。

2. 掌握旅游团有关详细资料

如团员名单、性别、职业、年龄段、特殊成员和特殊要求，旅行日程、交通工具、下榻饭店和旅游团报价。

3. 做好核对工作

（1）认真查验和核实计调人员移交的出境旅游团资料，包括旅游签证/签注、团队名单表、出入境登记卡、海关申报单、旅游证件（即护照和/或往来港澳地区通行证）、接待计划书、联络通讯录等；检查旅游者护照、机票，全团卫生防疫注射情况和客人交费情况。如发现名单不符，应及时报告组团社。

（2）核对旅游目的地国家或地区接待社的日程安排是否与组团社旅游计划一致。若发现问题应及时报告组团社，让组团社有关接待社交涉。

（三）做好有关准备工作

1. 物质准备

如护照与机票及复印件、机场税款和领队证、团队费用、社旗、行李标签、多分境外住房分配名单、托运行李所用不干胶标签、目的地国家报警或救助电话号码、小礼品及领队个人物品等。

2. 知识准备

了解和熟悉旅游目的地国家或地区的基本情况，如当地的历史、地理、气候、国情、政情、有关法规、主要景点景观和风俗习惯以及接待设施、交通状况、通关手续和机场税等。

3. 开好出境前说明会

出境前说明会内容包括致欢迎辞，向旅游者发放"出境旅游行程表"，团队标志"旅游服务质量评价表"，进行旅游行程说明，介绍旅游目的地国家或地区相关法律法规、当地气候特点、饮食特点、居民风俗习惯和禁忌,出入境手续,外汇兑换与注意事项以及向旅游者详实说明各种由于不可抗力/不可控制因素导致组团社不能(完全)旅行约定的情况,以取得游客的理解。

在说明时,要强调旅游团出发时间和集合地点,要对旅游者提出,出游期间大家应团结互助和支持领队的工作,要注意在外旅游活动时的文明礼貌,要将自己的手机号码告诉旅游者,并记下旅游者的手机号码,以便联系。

二、出境服务

旅游团出境时,领队应告知并向旅游者发放通关时应向口岸边检/移民机关出示/提交的旅游证件和通关资料(如:出入境登记卡、海关申报单等),引导团队游客依次通关。

由于旅游者往往在充满兴奋、好奇的同时,也存在着紧张和担心,甚至恐惧的心理,领队作为组团社的代表,要理解旅游者的这种心情,在客人高兴得意忘形时,要适当地提醒其应注意的事项,而当客人紧张得不知所措或忧心忡忡时,应耐心细致地予以关心和体贴,切记出现急躁情绪。与此同时,要注意察言观色,做好协助配合工作,使旅游团充满团结友好的气氛。

(一)带团出境

1.核查证件和宣讲注意事项

出境前再次仔细核对旅游者的证件和签证,向其宣讲出境注意事项,提醒他们要严格遵守我国和旅游目的地国家或地区的法律法规。

2.告知我国海关有关规定

(1)旅行自用物品:限照相机、便携式收录机、小型摄影机、手提式摄录机、手提式文字处理机每种一件,超出范围的,需向海关如实申报,并办理有关手续。此外,携带外汇现钞出境限1000美元,超过1000美元需向海关申报,海关允许放行数额为5000美元,5000美元至1万美元应有"携带外汇出境许可证";人民币限2万元,超过2万元不准携带出境;中药材、中成药前往国外的总值限300元,前往港澳地区的总值限150元,超过限值则不准出境。

(2)我国海关禁止出境的物品有内容涉及国家秘密的手稿、印刷品、照片、胶卷、影片、录音(像)带、CD/VCD、计算机存储介质及其他物品;珍贵文物;所有禁止进境的物品;濒危、珍贵动物、植物及其标本,种子和繁殖材料等。

3.向出境口岸的边检/移民机关提交必要的团队资料

如团队名单、团队签证、出入境登记卡等,告知并指导旅游者填写"中华人民共和国海关进出境旅客行李物品申报单",携带有"申报单"9至15项物品的旅游者选择"申报通道"(又称红色通道)通关,其他游客可选择"无申报通道"(又称绿色通道)通关。

4.带领旅游者办理海关申报

(1)请无须向海关申报物品的游客从绿色通道通过海关柜台后等候。

(2)带领须向海关申报物品的游客从红色通道走到海关柜台前办理手续,交验本人护照,由海关人员对申报物品查验后盖章,并告知旅游者保存好"申报单",以便回国入境时海关查验。

5. 协助旅游者办理乘机手续和行李托运手续

(1)告知旅游者航空公司关于旅客行李的规定,如水果刀、小剪刀等不能放在手提行李中,而贵重物品则应随身携带。

(2)将旅游团全部旅游者护照、机票交所乘航空公司值机柜台办理乘机手续。

(3)办理托运手续。

在办理行李托运前,领队应对全团托运行李件数进行清点,在航空公司柜台人员对托运行李系上行李牌后要再次清点。

如旅游团中途需乘坐转机航班,应将行李直接托运到最终目的地。

办完乘机手续后,领队要认真清点航空公司值机人员交回的所有物品,包括护照、机票、登机卡,然后分别发给每一位游客,领队则保管好行李托运票据。

6. 通过卫生检疫

带领游客到卫生检疫柜台前,接受卫生检疫人员对黄皮书的查验。如有游客未办黄皮书,应在现场补办手续。

7. 通过边防检查

(1)指导游客填写"边防检查出境登记卡"。

(2)告知游客出示本人护照(含有效签证)、国际机票、登机牌和"边防检查出境登记卡"排队按顺序接受检查。检查完毕后,边防人员将"边防检查出境登记卡"留下,并在游客护照上盖上出入境讫章,连同机票、登机牌交还游客。领队要注意旅游者有无物品遗忘在边防检查处。

(3)如旅游团办理的是团体签证,或到免签国家旅游,领队应出示"中国公民出国旅游团队名单表"及领队证和团体签证,让旅游者按"名单表"上的顺序排队,领队站在最前面,逐一通过边防检查,并告知旅游者应该到几号候机厅候机。

8. 通过登机前的安全检查

过安检之前,领队应提前及时告之旅游者准备好登机牌、机票、有效护照,并交安全检查员查验。

(二)飞行途中服务

出境游的空中飞行少则 1 至 2 个小时,多则 10 多个小时,甚至更长时间。在这段时间里,领队除了要熟悉机上救生设备和继续熟悉旅游团情况外,还应协助空乘人员向旅游者提供必要的帮助。其主要工作有:

(1)由于航空公司通常按旅客姓氏字母顺序发放登记牌,旅游者一家人往往坐不到一起,因此,领队应在旅游团成员之间或同其他乘客之间帮助调整座位,尽可能使团中家庭人员坐在一起。

(2)根据在出发前所掌握的旅游者特殊要求,领队应在空乘人员送上餐食之前,将旅游者中的特殊饮餐要求转告她们。有的旅游者在空乘人员送上饮料时,不知道点什么为好,这时领队也需提供必要的帮助。

（3）回答旅游者的问询,如本次航班飞行多少时间才能到达目的地,目的地这时的气候怎样,有哪些最值得看的景观等。

（4）在飞机上帮助旅游者填写目的地国家或地区的入境卡和海关申报单。

（三）抵站服务

旅游团抵达目的地国家或地区机场后,须办理一系列的入境手续,其顺序大致与我国出境时的检查顺序相反。在带领全团办理入境手续之前,领队要清点一下旅游团人数,叮嘱他们集中等待,不要走散。

1.通过卫生检疫

请游客拿出黄皮书,接受检查。有的国家还要求入境者填写一份健康申报单,此时领队应给予旅游者必要的帮助。

2.办理入境手续

带领旅游者在移民局入境检查柜台前排队等候,告诫旅游者不要对检察人员拍照,不要大声喧哗。接受检查时,向入境检查人员交上护照、签证、机票和入境卡(有的入境官还要求出示当地国家旅行社的接待计划或行程表),入境官经审验无误后,在护照上盖上入境章,并将护照、机票退还。这时,应向入境官道一声"谢谢"。

如果旅游团持的是另纸团体签证,则需到指定的柜台办理入境手续。此时,领队应走在旅游团的最前面,以便将另纸团体签证交上,并准备回答入境官的提问,领队应如实回答。

3.认领托运行李

入境手续办完后,领队应带头并引领旅游者到航空公司托运行李领取处(传送带上)认领各自的行李。如果有的旅游者发现自己托运的行李被摔坏或被遗失,领队要协助其持行李牌与机场行李部门交涉。如确认遗失了,须填写行李报失单,交由航空公司解决。领队应记下机场服务人员的姓名与电话,以便日后查询。如果行李被摔坏,领队要协助旅游者请机场行李部门或航空公司代表开具书面证明,证明损坏或遗失是航空公司的原因引起的,以便日后向保险公司索赔。行李领出后,领对应清点行李件数无误后,在带领他们前往海关处通关。

4.办理入境海关手续

由于世界各国的海关对入境旅客所携带物品、货币、烟酒等及其限量有不同的规定,领队在带团出境需从有关国家驻华使馆网页上查询清楚,并告之旅游者,以免入境时出现麻烦。

在带领旅游者通关之前,领队应告知他们逐一通关后在海关那边等候,不要走散,因为国外机场很复杂,一旦迷失难以寻找,并协助他们填写好海关申报单,然后持申报单接收海关检查。一般情况下,海关只口头询问旅客带了什么东西,然而有的海关人员要对行李进行开箱检查,甚至搜身。领队要告诫旅游者应立即配合检查,不要与之争执。当海关人员示意通过时,应立即带着自己的行李离开检查柜台。

5.与接待方旅行社的导游人员接洽

在办完上述手续后,领队应举起社旗,带领游客到候机楼出口与前来迎接的境外接待社导游人员接洽。首先向对方作自我介绍,互换名片,对对方的手机号码进行确认,并立即将其输入到自己的手机中备用,然后向对方通报旅游团实到人数和旅游团概况,转达旅游者的要求、意见和建议,并与对方约定旅游团整个行程的商谈时间。

在带领旅游团离开机场、上车之前,领队要清点旅游团人数和行李件数,并请旅游者带好托运行李和随身行李,然后率全团成员跟随目的地接待社导游上车。

三、境外服务

游客初次踏入异国他乡的土地,一切都感到非常新鲜,具有强烈的好奇心和求知欲,期望旅游活动丰富多彩,出游的目标能够圆满实现。领队作为客源国组团社的代表和旅游团的代言人,要切实维护游客的合法权益,协助和监督目的地接待社履行旅游计划。与此同时,领队还应积极协助当地导游,为旅游者提供必要的帮助和服务。

(一)商定旅游日程

入住饭店时,领队应向当地导游员提供旅游团游客住房分配方案,并协助其办好入店手续。旅游团客人安排好后,领队要尽快与当地导游人员商量计划的行程。商讨时首先要把组团社的意图、特别提及的问题,如团中老年人多、个别游客用餐要求等告知当地导游人员,以方便其提前做好安排。在商讨活动日程时,领队要仔细核对双方手中计划行程的内容。除了活动项目安排上的前后顺序有出入属正常情况外,如果发现有较大出入,尤其是减少了某一项目,领对应请其立即与接待社联系,及时调整。如有争议得不到解决,应与国内组团社联系。当目的地的旅游日程安排商定后,领队应通知全团成员,并提醒他们记住下榻饭店的名称、特征等,以防走失。

(二)督促接待社履行旅游合同

在目的地旅游期间,领队应按照组团社与旅游者所签旅游合同约定的内容和标准提供服务。在注意保持与接待社导游人员良好关系的同时,负有责任和义务协助和督促接待社及其导游人员履行旅游合同,并转达游客的意见、要求和建议。若发现接待社或当地导游人员存在不履行合同的情况,要代表旅游团进行交涉,维护游客的合法权益。

(三)维护旅游团内部团结,协调游客之间以及同当地接待人员之间的关系,妥善处理各种矛盾

如果有的司机刁难旅游者,领队要向当地导游人员反映;如果旅游团成员同当地导游人员发生了矛盾,领队应出面斡旋,努力消除矛盾;若当地全陪和地陪之间产生了矛盾,不利于旅游活动的顺利进行,领队可做适当地调解工作,切忌厚此薄彼,更不应该联合一方反对另一方;若有的导游人员不合作,私自增加自费项目或减少计划的旅游项目,领队首先要进行劝说,若劝说无效,可直接向当地接待社经理反映,必要时还可直接向国内组团社反映;如旅游团成员之间出现了矛盾,领队要做好双方的工作,不能视而不见,更不得在团员中间搬弄是非,使随时发生的问题能得到及时处理。

(四)维护旅游者生命和财务安全

在目的地旅游期间,领队要经常提醒全团成员注意自身财物安全,做好有关防备工作,预防事故的发生。

(五)对严重突发事件的处理

(1)对于发生旅游者在境外滞留不归的事件,领队应当及时向组团社和我驻所在国使领馆报告,寻求帮助。

(2)对于发生旅游者在境外伤亡、病故事件,领队必须及时报告我驻所国使领馆和组团社,并通知死者家属前来处理。在处理(抢救经过报告、死亡诊断证明书、死亡公证、遗物和遗嘱的处理、遗体火化等)时,必须有死者亲属、我驻所在国使领馆人员、领队、接待社人员、当地导游人员、当地有关部门代表在场。

(六)做好以下具体事项

(1)协助接待方导游人员清点旅游团行李、分配住房、火车铺位、登机牌等。

(2)在境外旅游期间,对旅游者入住饭店、用餐、观看演出、购物等提供的服务应遵照《导游服务规范》的要求。

(3)保管好旅游团集体签证、团员护照、机票、行李卡、各国入境卡、海关申报单。

(4)尊重旅游团成员的人格尊严、宗教信仰、民族风俗和生活习惯。

(5)在带领旅游者在境外旅游、游览过程中,领队应当就可能危及旅游者人身安全的情况,向旅游者做出真实说明和明确警示,并按照组团社的要求采取有效措施,防止危害的发生。

(6)领队不得与境外接待社、导游及为旅游者提供商品或者服务的其他经营者串通欺骗、胁迫旅游者消费,不得向境外接待社、导游及其他为旅游者提供商品或服务的经营者索要回扣、提成或者收受其财物。

(7)领队应当要求境外接待社不得组织旅游者参与涉及色情、赌博、毒品内容的活动或者危险性活动。

(8)领队要将每天接触和经历的接待社、导游员、入住的饭店、用餐的餐馆(厅)、游览的景点等进行简要记录和做出扼要评价。

(9)在一地旅游结束时,领队要以组团社的代表和旅游团代言人双重身份向当地导游、司机表示感谢,并当着全体游客的面将小费分别递送给导游和司机。

四、目的地国(地区)离境服务

领队的服务要有始有终,在旅游团结束境外旅游活动后离开目的地国家时应做好如下工作:

(一)离店前的工作

(1)按照国际航空惯例,对于往返和联程机票须提前至少72小时对机位进行再确认。如旅游团离境的机票是这类机票,要在旅游团离开目的地国家前亲自或请当地导游或接待社打电话至航空公司确认。在离境前一天,甚至前两天要与当地导游人员逐项核对离境机票的内容,如旅游团名称、团号、前往目的地、航班等。

(2)如旅游团乘早班飞机离境,领队要同当地导游人员商定叫早时间、出行李时间以及早餐安排,商量时要考虑到旅游团成员中的老年人、小孩和妇女行动迟缓的情况,在时间上要留有余地。离店前,要提醒全团旅游者结清饭店账目;告知旅游者叫早时间、出行李时间和早餐时间,提前整理好自己的行李物品,并协助他们捆扎好行李;提醒旅游者将护照、身份证、机票、钱包等物品随身带上,不要放在托运行李中;对托运行李进行集中清点,与当地导游人员和接待社行李员一起办好交接手续;帮助旅游者办理离店手续,提醒他们将房间钥匙交送饭店前台。

(3)离店上车后,领队要再次提示旅游者检查自己的随身物品是否都带上了,房间钥匙有没有交到前台。离开目的地国家(地区)前,领队应代表组团社和旅游团向接待社的导游人员表示感谢。如对方有需要配合填写的表格(如服务质量反馈表),领队应积极协助填写。

(二)办理离境乘机手续

在旅游车往机场行驶途中,领队要将全团护照和机票收齐,以备到机场时办理乘机手续,或根据旅行社的协议交目的地国(地区)导游人员办理。

1.进行行李托运

领队带领旅游者将托运行李放在传送带上进行检查,在安检人员贴上"已安检"封口贴纸后,再带领他们及其行李到航空公司柜台前办理乘机手续,并对行李件数进行清点,待机场行李员对托运行李系上行李牌后,要再次清点并与行李员核实,随即将小费付给行李员。

2.领取登机牌

在航空公司柜台工作人员前,领队应主动报告乘机人数,并将全团护照和机票送上,领取登机牌。拿回航空公司工作人员递交的护照、机票和登机牌后,领队要一一点清,然后带领旅游者离开柜台。

3.分发护照、机票和登机牌

在分发之前,领队要向全团旅游者介绍离境手续的办理,讲清所乘航班、登记时间和登机门,以避免旅游者在办完出境手续进行自由购物时忘了时间而误机,提醒旅游者不要让不认识的他人帮助携带其物品。讲完这些事项后,再将护照、机票和登机牌分发给他们。

4.购买出境机场税

通常机场税包含在所购机票中,但是有些国家的国际机场税不包含在机票中,此时,领队需要代旅游者购买机场税,购好后再将机场税凭据发给客人。

(三)办理移民局离境手续

1.补填出境卡

许多国家(地区)的入境卡与出境卡都是一张纸,入境时,移民局官员把入境卡撕下,而把出境卡订在或夹在护照里交给游客,出境时若旅客遗失了出境卡,就需补填一份。持另纸团体签证的旅游团,则无需填写出境卡。

2.与目的地国(地区)导游人员告别

在进入离境区域前,领队应率领全团旅游者向目的地国家(地区)导游人员告别,对其工作表示感谢。

3.办理离境手续

领队带领全团旅游者到出镜检查柜台前排队,依次递上护照、机票和登机牌,接受检查。如查验无误,移民检察官将在护照上盖上离境印章或在签证处盖上"已使用"字样,然后将所有物品交还旅客,离境手续即告办完。

4.办理海关手续

(1)由于各国(地区)对旅客出境时所携物品有不同的限制,在旅游团离境前领队应在目的地国家(地区)驻华使馆网站查询,或询问当地导游人员,了解该国(地区)旅客出境所携带物品的规定,并告知旅游者,以便出境时申报。

(2)接受海关检查。如旅游者携带了目的地国(地区)海关规定限制的物品离境,领队应协助其填写海关申报单,并同海关官员交涉。无申报物品的旅游者则走过海关柜台即可。

5.办理购物退税手续

欧洲、澳洲的许多国家(地区),都对旅游者购物有退税规定,但是不同国家(地区)的机场在办理退税手续的程序上不全相同,有的是先办理乘机手续,有的是先办理海关退税。对此,领队必须先向机场查询,弄清楚后再转告旅游者。

带领购物退税的旅游者到海关退税处出示申请退税的商品和发票,待海关人员在免税购物支票上盖章后,再持该支票到离境处的退税柜台取回退还的钱币。

6.引领旅游者登机

(1)领队要收听机场广播,或向机场咨询台询问,或从电脑屏幕上查询所乘航班的登记闸口是否改变,然后告知旅游者,带领他们到登记闸口等候。

(2)对于要在机场商店购物的旅游者要叮嘱他们收听机场广播中提示的登机时间,尽早赶至登机闸口,以免误机。

(3)登机前,领队应赶到登机闸口,清点人数,对未到的旅游者要及早联系,使之赶上登机时间。

五、归国入境服务

(一)接受检验检疫

领队带领旅游者至"中国检验检疫"柜台前,交上在返程飞机上填好的《入境健康检疫申明卡》,如无例外,即通过了检验检疫。

（二）接收入境边防检查

领队带领游客排队在边检柜台前，逐一将护照和登机牌交给边检人员。经其核准后在护照上盖上入境验讫章，并退还旅游者，旅游者即可入境。

（三）领取托运行李

领队在带领旅游者至行李转盘处之前，应将行李牌发给每位旅游者，由其各自认领自己的行李，以便走出行李厅时交服务人员查验。若有旅游者行李遗失，领队应协助其与机场行李值班室联系寻找或办理赔偿事宜。

（四）接受海关检查

（1）领队应事先向旅游者说明我国海关禁止携带入境的物品和允许入境但须申报检疫的物品，以便旅游者心中有数。

（2）由旅游者自行将行李推至海关柜台前，交上返程飞机上填好的海关申报单和出示出境时填有带出旅行自用物品名称和数量的申报单，接受 X 光检测机检查。

（3）领队要待旅游团全体客人出海关后，向他们分手告别。但是，如果旅行社安排有旅行车接送客人到某一地点，领队则需陪同旅游者到指定地点后再与他们分手告别。

六、归国后续工作

（1）带领旅游团回到出发地后，领队应代表组团社举行告别宴会，向游客致欢送辞，感谢其在整个旅游行程中对自己工作的支持和配合，并诚恳征求游客的意见和建议。按行程安排做好散团工作。

（2）处理好送别旅游团后的遗留问题，如游客委托事项、可能的投诉等。

（3）做好出境陪团记录和详细填写"领队日志"，整理反映材料。

陪团记录是领队陪同旅游团的原始记录。回国后领队要按要求整理好，以备有关部门查询了解。

"领队日志"是领队率团出境旅游的总结报告。它对组团社了解游客需求、发现接待问题、了解接待国旅游发展水平和境外接待合作情况，从而总结经验、改进服务水平具有重要意义。"领队日志"包括的主要内容有：

①旅游过程概况：旅游团名称、出入境时间、游客人数、目的地国家（地区）和途径国家（地区）各站点、接待社名称及全陪和地陪导游人员姓名，以及领队所做得主要工作。

②游客概况：游客性别、年龄、职业、来自何地等，旅游中的表现，对旅游活动（包括组团社、接待社和其导游人员）的意见和建议。

③接待方情况：全陪、地陪导游人员的素质和服务水平，落实旅游合同情况，接待设施情况，接待中存在的主要问题。

④我方与接待方的合作情况。

⑤旅游过程中发生的主要事故与问题：产生原因、处理经过、处理结果、游客反映、应吸取的教训等。

⑥总结与建议。

(4)向组团社结清账目,归还物品。

思考题

1.地陪在接团前应做哪些工作?

2.全陪、地陪在接待工作中有哪些异同?

3.境外领队出团前应作好哪些准备?

4.根据自身条件设计一个能尽快消除分旅游者之间陌生感的自我介绍。

项目四　散客旅游服务程序与服务规范

学习目标

知识目标

1.了解散客旅游的含义和特点
2.掌握散客旅游服务的要求

技能目标

1.能够模拟完成散客导游服务任务
2.掌握散客咨询服务、单项委托服务、套餐服务的服务特点

导入案例

华山一日游

2012年暑假期间,李女士计划带领18岁的儿子和10岁的外甥前往西安旅游。她通过携程旅行网预定了房间,并拨打航空售票处的电话预定了到西安的机票。到达西安后,她们三人乘坐机场大巴顺利抵达宾馆,办理了入住手续。接下来的两天,她们自助游览了兵马俑、华清池、古城墙、大雁塔、钟楼、鼓楼、陕西省历史博物馆等景点。离开西安前一天,她们参加了宾馆前台推荐的某旅行社组织的华山一日游项目。

早上7:30,李女士接到电话通知旅行社的车已经到楼下。上车后,导游人员即收取了三人的旅游费用:车费和导游服务费每人100元;华山门票每人180元,索道费每人150元,进山小巴费每人40元,李女士的外甥是身高不足1.5米的小学生,门票、索道费和小巴费按照半价收取,但车费和导游服务费收取了全价。李女士提出其子刚参加完高考,持有高考准考证,门票上是否有优惠。导游人员答复先购票,如有优惠,返程时退还。旅游车在西安市走走停停,又到几个宾馆接了些散客。

8:30,车上座位几乎满了。李女士想现在应该开始出发去华山了吧。旅游车又开了一段路,停到了西安市散客旅游集散中心。导游通知游客下车,按照她所念的名单,分乘不同车辆,并保证会将收取的费用转交换成车后车上的导游人员。李女士等人下了车,上了导游人员指定的开往华山的车。

9:00,坐得满满的旅游大巴车终于开往华山了。新上车的导游讲了几句欢迎辞,就停下来,收取游客餐费,普通围桌团餐每人20元,自助餐每人35元,李女士三人交了60元餐费。收完钱后,导游开始简单介绍华山旅游情况。

10:30左右,旅游车在一家看似农家小院的地方停了下来,导游人员让大家下车上卫生间,并介绍小院里有登山用的手套、拐杖、地图等物品出售,价格比山上的便宜。很多游客在上卫生间来回的路上,都买了手套等物品。上车后,旅游车又开了一段,停在一家销售505神功元气袋和草药精油的购物店门口,导游人员直言不讳地说这是行业规则,请大家配合。游客被带到了一间屋子观看了一部广告片,又听了销售人员的介绍,然后被带到了销售大厅。

购物离开后,导游人员声称带游客吃饭,饭后即开始登山。接着,旅游车开到一家餐厅,餐厅里挤满了人,交了自助餐费的游客在排队打饭。交了团餐费用的游客被告知自行找位置坐下,等待上菜。李女士等六位交了团餐的游客找到一张空桌坐好等菜,30分钟过去了,期间导游人员消失不见了,在李女士起身催促服务员多次后,终于给她们上了5个菜。饭菜的味道很差,李女士等人草草吃完离开。

12:30,导游人员终于出现,带旅游车来到华山脚下进山小巴乘车处,宣布游客自行进山,约好19:00下山集合,19:30发车离开,检票进山后,李女士等人急忙来到登山索道入口,只见排队等候乘坐索道的人群已经排到了马路上,排尾附近的提示牌上写有"此处需要等待二小时四十分钟"。李女士想要退票,沿"智取华山"小路爬上华山,却被告知,导游人员购买的索道票,只能让导游人员来退。没有办法,李女士只好耐心排队。期间下起了小雨,排队等候的游客苦不堪言。

15:00,雨停了,李女士等人也上了缆车。山上游人很多,想拍个照片也要等候机会,李女士不由得意兴阑珊,草草拍了几张。李女士等爬到苍龙岭时已经是17:00了,看看天色已晚,想到下山索道还要排队,只好放弃爬华山一座主峰的想法,带着遗憾下山了。返程时,因为有几个游客提前离开了。旅游车上空出几个座位,导游人员又收取了两个游华山归来的男子的车费,让他们搭乘李女士乘坐的旅游大巴返回西安。路上,导游返还李女士儿子华山门票优惠部分时,只返还了60元,而不是票面价格的一半90元,解释说是旅行社规定要扣除30元的旅行社利润。

晚上21:00,李女士返回了住宿的酒店。她回顾这趟华山一日游,钱花了不少,心情却很郁闷。

任务一　认知散客旅游

近年来,散客旅游迅速发展,已成为国际旅游业和我国旅游业的主要形式。散客旅游的发展是旅游市场成熟的标志之一,说明游客自主旅游的意识日趋增强,旅游消费观念日趋成熟。散客对旅游服务的效率和质量的注重往往比团体旅游的游客更甚。这一情况尤其要引起旅行社和导游的注意,提供针对性服务,满足散客的旅游需求。

一、散客旅游的概念

散客旅游又称自助或半自助旅游,它是由旅游者自行安排旅游行程,零星现付各项旅游费用的旅游形式。

散客旅游并不意味着全部旅游事务都由游客自己办理而完全不依靠旅行社。实际上,不少散客的旅游活动均借助了旅行社的帮助,如出游前的旅游咨询;交通票据和饭店客房的代订;委托旅行社派遣人员的途中接送;参加旅行社组织的菜单式旅游等。

二、散客旅游服务类型

旅行社为散客提供的旅游服务主要有如下三种类型:单项委托服务、旅游咨询服务和选择性旅游服务。

1.单项委托服务

单项委托服务是指旅行社为散客提供的各种按单项旅游服务计价的可供选择的服务。

旅行社为散客提供的单项委托服务主要有:提供导游服务;代办入境、出境和签证手续;代办国内旅游委托;代订、代购、代确认交通票据;代订饭店;抵离接送;行李提取和托运;代租汽车等。

单项委托服务分为受理散客来本地旅游的委托、办理散客赴外地旅游的委托和受理散客在本地的各种单项服务委托。

2.旅游咨询服务

旅游咨询服务是旅行社散客部接待人员向客人提供各种与旅游有关的信息和建议的服务。旅游信息包括旅游交通、饭店住宿、餐饮设施、旅游景点、旅行社产品种类以及各种旅游产品的价格等。旅游建议是旅行社散客部接待人员根据客人的初步想法向其提供若干种旅游方案,供其选择与考虑。

旅游咨询服务分为电话咨询服务、当面咨询服务和信函咨询服务。

3.选择性旅游服务

选择性旅游服务是指旅行社通过招徕,将赴同一旅游线路、地区或相同旅游景点的不同地方的游客组织起来,分别按单项旅游服务价格计算的旅游服务形式。

选择性旅游服务的具体形式:小包价旅游中的可选择部分(如导游服务、午晚餐、参观游览、欣赏文艺节目、品尝风味等,其费用可由游客旅游前预付,也可由他们现付);到近郊或邻近城市旅游景点的短期游览活动,如"半日游""一日游""数日游"以及"购物游"等。

三、散客旅游与团队旅游的主要区别

1.旅游方式

旅游团队的食、住、行、油、购、娱一般都是由旅行社或旅游服务中介机构提前安排。而散客旅游则不同,其外出旅游的计划和旅游行程都是由自己来安排。当然,不排除他们与旅行社产生各种各样的联系。

2.人数多少

旅游团队一般是由10人以上的旅游者组成,而散客旅游以人数少为特点,一般为一个人或几个人组成,可以是单个的旅游者,也可以是一个家庭,还可以是几个好友组成。

3.服务内容

旅游团队是有组织按预定的行程、计划进行旅游。而散客旅游的随意性很强,变化多,服务项目不固定,而且自由度大。

4.付款方式和价格

旅游团队是通过旅行社或旅游服务中介机构,采取支付综合包价的形式,即全部或部分旅游服务费用由旅游者在出游前一次性支付。而散客旅游的付款方式有时是零星现付,即购买什么,购买多少,按零售价格当场现付。

由于团体旅游的人数多,购买量大,在价格上有一定的优惠。而散客旅游则是零星购买,相对而言,数量较少。所以,散客旅游的服务项目的价格比团队旅游的服务项目的价格就相对贵一些。另外,每个服务项目散客都按零售价格支付,而团队旅游在某些服务项目(如机票、住房)上可以享受折扣或优惠,因而,相对较为便宜。

四、散客旅游迅速发展的原因

近几年来,从国际旅游统计的各种数据来看,散客旅游发展迅速,已成为当今旅游的主要方式。从国内市场来看,人们旅游的类型已经从简单的观光旅游,逐步向参与型旅游发展,国内散客市场也日益扩大。导致散客旅游迅猛发展的原因有:

1. 游客自主意识和旅游经验的增强

随着我国国内旅游的发展,游客的旅游经验得到积累,他们的自主意识、消费者权益保护意识不断增强,更愿意根据个人喜好自主出游或结伴出游。

2. 游客结构的改变

随着我国经济的发展,社会阶层产生了变化,一部分人先富裕起来,中产阶层逐渐形成,改变了游客的经济结构;大量青年游客的增多,他们往往性格大胆,富有冒险精神,旅游过程中带有明显的个人爱好,不愿受团队旅游的束缚和限制。

3. 交通和通讯的改变

现代交通和通讯工具的迅速发展,为散客旅游提供了便利的技术条件。随着我国汽车进入家庭步伐的加快,人们驾驶自己的汽车或租车出游十分盛行。现代通讯、网络技术的发展,也使得游客无须通过旅行社来安排自己的旅行,他们越来越多的借助于网上预订和电话预订。

4. 散客接待条件的改善

世界各国和我国各地区,为发展散客旅游都在努力调整其接待机制,增加或改善散客接待设施。他们通过旅游咨询电话、电脑导游显示屏等为散客提供服务。我国不少旅行社已经在着手建立完善的散客服务网络,并运用网络等现代化促销手段,为散客旅游提供详尽、迅捷的信息服务,还有的旅行社设立专门的接待散客部门,以适应这种发展的趋势。

五、散客旅游的特点

1. 规模小

由于散客旅游多为游客本人单独出行或与朋友、家人结伴而行,因此同团体旅游相比,人数规模小。对旅行社而言,接待散客旅游的批量比接待团体旅游的批量要小得多。

2. 批次多

虽然散客旅游的规模小、批量小,但由于散客旅游发展迅速,采用散客旅游形式的游客人数大大超过团体游客人数,各国、各地都在积极发展散客旅游业务,为其发展提供了各种便利条件,散客旅游更得到长足的发展。旅行社在向散客提供旅游服务时,由于其批量小、总人数多的特征,从而形成了批次多的特点。

3. 要求多

散客旅游中,大量的公务和商务游客的旅行费用多由其所在的单位或公司全部或部分承担,所有他们在旅游过程中的许多交际应酬及其他活动,一般都要求旅行社为他们安排,这种活动不仅消费水平较高,而且对服务的要求也较多。

4. 变化大

由于散客的旅游经验还有待完善,在出游前对旅游计划的安排缺乏周密细致的考虑,因而在旅游过程中常常须随时变更其旅游计划,导致更改或全部取消出发前向旅行社预定的服务项目,而要求旅行社为其预订新的服务项目。

5.预定期短

同团体旅游相比,散客旅游的预定期比较短。因为散客旅游要求旅行社提供的不是全套旅游服务,而是一项或几项服务,有时是在出发前临时提出的,有时是在旅行过程中遇到的,他们往往要求旅行社能够在较短时间内安排或办妥有关的旅行手续,从而对旅行社的工作效率提高了更高的要求。

六、散客导游服务的特点

虽然散客导游服务在内容和程序上与团队包价旅游有相同之处,但其自身的特点亦十分明显。

1.服务项目少

由于散客导游服务的服务项目完全是散客个人自主选择而定,所以除散客包价旅游之外,其他形式的散客导游服务在服务项目上相对较少,有的只提供单项服务,如接站服务、送站服务等。

2.服务周期短

散客导游服务由于服务项目少,有的比较单一,因而同团队包价旅游相比,所需服务的时间较短,人员周转较快,同一导游在同一时期内接待的游客数量也较多。

3.服务相对复杂

由于散客导游服务的服务周期短,周转时间快,导游人员每天、每时都将面对不同面孔、不同类型、不同性格的游客,与游客的沟通、对游客的适应时间都非常短,从而使得导游人员在进行导游服务时会比团队导游服务要相对复杂。

4.游客自由度高

散客由于自主意识强,兴趣爱好各异,在接受导游服务时,一方面不愿导游人员过多地干扰其自由,另一方面又经常向导游人员提出一些要求。并且往往根据各自的喜好,向导游人员提出一些变动的要求,如提前结束旅游活动或推迟结束游览时间等。

七、散客导游服务的要求

1.接待服务效率高

散客旅游由于游客自主意识强,往往要求导游人员有较强的时间观念,能够在较短的时间内为其提供快速高效的服务。

在接站、送站时,散客不仅要求导游人员要准时抵达接、送现场,而且也急于了解行程的距离和所需的时间,希望能够尽快抵达目的地,所以要求导游人员能迅速办理好各种有关手续。

2.导游服务质量高

一般选择散客旅游的,往往旅游经验较为丰富,希望导游人员的讲解更能突出文化内涵和地方特色,能圆满回答他们提出的各种问题,以满足其个性化、多样化的需求。因此,导游人员在对散客服务时,要有充分的思想准备和知识准备,以便为游客提供高质量的导游服务。

3.独立工作能力强

散客旅游没有领队和全陪,导游服务的各项工作均由导游人员一人承担,出现问题时,无论是哪方面的原因,导游人员都需要独自处理。所以,散客导游服务要求导游人员的独立工作能力强,能够独自处理导游活动中发生的一切问题。

4.语言运用能力强

由于散客的情况比较复杂,他们中有不同国家或地区的、不同文化层次的、不同信仰的旅游人员。所以在带领选择性旅游团,导游人员进行讲解时,在语言运用上需综合考虑各种情况,使所有的游客均能从中获得受益,切忌偏重某一方。

任务二　散客旅游服务类型

旅行社为散客提供的旅游服务主要有三种类型:咨询服务、单项委托和套餐服务。

一、咨询服务

旅游咨询服务是旅行社散客部工作人员向游客提供各种与旅游有关的信息和建议的服务。这些信息包括的范围很广,主要有旅游交通、饭店住宿、餐饮设施、旅游景点和旅行社产品种类和价格等。旅游建议是旅行社散客部工作人员根据游客的初步想法向其提供若干旅游方案,供其参考和选择。旅游咨询服务分为电话咨询服务、信函咨询服务、现场咨询服务和网上咨询服务。目前电子邮件、QQ、MSN、微信等通信手段给网上咨询沟通带来了便利。咨询服务时,散客部业务人员应该尊重游客,热情介绍,主动推荐,促其成交。

二、单项委托

单项委托是旅行社为散客提供的各种按单价计价的服务项目,主要包括抵离接送、行李提取与托运、代订饭店、代租汽车、代订交通票据、代办入出境临时居住和旅游签证、代办国内旅游委托、提供导游讲解服务、代购景点门票、代向海关等部门办理申报检验手续等。

旅行社向散客提供的单项委托服务分为外地旅行社或游客来本地旅游的委托、本地旅行社或游客去外地旅游的委托和本地游客在当地旅游的委托,主要是通过旅行社在各大饭店、机场、车站、码头等地设立的门市柜台及由旅行社内部的散客部来受理。

三、套餐服务

套餐服务是指旅行社根据市场需求设计并向散客游客提供的各种套餐式服务产品。常见的套餐服务有多种形式,如散拼团、机票+酒店、机票+酒店+接送、环线景点门票+车费+导游、一日游、半日游、数日游、特色项目旅游、主题旅游以及购物游等,套餐服务有些像饮食业中的快餐,旅行社事先充分考虑游客的多样化需求,设计出几大类常见产品组合,打包出售。这种套餐服务不限制人数,形式灵活,可根据散客游客的需求自由组合。

套餐服务属于选择性旅游服务,通过招徕,将赴同一旅行路线或旅游景点的不同地方的游客组织起来,分别按单项价格计算旅游费用的旅游形式。这种选择性套餐服务不但满足了各种散客的需求,也是散客潮到来时旅行社的重要利润增长点。

任务三　散客旅游服务程序与规范

散客导游服务是地陪工作任务的重要内容之一,但散客导游一般没有全陪和领队,由地陪负责实施。散客游客人数较少,地陪有机会跟游客进行深度沟通,因此地陪的服务水平极大影响到游客的旅游体验。地陪应该根据服务内容,为游客提供规范的导游服务。

一、接站服务

1.准备工作

导游人员接受迎接散客的任务后,应该认真做好迎接的准备工作。一是熟悉旅游接待计划,导游人员通过认真阅读接待计划应该明确接游客的日期、航班或车(船)次的抵达时间;游客人数、姓名、姓名、性别及下榻的饭店;有无航班、车(船)次以及人数的变更;提供哪些服务项目;是否与其他游客合乘一辆旅游车前往下榻饭店或去景点参观等。二是作好行前准备工作,修饰自身形象,注意仪表仪容;准备好随身携带的导游证、胸卡、社旗、接站牌等;与有关部门联系并落实接站车辆,确认司机姓名、联系方式,约定出发时间、地点,了解车型、车号等。

2.接站服务

(1)提前到达接站地点。

如果游客乘飞机而来,导游人员应该提前20分钟到达机场,在国际或国内进港隔离区外等候;若是乘火车而来,导游人员应该提前30分钟到达车站,并进入车站站台等候;如果是到游客下榻的宾馆会面,导游人员应该提前15分钟到达宾馆大厅,或预先与游客联系约定好时间。

(2)迎接游客。

在航班、列车或轮船抵达时,导游人员应该站在易于被游客发现的位置举牌迎候,如图4-1所示。接到散客或散客旅游团后,应该先介绍所代表的旅行社和自己的姓名,并对其表示欢迎;询问客人在机场、车站或码头是否还有需要办理的事情,必要时给予协助;询问客人的行李件数,并进行清点,帮助客人提取行李,引导客人上车。

如未接到应到的散客或散客旅游团,导游人员应该立即询问机场(车站、码头)的工作人员,当确认本次航班(火车、轮船)的乘客已全部出港(站)后,要与司机共同在尽可能的范围内至少寻找20分钟;若确实找不到所接的游客,应该向旅行社有关人员请示汇报,核实散客或散客旅游团抵达的日期、航班(车次、船次)有无变化;确认迎接无望,经旅行社有关领导同意后方可返回;导游人员应打电话到游客下榻的饭店总台询问该散客或散客旅游团是否已经入住饭店;如游客已经入住,导游人员应主动与其取得联系并表示歉意。

3.沿途导游

在从机场(车站、码头)至下榻饭店的途中,导游人员应首先致欢迎辞。然后进行沿途导游,介绍城市概况、下榻饭店的地理位置和设备设施,以及沿途景物和有关游览的注意事项等。散客人数较少时,沿途导游可以采取对话的形式进行。除做好必要的讲解外,导游人员应积极介绍旅行社的其他服务项目,并留下自己的联系方式。

图 4 - 1　举牌迎候

二、入店服务

1.协助办理入店手续

游客抵达饭店后,导游人员应该帮助其办理饭店入住手续,向游客介绍饭店的主要服务项目及住店的注意事项。按照接待计划向游客说明饭店将为其提供的服务项目,并告知游客离店时要现付的项目和费用;记下游客的房间号码;如有需要,督促行李员将行李送到游客房间。

2.落实活动日程

导游人员在帮助游客办完入住手续后,要与游客确认活动日程安排。如果游客预订了当地的旅游活动项目,导游人员要与游客商定日程、集合和出发时间等;如果游客仅仅预定了景点门票或交通票据,导游人员应向游客交付相关票证,并请游客签字确认。离前前,导游人员还应该提醒游客注意交通票据上的离开时间,以免延误,如需确认机票,导游人员应协助游客确认。

3.后续工作

导游人员做好上述工作后,应该及时将实际与接待计划有出入的信息或游客的特殊要求反馈给旅行社散客部。

三、导游服务

相对于团队导游服务工作来说,散客导游服务工作更为复杂多变,更具挑战性。导游人员接待时,应当具有高度的责任感、熟练的讲解能力和极强的应变能力。导游人员应该做好准备工作,按照程序规范,为散客或散客旅游团提供周到热情的服务。

1.准备工作

出发前,导游人员应该做好相关准备工作,如携带旅行社的接待计划单、签单票据、导游旗、导游证、宣传材料、游览图册、胸卡、名片等。与司机商定集合的时间和地点,并督促司机做好有关的准备工作。导游人员应该提前15分钟到达集合地点,引导游客上车。如果是散客拼团而游客又分别住在不同的饭店,导游人员应该协同司机驱车按预约时间到各饭店接游客,游客到齐后,再前往游览地点。根据接待计划的安排,导游人员必须按照规定的路线和景点带客参观游览。

2.沿途导游

散客沿途导游服务类似于团队沿途导游服务。如果导游人员接待的是临时组合起来的散客旅游团,初次见面时,应该代表旅行社、司机致欢迎辞。导游人员除了要做好沿途导游外,还应该特别向游客强调在参观游览中注意人身和财物安全。导游人员还应该在路上简单介绍要去参观游览的项目的历史背景和主要特色,让游客留下初步印象。

3.现场导游

抵达景点开始游览前,导游人员应该向游客提供游览路线的合理建议,并提醒游客上车的时间、地点和车型、车牌号码等,以防走散。陪同游览时,导游人员应该边走边做讲解,移步换景按顺序对景点进行具体讲解,讲解力求做到生动形象,引导游客观赏。导游人员还应随时回答游客的提问,并注意观察周围的环境和游客的动向,以防游客走失或发生其他意外事故。游玩计划规定的景点后,如游客没有提出后续服务要求,导游人员应该将游客送回其下榻的饭店。

4.其他服务

散客游客自由活动时间较多,导游人员要当好顾问,应游客的要求,向其推荐其他旅游活动或娱乐、购物活动。如有需求,导游人员可协助安排吃风味餐、购物或晚间娱乐活动,但要提醒游客注意安全,引导他们去健康的娱乐场所。

5.回顾总结

接待任务完成后,导游人员应该及时将接待中的有关情况反馈给旅行社散客部,并总结回顾导游服务过程。

四、送站服务

1.准备

(1)阅读计划。

导游人员接到送站任务后,应该仔细阅读送站计划,明确所送游客的姓名、人数、下榻饭店、离站日期、所乘交通工具的班次(车次、船次)、有无变更、是否与其他游客合乘一辆旅游车去机场(车站、码头)等。

(2)联系确认。

导游人员必须在送站前24小时与游客联系确认送站的时间和地点。一时联系不上,应该留言并告知再次联络的时间,然后再联系、确认;提前准备好游客赴下一站的交通票据;向旅行社散客部或其他有关部门确认送站车的落实情况,并与司机商定会合的时间、地点,记下车型、车号和司机的联系方式等。

（3）提前到达。

若游客乘坐国内航班离站，导游人员应该使散客游客提前 1 小时到达机场；若乘坐国际航班离开，必须使游客提前 2 小时到达机场；若乘坐火车离站，应该使游客提前 40 分钟到达火车站。

2.送站

（1）到店接人。

按照事先约定的时间，导游人员必须提前 20 分钟到达游客下榻的饭店，协助游客办理离店手续，交还房间钥匙，付清账款，清点行李，提醒游客带齐随身物品上车离店。若导游人员到达游客下榻的饭店后找不到游客，应该到饭店总台查询游客去向，设法联系游客，并与司机共同寻找。超过规定时间 20 分钟仍联系不上，应该向旅行社散客部报告，请其协助查询，当确认无法找到游客时，经旅行社负责人同意后，导游人员和司机方可停止寻找，离开饭店；若导游人员送站的游客与住在其他饭店的游客合乘一辆旅游车去机场（车站、码头），要严格按约定的时间顺序抵达各饭店接客人，如遇特殊情况，要及时通报旅行社散客部，做出调整，并通知下榻在其他饭店的游客。

（2）送站及总结。

在送站途中，导游人员应该向游客征询在本地停留期间或旅游过程中的感受、意见和建议，并代表旅行社对其光临本地以及在旅途中给予的合作表示感谢。到达机场（车站、码头）后，导游人员应该协助游客办理相关手续，并提醒游客带好行李物品；送乘国际航班时，导游人员应该将游客送至隔离区入口处；送乘国内航班时，导游人员要待飞机起飞后，方可离开机场；送乘火车时，导游人员要协助其上车，找到座位或铺位，安顿好行李物品。离开游客前，导游人员应向其告别，并热烈欢迎游客再次光临。送别游客后，导游人员应该及时将有关接待情况反馈给旅行社散客部，并与旅行社财务部门核算结清账目。

思考题

1.简述散客旅游的含义和特点。

2.散客时代的到来对旅行社的经营有什么影响？

3.散客旅游与团队旅游的区别有哪些？导游人员在服务上有什么不同？

» 模块三
服务技能

项目五 导游讲解及带团技能

学习目标

知识目标

1.熟悉导游语言的基本要求

2.掌握导游口头语言表达技巧

3.掌握导游态势语言表达技巧

4.掌握导游交际式语言表达技巧

5.掌握导游讲解的原则、艺术、方法

6.熟悉导游带团的特点、原则和模式。

7.熟悉导游人员的主导地位和形象塑造。

技能目标

1.掌握导游人员的心理服务技能

2.掌握导游人员之间的协作技能

导入案例

导游语言的临场性

一个旅游团在冬季来北京观光,恰巧遇上了下鹅毛大雪,着装、行车、步行、登山等活动都将受到一定的影响,游客也对在北京的行程安全比较担忧。这时导游人员一定要把握住游客的这种心理状态,不失时机地加以安慰。在启动出行的大巴车上进行讲解时就可以不失时机地这样说:"亲爱的朋友们,早上好。我想大家一定是真的好! 因为北京此时正呈现出难得一见的北国风光、千里冰封、万里雪飘的壮观景象。今天实在是个难得的日子,是我们可以亲自去体验毛泽东诗句意境的日子。老天就是这么有眼,我们就是这么幸运,给我们送来飘飘的雪花,那么就让我们快乐地上路,去当一次踏雪登长城的好汉吧!"导游人员的寒暄讲的是天气,但又将美好的雪景与游客的行程巧妙地结合起来,从而使游客减少了对天气变化带来不便的担心,情绪甚至慢慢高涨起来。这种寒暄完全是从关照游客的心理感受的角度出发,自然也就容易被游客接受。总之,无论是哪一种类型的寒暄,都要掌握好分寸,恰到好处。从交际心理学的角度看,恰当的寒暄能够使双方产生一种认同心理,使一方被另一方的感情所同化,体现人们在交际中的亲和需求。这种亲和需求在融洽的气氛的推动下逐渐升华,从而使人顺利地达到交际目的。

(资料来源:韩荔华.实用导游语言技巧[M].北京:旅游教育出版社,2002.)

任务一 导游语言技能

导游在为游客提供景点讲解服务时,应通过准确的口头语言及态势语言,在旅游者观景、赏景的过程中提供周到的讲解服务。

　　语言是人类沟通信息、交流思想感情和促进相互了解的重要手段,是人们进行交际活动的重要工具。对导游人员而言,语言是必不可少的基本功,导游服务效果的好坏在很大程度上取决于导游人员掌握和运用语言的能力。通过导游语言表达,可使祖国的大好河山更加生动形象,使祖国各地的民俗风情更加绚丽多姿,使沉睡了千百年的文物古迹"死而复活",使令人费解的自然奇观有了科学答案,使造型奇巧的传统工艺品栩栩如生,使风味独特的名点佳肴内涵丰富,从而使游客感到旅游生活妙趣横生,留下经久难忘的深刻印象。所以,导游人员应该练好导游语言这一基本功,并使其语言水平不断提高。

一、导游语言基本要求

(一)导游语言的内涵

　　语言是人类表达和交流思想感情的重要手段,是人类主要的交际工具。对于导游人员来说,导游语言是导游人员与旅游者之间沟通交流的重要工具。

　　1.导游语言的概念

　　狭义的导游语言指导游人员与游客交流思想感情、指导游览、进行讲解、传播文化时使用的一种具有丰富表达力、生动形象的口头语言。

　　广义的导游语言指导游人员在导游服务过程中必须熟练掌握和运用的所有含有一定意义并能引起互动的一种符号。广义的导游语言不仅包括口头语言,还包括态势语言、书面语言和副语言。

　　2.导游语言的作用

　　导游语言在导游工作过程中起着举足轻重的作用,它既是导游人员进行导游工作时所凭借的手段以及导游人员与游客进行沟通的纽带,也是游客获得更高层次感受、体验的媒介。导游语言主要有以下三个方面的作用:

　　(1)传播知识。导游人员要让游客在游览中增长见识、开扩视野,必须讲究导游语言的知识含量。

　　(2)沟通思想。导游人员在工作中随时关注游客动向,为困难者提供帮助,对年老体弱者给予关心,发生意外时要及时稳定游客的情绪等都是沟通思想的表现。

　　(3)交流感情。导游过程并不仅仅是导路讲景,同时也是导游人员与游客之间的思想沟通和情感交流过程。导游人员要以满腔的热情投入工作,最终都会得到游客的赞许。

　　3.导游语言的传播

　　导游语言传播通畅的先决条件是导游人员与导游对象必须有"共同领域"。

　　所谓"共同领域",是指导游人员与导游对象具有相同或相似的经验范围,包括共同的语言、相近的知识面和实践经验等。只有具备一定范围的共同领域,才能实现一定程度的沟通。共同领域越大,传播交流的途径越宽广、通畅,传播的效果越好。涉外导游人员要与游客建立共同领域,首先必须熟练掌握客源国的语言,同时还应具备客源国的政治、经济、历史、文化、风土民情等多方面的知识。

　　此外,导游语言的传播还受到文化的影响。导游语言的跨文化传播是指不同文化背景人们的信息传递与交流。导游语言的传播分为同一文化的传播(国内旅游导游)和跨文化的传播。在与国外不同文化背景的游客相处中,跨文化传播的文化价值观起决定性作用。文化价值观决定了人们对事物的态度、看法,决定了人们评价事物的标准。不同民族的人,由于文化价值观念的不同,在相似情景中往往表现出不同的反应行为,对待同一事物甚至表现出相反的态度。因此导游人员对不同文化的差异性应予以充分重视,并具备起码的常识。

案例分析

导游语言的文化差异

例一　美国游客:"你的英语真棒!"导游人员:"不,不! 我的英语还很差,差得远哩!"

例二　导游人员:"这山又陡又险,您年纪大了登不上去,就在这里歇会儿吧!"

例三　一位法语导游带领一群法国游客去吃地方风味,其中有一道菜叫"糖醋活鲤鱼"。这位导游非常热情地向游客介绍这道菜的具体做法:快速将鲤鱼去鳞、破肚,带着鱼头将鱼身放进油锅炸熟、浇汁、盛盘、上菜。导游的语言表达可谓绘声绘色、声情并茂,可法国游客并不领情。等鱼上桌后,看到这条可怜的鲤鱼嘴巴还在一张一合时,全体的游客发出了强烈的感叹,遗憾的是这感叹不是赞美厨师的手艺,而是对这种残忍的、非"兽道"(相对于"人道"而言)的做法表示愤怒并集体"罢宴"而去。

例四　西安一位导游人员在给一群美国游客介绍兵马俑。只见他高举右手,伸出拇指和食指,做成"8"的手势对老外说:"秦始皇兵马俑堪称世界第八大奇迹……"此时他从游客的眼神中读出"疑惑"和"不解",于是他也感到"疑惑"和"不解":是老外不认同这"世界第八大奇迹"的提法,还是他这句话有什么语法错误? 后来,一位会讲汉语的美国领队给他揭开了这个谜:原来美国人不明白他做的这个手势的含义,按照他们的理解,这是"手枪"、"枪党"的意思。老外打手势表示"8",应该是右手伸出一个巴掌(表示"5"),左手再伸出3个手指头(拇指、食指、中指)。

分析:

例一　欧美游客听了,并不以为你的谦虚是一种美德,而且他还会感到不悦:我称赞你,你怎么连句"谢谢"都没有?

例二　对中国人来说是一种"关心",而在西方人听来,却是一种瞧不起人的口气。你难道就知道我登不上去吗? 越是登不上去,我越要去试试! 因为导游的这句话与他们强调个性、强调自我实现的观念是相悖的。如果改换成一种激励或带鼓励的语言表达方式,效果就会好得多。

例三　由于导游人员不了解法国人的精神内涵而导致"言与愿违"。在法国大革命中,法国资产阶级首先喊出的"自由、平等、博爱"的口号几百年来浸润着法国人的心灵,"人道主义"的精神已发扬光大到"兽道主义"的程度。这位导游人员不明就里,能不造成导游交际的失败吗?

例四　导游人员为了帮助游客理解口头语言的内容、加深印象,在口头表达的同时,使用姿势语言加以辅助。但是,他忽略了一个问题:同一个手势在不同的国家所表示的语义是不完全一致的。导游语言运用不当,不仅不能增强导游讲解的表现力,而且还有可能带来负面影响。因此,我们的导游人员在"涉外活动"中不可不慎。

(资料来源:林一心.导游语言与语境[J].厦门广播电视大学学报,2006(1).)

(二)导游语言的基本要求

1.导游语言的准确性

(1)严肃认真的科学态度。

导游人员严肃认真的科学态度是其导游语言具备准确性的前提。首先,导游人员要有竭诚为游客服务的思想,有不断提高导游服务质量的意愿,才能抱着对游客、对自己、对旅行社、对国家负责的态度,实事求是地用恰当的语言予以表达事物、交流思想、传播文明;其次,导游人员要有锲而不舍、勤学苦练的科学精神,只有这样才能不断进取,认真地对待语言中的每一个词语,使之符合语境并贴切地反映客观实际。

(2)熟悉所讲、所谈的事物和内容。

了解、熟悉所讲、所谈的事物和内容,是运用好语言的基础。如果导游人员对景点的情况、讲解的内容不了解、不熟悉,很难想象其语言能表达得清楚、准确,更谈不上流畅、优美了。如果导游人员对所讲、所谈的事物和内容有充分的准备,谙熟于胸,就可侃侃而谈、旁征博引,而且遣词、造句也会十分贴切,能准确地反映所讲、所谈的事物的本来面貌,易于为游客所接受和理解。

(3)遣词、造句准确,词语组合搭配恰当。

遣词、造句准确,词语组合搭配恰当是语言运用的关键。一个句子或一个意思要表达得贴切、清楚,关键在用词与词语的组合及搭配上,要在选择恰当词汇的基础上,按照语法规律和语言习惯进行有机组合和搭配。

📠 资料链接

导游语言的准确性

导游人员的口语质量如何在很大程度上取决于遣词用语的准确性。讲解的词语必须以事实为依据,准确地反映客观事实,做到就实论虚、入情入理,切忌空洞无物或言过其实的词语。如把两百年历史的"古迹"夸大为五百年的历史,动不动就是"世界上""全中国最美的""最高的""最大的""独一无二的""甲天下的"等,这类没有依据的信口开河会使稍有见识的游客产生反感。这就要求导游人员对讲解要有严肃认真的态度,要讲究斟词酌句,要注意词语的组合、搭配。只有恰当的措辞,相宜的搭配,才能准确地表达意思。要从纷繁富丽的词汇中选取恰当的词语来准确地叙事、状物、表情、达意是件不容易的事。马克思就常常花很多时间力求找到需要的字句,一丝不苟,"有时到了咬文嚼字的程度"(《忆马克思》)。斯大林说,列宁也非常重视"文字上的修饰",因此他的"每一句话都是一颗子弹"(《斯大林全集》)。伟人力求词不虚发、表意准确的精神是我们运用语言时应当效法的榜样。

(资料来源:http://www.1ttour.com.cn/html/lvyouzhinan/20090826/188—2.html.)

2.导游语言的逻辑性

导游人员的思维要符合逻辑规律,语言要保持连贯性,语言表达要有层次感。主要的逻辑方法如下:

(1)比较法。

比较法就是辨别两种或两种以上同类事物异同或高下的方法。

(2)分析法与综合法。

分析法是把一件事物、一种现象或一个概念分成较简单的组成部分,然后找出这些部分的本质属性和彼此之间的关系。

综合法是把分析的对象或现象的各个部分、各种属性联合成一个统一的整体。

(3)抽象法。

抽象法又称概括法,是从许多事物中舍弃个别的、非本质的属性,抽出共同的、本质的属性的方法。

（4）演绎法与归纳法。

演绎法是由一般原理推出关于特殊情况下的结论（从一般到特殊）的方法。

归纳法是由一系列具体的事实概括出一般原理（从特殊到一般）的方法。

3. 导游语言的生动性

导游作为一种职业，是为游客提供向导服务的。导游人员用语言描绘自然、人文等景观，从而满足游客求知、求乐、审美等要求。从某种意义上说，导游语言是一门艺术，在准确、清晰的基础上，还要善于用生动的语言渲染气氛、增强效果，激发游客的兴趣，调动游客的积极性。增强导游语言的生动性主要有以下几种手法：

（1）比喻。

比喻是用跟甲事物有相似之处的乙事物来描写或说明甲事物。

（2）比拟。

比拟是把物拟作人或把甲事物拟作乙事物的修辞手法。需注意的是，比拟的手法在描述景物或讲解故事传说时常用，而在介绍景点和回答问题时一般不用。

（3）夸张。

夸张可以强调景物的特征，表现导游人员的情感，激起游客的共鸣。运用夸张手法应注意两点：一是要以客观实际为基础，使夸张具有真实感；二是要鲜明生动，能激起游客的共鸣。

（4）映衬。

映衬是利用客观事物之间相类或相反的关系，以次要形象映照衬托主要形象。映衬有正衬和反衬两种形式。

（5）引用。

有意引用成语、诗句、格言、典故等，以表达自己的思想感情，说明自己对新问题、新道理的见解。

案例分析

例一　有位导游人员在带领游客去苏州城外时，这样讲解道："苏州城内园林美，城外青山更有趣。那一座座山头活脱脱像一头头猛兽，灵岩山像伏地的大象，天平山像金钱豹，金山像卧龙，虎丘山犹如蹲伏地的猛虎，狮子山的模样活似回头望着虎丘的狮子，那是苏州一景，名叫狮子回望看虎丘。"

例二　另一位导游人员在带游客去苏州城外时，是这样讲的："那是灵岩山，那是天平山，那是金山，那是虎丘山，那就是狮子山。"

分析：

例一　运用生动形象的比喻，把苏州城外的青山讲得活灵活现，用词遣句富有文学色彩，具有较强的表现力。

例二　简单抽象，仅仅向游客们传递了一个信息，语言枯燥乏味，无法使人产生美感。

（资料来源：http://www.lttour.com.cn/html/lvyouzhinan/20090826/188_3.html.）

资料链接

幽默导游语言

幽默在导游中的作用是十分奇妙的，它可以化平淡为有趣、化沉闷为笑声、化干戈为玉帛、化腐朽为神奇。其具体作用有如下四点：

（1）融洽关系。

在导游活动中，导游人员的幽默不在于理智，而在于情绪，真正的幽默是从内心涌出的。导游人员与旅游者大都是初次接触，互相比较生疏，为了融洽关系，给他们以信赖感和亲近感，导游人员应主动与旅游者交谈，但有时讲了一大堆客气话，仍消除不了客人"敬而远之"的陌生感，而有时只讲几句幽默风趣的话，却能收到良好的效果。例如，一位导游在初次与旅游者见面时，作自我介绍说："初次为大家服务，我感到十分荣幸，我姓马，'老马识途'的马。今天，各位到我们这儿旅游，请放心好了，有我一马当先，什么事情都会马到成功……"旅游者们都乐了，初次见面的拘谨感一扫而光，主客关系一下变得融洽起来。

（2）调节情绪。

在导游过程中，导游人员如果把幽默作为一种兴奋剂，那么旅游者低落、冷淡、不安的情绪就会得到有效调节。例如：一架客机失事后的第二天，一批旅游者将飞往那架飞机失事的所在地，旅游者都有一种恐惧、不安的情绪。候机时，大家都沉默寡言。这时，导游人员微笑着对大家说："请各位放心。我是大家的'护身符'，今天陪大家一同前往，保证一切顺利。请允许我在此向大家透露一个信息，我干了十多年导游，坐过几十次飞机，还没有一次从天而降的经历。"客人们一听，都笑了。可见，幽默而机智的宽慰，比生硬、笨拙的劝说有效得多，一下就使旅游者增添了精神力量。

在导游讲解时，幽默还能增添游兴。如一位导游人员在陪同一批美国旅游者游长江三峡，在介绍神女峰时幽默地说："瞧，那就是神女峰。神女一般来说是羞于见外国人的，尤其是美国人。今天，她被各位朋友真诚的向往和纯洁的友谊所感动，特意现身与大家见面。上帝保佑，你们真幸运啊！"旅游者都高兴得跳了起来。

（3）摆脱困境。

在导游过程中，导游人员难免会遇到一些使人局促、尴尬的窘境。如果能随机应变、恰到好处地说出带幽默意味的话，就会摆脱困境，得到轻松欢乐。例如：一个旅行团队要回国了，在道别时，他们请陪同的导游人员讲话，导游人员表示只讲两句，可一下讲了十来分钟。一位客人半开玩笑地说："先生，你说只讲两句，怎么讲了这么多？"一时，宾主都颇显尴尬。但这时，导游人员反应很快，他笑着说："开头一句，结尾一句，中间忽略不计，一共不是两句么？"幽默、机智的"滑头"话，把自己从困境中解脱出来，也使旅游者会心一笑。

（4）寓教于乐。

获得知识、受到教益是旅游者较普遍的旅游愿望。在导游过程中，导游人员用幽默的语言进行讲解，则能起到寓教于乐的作用。例如：一位导游人员在对一批日本旅游者讲游长城的注意事项时说："长城地势险要，要防止摔倒。希望不要在城墙上作奔跑式的跳跃运动。另外，也不要头也不回一股脑地往前走，一直走下去可就是丝绸之路了。有人走了两年才走到头，特别辛苦。"旅游者们听了都哈哈大笑起来。如果这位导游板着脸，严肃认真地宣布：第一要如何，第二要如何。旅游者也许会置若罔闻，很难听得进去。幽默则使旅游者乐于听，也易于接受。

总之，幽默在某种程度上讲是一种力量。当幽默运用适当时，它就能给人以知识、信心和启发，使人乐观向上。

正确使用幽默语言既需要一定的天赋，也需要一定的训练和指导。幽默的基本技巧要注意三点：一是把握时机，二是夸张模仿，三是优雅敏捷。但幽默也是有禁忌的，在使用时要注意以下几点：

（1）勿取笑他人。把笑的对象引向自己是可靠无误的，但绝不可取笑他人，尤其是心理或生理上有缺陷的人。

（2）适合适宜。首先不要在人心情不佳、肝火正旺时使用不带同情心的幽默话，这样会被误认为幸灾乐祸或起到火上浇油的作用。其次使用幽默要顾及对象的文化层次。

（3）不要重复、预先交底或自己先笑。

（4）禁止黄色、黑色的幽默。

（资料来源：http://travel.anhuinews.com/system/2008/05/16/00205881.html.）

多种修辞方法的应用

如柴云森《长途导游漫谈》中有关"云南"一词的解释："中国人方向感特别强，很少迷失方向。指南针不就是中国人发明的吗？张骞出使西域，玄奘去印度取经，郑和七次下西洋，都没迷路，完成使命后都安然回归故里。中国人讲究方向，有时简直到了'走火入魔'的地步，盖个房要坐北朝南，起个国名叫'中国'；北方的京都叫'北京'，南方的京都叫'南京'，洞庭湖之南州'湖南'；我们省地处云岭之南，故称'云南'。但是，现在有些中国人方向感不如以前了：东西南北分不清，两眼一抹黑，不知道走哪条路，朝哪个方向，有些人在交通工具现代化的今天，经常迷路，到了国外就回不来了。今天我们要去观光的石林，简直就像是一座迷宫，我相信你们大家具有很好的方向感，一定不会迷路的。"这段导游词运用了一系列幽默语言修辞手法，如双关、夸张等。

（资料来源：王连义.怎样做好导游工作[M].北京：中国旅游出版社，2000.）

二、导游口头语言表达技巧

在导游服务中，口头语言是使用频率最高的一种语言形式。

（一）口头语言的基本形式

口头语言是导游工作中最普遍最常见的一种有声语言表达体式，它又可分为独白体和对话体两种体式。

1. 独白体

独白体是一种语言的单向传递体式，即导游人员说，游客听的一种方式，如导游讲解、欢迎词、欢送词等。独白体具有如下特点：

（1）目的性强。运用独白体讲话，直接面对游客，因此，导游人员的讲解要有明确的目的，或传播知识或介绍说明或联络感情，不能自言自语或无病呻吟。

（2）对象明确。

（3）表达充分、完整。运用独白体进行语言传递（如导游讲解、欢迎词、欢送词等）时一般都要作预先的准备，这样在进行过程中才不致节外生枝。

总之，运用独白体，导游人员较主动，可进行充分准备，能收到较好的效果。

2. 对话体

对话体是导游人员与导游对象之间的语言的双向传递体式，即导游人员与一个或数个游客的交谈，可以是问答，也可以是商讨，如散客导游讲解、游客的提问及解答、与旅游团主要成员商谈旅游行程安排等。对话体具有如下特点：

（1）对环境依赖性强。依赖性主要表现在谈话双方对话题有一定共识或者游客兴致高、情绪好、有交谈欲望，只有这样导游人员才能与游客进行信息交流与沟通。

（2）信息反馈及时。导游人员在讲解的过程中，可以边说、边听、边观察游客的反应，从而能够及时迅速地知道游客对话题是否感兴趣,对信息能否理解,这样导游人员就能够根据信息反馈及时作出反应,或继续交谈或调整语言或转换话题等。

(3)具有临场性,易受对方影响,要求导游人员具有高度的机敏性和高超的语言表达能力。

(二)口头语言表达的要领

1.音量大小适度

在导游讲解时,导游人员的声音大小要适度,以旅游者听清为准,避免声音过高或过低。声音太高,造成噪声,令人讨厌,高声说外行话更让人瞧不起;声音太低,让人听起来费劲,会给人说话无把握、缺乏信心的印象。

2.语调高低有序

语调一般分为升调、降调和直调。升调多用于表示兴奋、激动、惊叹、疑问等感情状态,降调多用于表示肯定、赞许、期待、同情等感情状态,直调多用于表示庄严、稳重、平静、冷漠等感情状态。

语调高低有序就是要求说话时抑扬顿挫,起伏变化。人们在欣赏景物变化的同时,耳朵也不喜欢听同一种连续的声调。如果导游讲解是语调平平、缺乏生气,就不可能给游客留下深刻的印象。

3.语速快慢相宜

导游讲解速度太快,游客精神必然高度紧张,易产生疲劳;导游讲解速度太慢,使人不耐烦,不能给人以流畅的美感。讲解中语速的变化应以讲解的内容及游客的接受能力、年龄层次为依据;对众所周知的事情,讲解进入高潮时,可适当加快语速;想引起游客注意的事情需特别强调;庄重严肃、不易听明白或易招致误解的内容可适当放慢语速;数字、人名、地名、人物对话宜放慢速度;对老年游客讲解的整个过程都应放慢一些。在导游讲解中,较为理想的语速应控制在每分钟200字左右。

4.停顿长短合理

语言表达中之所以停顿主要是由生理原因和语言表情达意的需要来决定的。从导游语言表达方面来看,停顿主要是由于表情达意的需要。导游人员与游客之间的交际主要是以口耳为渠道进行的面对面交际,要让游客听懂并基本接受讲解内容,就必须给游客以一定的时间,这个时间就是停顿。语言表达中的停顿是语言有效表达的要素之一,没有停顿,就没有节奏;没有节奏,就难以表达各种必要的情感。所以导游人员在导游交际过程中不会运用语言表达的停顿,就会影响导游讲解工作。讲究口头表达中的停顿,可以丰富表达内容,增加语流波澜,使表达富有情趣,富有新意。常用的停顿主要有语义停顿、暗示省略停顿、等待反应停顿、强调语气停顿等。

(三)口语表达的艺术技巧

(1)准确恰当。要切忌使用"最好的""最美的""最大的""最高的""最古老的""最新鲜的""第一""第二"等词语,切忌无中生有、杜撰捏造,必须实事求是。如:北京故宫是世界上最大的宫殿建筑群;长城是世界上最伟大的古代人类建筑工程;洛阳白马寺是中国最早的佛教寺庙;黄河是世界上含沙量最高的河流等。

(2)清楚圆润。吐字发音要正确清晰。

(3)通俗易懂。口语表达要口语化,能用短句就不用长句等。

（4）优雅文明。切忌粗言俗语或使用游客忌讳的词语，如"老母猪打架——光使嘴""胖得像肥猪似的"。

（5）生动形象。口语表达要力求与神态表情和手势动作和谐一致。

三、导游态势语言运用技巧

（一）定义

导游态势语言又叫做"人体语""动作语""体态语"或"行为语"，它是用表情、动作或体态来交流思想的辅助工具，是一种伴随语言。

（二）态势语言的重要性

（1）态势语言与有声语言一样重要，它对塑造导游人员的自我形象有很大作用。如周恩来坚毅的目光、沉着的举止、儒雅的风度为中外政治家所景仰。在尼克松的回忆录中曾这样描写周恩来的交谈姿势："他经常靠在椅背上，用富有表现力的手势来增强谈话效果，当要扩大谈话范围，或是从中得出一般性结论时，他经常用手在面前一挥；在搁浅的争论有了结论时，他又会把两手放在一起，十指相对。在正式会议中，他对一些俏皮话暗自发笑，在闲聊时，他又变得轻松自如，有时对善意的玩笑还发出朗朗的笑声。"足见周恩来富有表现力的体态语言，给尼克松留下了十分深刻的印象。情况相反的例子也有。前苏联领导人赫鲁晓夫 1960 年 9 月出席联合国大会时，经常违反大会规定，随意站起来打断别人的发言，与部分代表一起起哄，甚至在西班牙代表发言时，他竟脱下皮鞋敲打桌子。人们评论他的举止，"就像一个粗鲁而不懂规矩的乡下人"。这种粗劣不堪的态势语言，严重损害了他的国家在国际上的形象。

（2）态势语言能有效地配合有声语言传递信息，能起到补充和强化有声语言的作用。

（3）导游人员还必须充分注意态势语言所具有的鲜明的民族性和时代性。如"OK"手势：中国表示"零"；日本表示"金钱"；西方国家表示友好；在巴西、阿拉伯、希腊等国是粗俗下流的动作。

（三）态势语言的分类

1. 体式语

体式语指由手势、身体躯干的各种动作以及各种身姿传达出的信息，包括人的动作、姿势、体态等。手势活动的范围主要有如下三个区域：

（1）肩部以上（上区）。手势在这一区域内多表示信心、希望、喜悦、祝贺、赞美等内容与情感。

（2）肩部至腹部（中区）。手势在这一区域内多表示叙述、说明等内容以及平和、安定等感情。

（3）腹部以下（下区）。手势在这一区域内多表示憎恨、不悦、蔑视、厌弃等消极感情。

2. 表情语

表情语指由人的面部表情，即由脸色变化、肌肉收展以及眼、眉、鼻、嘴的各种运动所传递出的信息。"信息的总效果＝7％言词＋38％语调＋55％面部表情"，可见表情语的重要性。表情语包括面部表情、目光和微笑。在导游讲解的过程中，导游一方面通过自己的表情来激发游客的游兴，另一方面，还要通过观察游客的表情来实现交际互动。导游活动中目光语以正视和环视为宜。导游人员的微笑更加重要，导游人员的微笑能够给游客留下良好的第一印象，也可以传达出对游客的尊重之意，从而为与游客沟通感情创造融洽的交际气氛，有时候，微笑还是打破某种僵局的有效手段。另外,导游人员的微笑应该尽可能真诚。真诚的微笑是一个人心理健康的标志,是一个人性格成熟的表征,能发出真诚微笑的人总是会给人以乐意帮助别人、愿意分担他人忧伤、减轻他人痛苦、也愿意与人分享快乐的感觉,善于微笑的人也总是会给人以安全感。

案例分析

例一　大家朝我指的方向看,那五个彼此相连的晶光闪亮的池子便是五大连池的五个池子。来五大连池的游人站在高高的山地,沐浴着徐徐来风,俯看远山近水,都会忍不住诗情勃发,文思泉涌。(黑河市旅游局《黑龙江五大连池》)

例二　请大家顺我手指的方向看,横欹在大王峰北侧的这座山峰就是幔亭峰。登幔亭峰的道路有两条,一条是由大王峰升真洞旁上去,另一条是由换骨岩右侧直上……(修明《福建武夷山》)

分析:

导游人员提醒游客朝自己所指的方向看,用的是指示手势。可以说在导游讲解过程中,这样的指示手势会经常使用。需要注意的是,导游人员在使用指示手势时,最好是整个手掌平展,手心朝上或朝侧面伸出去,这样的手势既平和又得体,而不要只伸出一根食指。导游人员在导游过程中要注意运用好姿态语言。

(资料来源:韩荔华.实用导游语言技巧[M].北京:旅游教育出版社,2002.)

(四)态势语言运用技巧

1.首语

首语是通过人的头部活动来表达语义和传递信息的一种态势语言,它包括点头和摇头。一般说来,世界上大多数国家和地区都以点头表示肯定,以摇头表示否定。而实际上,首语有更多的具体含义,如点头可以表示肯定、同意、承认、认可、满意、理解、顺从、感谢、应允、赞同、致意等。另外,因民族习惯的差异,首语在有些国家和地区还有不同的含义,如印度、泰国等地某些少数民族奉行"点头不算摇头算"的原则,即同意对方意见用摇头来表示,不同意则用点头表示。

2.表情语

表情语是通过人的眉、眼、耳、鼻、口及面部肌肉运动来表达情感和传递信息的一种态势语言。导游人员的面部表情要给游客一种平滑、松弛、自然的感觉,要尽量使自己的目光显得自然、诚挚,额头平滑不起皱纹,面部两侧笑肌略有收缩,下唇方肌和口轮肌处于自然放松的状态,嘴唇微闭。这样,才能使游客产生亲切感。

微笑是一种富有特殊魅力的面部表情,导游人员的微笑要给游客一种明朗、甜美的感觉,微笑时要使自己的眼轮肌放松,面部两侧笑肌收缩,口轮肌放松,嘴角含笑,嘴唇似闭非闭,以半露出牙为宜。这样,才能使游客感到和蔼亲切。

3.目光语

目光语是通过人与人之间的视线接触来传递信息的一种态势语言。艺术大师达·芬奇说"眼睛是心灵的窗户",意思是透过人的眼睛,可以看到他的心理情感。目光主要由瞳孔变化、目光接触的长度及向度三个方面组成。瞳孔变化是指目光接触瞳孔的放大或缩小。一般来说,当一个人处在愉悦状态时,瞳孔就自然放大,目光有神;反之,当一个人处在沮丧状态时,则瞳孔自然缩小,目光暗淡。目光接触的长度是指目光接触时间的长短。导游人员一般连续注视游客的时间应控制在 1～2 秒钟以内,以免引起游客的厌恶和误解。目光接触的向度是指视线接触的方向。一般来说,人的视线向上接触(即仰视)表示"期待""盼望"或"傲慢"等含义;视线向下接触(即俯视)则表示爱护、宽容或轻视等含义;而视线平行接触(即正视)表示理性、平等等含义。导游人员常用的目光语应是正视,让游客从中感到自信、坦诚、亲切和友好。

导游讲解是导游人员与游客之间的一种面对面的交流。游客往往可以通过视觉交流,从导游人员的一个微笑、一种眼神、一个动作、一种手势中加强对讲解内容的认识和理解。在导游讲解时,运用目光的方法很多,常用的主要有以下几种:

(1)目光的接触。

导游人员在讲解时,应用热情而又诚挚的目光看着游客。正如德国导游专家哈拉尔德·巴特尔所说:导游人员的目光应该是开诚布公的、对人表示关切的,应是一种可以看出谅解和诚意的目光。那种一直低头或望着毫不相干处,翻着眼睛只顾自己口若悬河的导游人员是无法与游客产生沟通的。因此,导游人员应注意与游客目光的接触,切忌目光呆滞(无表情)、眼帘低垂(心不在焉)、目光向上(傲慢)、视而不见(轻视)和目光专注而无反应(轻佻)等不正确的目光接触方式。

(2)目光的移动。

导游人员在讲解某一景物时,首先要用目光把游客的目光牵引过去,然后再及时收回目光,并继续投向游客。这种方法可使游客集中注意力,并使讲解内容与具体景物和谐统一,给游客留下深刻的印象。

(3)目光的分配。

导游人员在讲解时,应注意自己的目光要统摄全部听讲的游客,既可把视线落点放在最后边两端游客的头部,也可不时环顾周围的游客,但切忌只用目光注视面前的部分游客,使其他的游客感到自己被冷落,产生遗弃感。

(4)目光与讲解的统一。

导游人员在讲解传说故事和逸闻趣事时,讲解内容中常常会出现甲、乙两人对话的场景,游人员应在说甲的话时,把视线略微移向一方,在说乙的话时,把视线略微移向另一方,这样可使游客产生一种逼真的临场感,犹如身临其境一般。

4.服饰语

服饰语是通过服装和饰品来传递信息的一种态势语言。一个人的服饰既是所在国家、地区和民族风俗与生活习惯的反映,也是个人气质、兴趣爱好、文化修养和精神面貌的外在表现。服饰语的构成要素很多,如颜色、款式、质地等,其中颜色是最重要的要素,不同的颜色给人的印象和感觉也不一样,深色给人深沉、庄重之感,浅色让人感觉清爽、舒展;蓝色使人感到恬静,白色让人感到纯洁。

导游人员的服饰要注意和谐得体。加拿大导游专家帕特里克·克伦认为,衣着装扮得体比浓妆艳抹更能表现一个人趣味的高雅和风度的含蓄。导游人员的衣着装饰要与自己的身材、气质、身份和职业相吻合,要与所在的社会文化环境相协调,这样才能给人以美感。譬如,导游人员的着装不能过分华丽,饰物也不宜过多,以免给游客以炫耀、轻浮之感。在带团旅游时,男导游人员不应穿无领汗衫、短裤和赤脚穿凉鞋;女导游人员不宜戴耳环、手镯等。

5. 姿态语

姿态语是通过端坐、站立、行走的姿态来传递信息的一种态势语言,可分为坐姿、立姿和走姿三种。

(1)坐姿。

导游人员的坐姿要给游客一种温文尔雅的感觉。上体自然挺直,两腿自然弯曲,双脚平落地上,臀部坐在椅子中央。男导游人员一般可张开双腿,以显其自信、豁达;女导游人员一般两膝并拢,以显示其庄重、矜持。坐姿切忌前俯后仰、摇腿、跷脚或跷二郎腿。

(2)立姿。

导游人员的立姿要给游客一种谦恭有礼的感觉。头正目平,面带微笑,肩平挺胸,立腰收腹,两臂自然下垂,两膝并拢或分开与肩平。不要两手叉腰或把手插在裤兜里,更不要有怪异的动作,如抽肩、缩胸、乱摇头、擤鼻子、捋胡子、舔嘴唇、拧领带、不停地摆手等。

(3)走姿。

导游人员的走姿要给游客一种轻盈稳健的感觉。行走时,上身自然挺直,立腰收腹,肩部放松,两臂自然前后摆动,身体的重心随着步伐前移,脚步要从容轻快、干净利落,目光要平稳,可用眼睛的余光(必要时可转身扭头)观察游客是否跟上。行走时,不要把手插在裤袋里。

导游人员在讲解时多采用站立的姿态。若在旅游车内讲解,应注意面对游客,可适当倚靠司机身后的护栏杆,也可用一只手扶着椅背或护栏杆;若在景点站立讲解,应双脚稍微分开(两脚距离不超过肩宽),将身体重心放在双脚上,上身挺直双臂自然下垂,双手相握置于身前以示"谦恭"或双手置于身后以示"轻松"。如果站立时躬背、缩胸,就会给游客留下猥琐和病态的印象。

6. 手势语。

手势语是通过手的挥动及手指动作来传递信息的一种态势语言,它包括握手、招手、手指动作等。

(1)握手语。

握手是交际双方互伸右手彼此相握以传递信息的手势语。它包含在初次见面时表示欢迎,告别时表示欢送,对成功者表示祝贺,对失败者表示理解,对信心不足者表示鼓励,对支持者表示感谢等多种语义。

(1)握手要领。与人握手时,上身应稍微前倾,立正,面带微笑,目视对方;握手时要摘帽和脱手套,女士和身份高者可例外;握手时不要将自己的左手插在裤袋里,不要边握手边拍人家肩头,不要眼看着别人或与他人打招呼,更不要低头哈腰;无特殊原因不要用左手握手;多人在一起时要避免交叉握手。

(2)握手顺序。男女之间,男方要等女方先伸手后才能握手,如女方不伸手且无握手之意,男士可点头或鞠躬致意;宾主之间,主人应先向客人伸手,以表示欢迎;长辈与晚辈之间,晚辈要等长辈先伸手;上下级之间,下级要等上级先伸手以示尊重。

(3)握手时间。握手时间的长短可根据握手双方的关系亲密程度灵活掌握。初次见面一般不应超过三秒钟,老朋友或关系亲近的人则可以边握手边问候。

(4)握手力度。握手力度以不握疼对方的手为最大限度。在一般情况下,握手不必用力,握一下即可。男士与女士握手不能握得太紧,西方人往往只握一下女士的手指部分,但老朋友可例外。

导游人员在与游客初次见面时,可以握手表示欢迎,但只握一下即可,不必用力。对年龄或身份较高的游客,导游人员应身体稍微前倾或向前跨出一小步双手握住对方的手以示尊重和欢迎。在机场或车站与游客告别时,导游人员和游客之间已建立起较深厚的友谊,握手时可适当紧握对方的手并微笑着说些祝愿的话语。对于给予过导游人员大力支持和充分理解的海外游客及友好人士等更可加大握手力度,延长握手时间,或双手紧握并说些祝福感谢的话语以表示相互之间的深厚情谊。

(2)手指语。

手指语是一种较为复杂的伴随语言,是通过手指的各种动作来传递不同信息的手势语。由于文化传统和生活习俗的差异,在不同的国家、不同的民族中,手指动作的语义也有较大区别,导游人员在接待工作中要根据游客所在国和民族的特点选用恰当的手指语,以免引起误会和尴尬。譬如,竖起大拇指,在世界上许多国家包括中国都表示"好",用来称赞对方高明、了不起、干得好,但在有些国家还有另外的意思。在韩国表示"首领""部长""队长"或"自己的父亲",在日本表示"最高""男人"或"您的父亲",在美国、墨西哥、澳大利亚等国则表示"祈祷幸运",在希腊表示叫对方"滚开",在法国、英国、新西兰等国人们做此手势是请求"搭车"。伸出食指,在新加坡表示"最重要",在缅甸表示"拜托""请求",在美国表示"让对方稍等",而在澳大利亚则是"请再来一杯啤酒"的意思。伸出中指,在墨西哥表示"不满",在法国表示"下流的行为",在澳大利亚表示"侮辱",在美国和新加坡则是"被激怒和极度的不愉快"的意思;伸出小指,在韩国表示"女朋友""妻子",在菲律宾表示"小个子",在日本表示"恋人""女人",在印度和缅甸表示"要去厕所",在美国和尼日利亚则是"打赌"的意思。伸出食指往下弯曲,在中国表示数字"九",在墨西哥表示"钱",在日本表示"偷窃",在东南亚一带则是"死亡"的意思。伸出食指和中指构成英语"Victory"(胜利)的第一个字母"V",西方人常用此手势来预祝或庆贺胜利,但应注意把手心对着观众,如把手背对着观众做这一手势,则被视为下流的动作。

在导游服务中,导游人员要特别注意不能用手指指点游客,这在西方国家是很不礼貌的动作,譬如导游人员在清点人数时用食指来点数,就会引起游客的反感。

(3)讲解时的手势。

在导游讲解中,手势不仅能强调或解释讲解的内容,而且还能生动地表达口头语言所无法表达的内容,使导游讲解生动形象。导游讲解中的手势有以下三种:

(1)情意手势。情意手势是用来表达导游讲解情感的一种手势。譬如,在讲到"我们湖北的社会主义现代化建设一定会取得成功"时,导游人员用握拳的手有力地挥动一下,既可渲染气氛,也有助于情感的表达。

(2)指示手势。指示手势是用来指示具体对象的一种手势。譬如,导游人员讲到黄鹤楼一楼楹联"爽气西来,云雾扫开天地撼;大江东去,波涛洗尽古今愁"时,可用指示手势来一字一字说明。

(3)象形手势。象形手势是用来模拟物体或景物形状的一种手势。譬如,当讲到"有这么大的鱼"时,可用两手食指比一比;当讲到"五公斤重的西瓜"时,可用手比成一个球形状;当讲到"四川有座峨眉山,离天只有三尺三;湖北有座黄鹤楼,半截插在云里头"时,也可用手的模拟动作来形容。

导游讲解时,在什么情况下用何手势,都应视讲解的内容而定。在手势的运用上必须注意:一要简洁易懂;二要协调合拍;三要富有变化;四要节制使用;五要避免使用游客忌讳的手势。

四、导游交际语言常用技巧

(一)称谓的语言技巧

1.称呼语的类型

一般情况下,经常对游客使用下面三种类型的称谓。

(1)交际关系型。

交际关系型的称谓语主要是强调导游人员与游客在导游交际中的角色关系。如"各位游客""诸位游客""各位团友""各位来宾""各位嘉宾"等。这类称谓语角色定位准确,宾主关系明确,既公事公办,又大方平和,特别是其中的"游客"的称呼是导游词中使用频率比较高的一种称谓形式。

(2)套用尊称型。

套用尊称是在各种场合都比较适用,对各个阶层、各种身份也都比较适宜的社交通称。如"女士们、先生们""各位女士、各位先生"等。这类称谓语尊称意味浓厚,适应范围广泛,回旋余地较大,在导游词中也常常使用。

(3)亲密关系型。

亲密关系型的称谓语多用于比较密切的人际关系之间。如"各位朋友""朋友们"等。这类称谓语热情友好,亲和力强,注重强化平等亲密的交际关系,易于消除游客的陌生感,在导游词中也比较常用。

2.称呼语运用原则

(1)得体原则。

得体,就是要根据不同游客的身份、不同导游交际场合的特定氛围使用恰当的称谓。称谓可以视游客的具体情况而加以灵活变化。如果游客属于一个中学生团体,可以直接称呼"同学们";如果是一个教师旅游团,就可以称呼"老师们";还有"教授们""警官同志们""亲爱的同乡们"(与导游人员是同乡)等。另外还可以根据特定的导游交际场合使用恰如其分的称谓。如果是导游人员对全体游客的场合,其称呼的使用可以正式一些,可以使用上述各种称谓语;如果导游人员与游客熟悉以后,在一对一或一对多的场合或者在交际气氛十分活跃的时候,那么就可以使用比较随便、随和一点的称谓语。

(2)尊重原则。

不论对什么文化背景、什么类型的游客,不论在正式场合还是在非正式场合,不论导游人员所使用的称谓语是比较正式一些的还是比较随便一些的,都必须充分体现对游客足够的尊重,如果把握不好这个分寸,就会导致交际的失败。

(3)通用原则。

一般情况下,导游交际中的称谓语要注意多使用那些适应范围比较广泛、适应对象比较灵活的称谓语。这类称谓语弹性较大,游刃有余,使导游交际具有更大的回旋余地。如果遇到一些比较特殊的游客,比如对那些不太喜欢在对他们的称谓中涉及其年龄、性别甚至职业的游客,导游人员就更要讲究使用一些具有中性特征的称谓语,如"游客们""朋友们""各位嘉宾"等。

(二)交谈的语言技巧

聊天是交谈的主要形式,是人们交往中最基本、最常见的现象。导游人员在与游客聊天时主要是从对方感兴趣的或对方关心的话题切入。

(三)劝服的语言技巧

1.诱导式劝服

诱导式劝服是指循循善诱,通过有意识、有步骤的引导,澄清事实,讲清利弊得失,使游客逐渐信服。诱导式劝服的方式:一是要态度诚恳,使游客感到导游人员是站在游客的立场上帮助他们考虑问题;二是要善于引导,巧妙地使用语言分析其利弊得失,使游客感到上策不行取其次也是不错的选择。

2.迂回式劝服

迂回式劝服是指不对游客进行正面、直接的说服,而采用间接或旁敲侧击的方式进行劝说,即通常所说的"兜圈子"。

3.暗示式劝服

暗示式劝服是指导游人员不明确表示自己的意思,而采用含蓄的语言或示意的举动使人领悟劝说。

劝服应注意以下四点:

(1)全面了解信息,越透彻越能指点迷津。

(2)讲明道理,以理服人。

(3)态度和顺、谦虚。

(4)不同对象采用不同的表达方式。

(四)提醒的语言技巧

提醒主要是带有间接批评性的说服。直接批评游客会显得不礼貌,而间接地提醒则会取得良好的说服效果。常用的有敬语式提醒、协商式提醒和幽默式提醒三种方法。例如,一位导游人员带团登山,发现团里有些游客随手将垃圾扔下山去。导游人员看在眼里,急在心里,因为不便直接指责,于是导游人员建议大家休息。大家坐定以后,导游人员说:"大家辛苦了,有的朋友恐怕把所有的力气都用在这一次的爬山中了。不过有的人比我们更辛苦。前几天,我带一个新加坡旅游团爬山,他们一路爬山,还一路拣拾垃圾,结果爬到山顶,每一个人的背包都重了一些,一个个累得气喘吁吁。他们觉得自己也是炎黄子孙,也应该为中国的环境保护出一点力气。现在,大家的环境保护意识越来越强,旅途中的每个人不仅都能够妥善地处理好自己的垃圾,而且还能够自觉地清理一些周围的垃圾。"导游人员在这里主要运用了提醒的方法,间接批评了乱扔垃圾的做法,提醒大家注意加强环境保护意识。此外这种提醒是从一个故事引出的,所以显得比较柔和妥帖,巧妙地达到了说服的目的。其实说服的方法还有很多,只是在导游交际过程中经常使用的是这几种说服方法。其他的说服方法导游人员可以根据导游过程的具体情况斟酌使用。

提醒时应注意以下两点:

(1)一切为了旅游者的安全考虑。

(2)要幽默、委婉,不采用命令式。

(五)回绝的语言技巧

1.柔和式回绝

柔和式回绝是指导游人员采用温和的语言进行推托的回绝。在拒绝之前先表示同情、理解甚至同意,而后再巧妙拒绝,使拒绝之辞委婉而含蓄。例如,在故宫博物院,一批美国客人纷纷向导游提出摄像、拍照的请求,导游人员诚恳地说:"从感情上讲,我非常愿意帮助大家;但在严格的规章制度面前,我又实在无能为力。"虽然是拒绝,但游客在心理上还是容易接受的。

2.迂回式回绝

迂回式回绝是指导游人员对游客的发问或要求不正面表示意见,而是绕过问题从侧面予以回应或回绝。对于一些碍于情面不适合当面拒绝的要求,不必马上说"不",可以采取转移话题、答非所问、寻找借口等方式暂时把对方的焦点转移开,从而达到间接拒绝的目的。

3.引申式回绝

引申式回绝是指导游人员根据游客话语中的某些词语加以引申而产生新意的回绝方式。

4.诱导式回绝

诱导式回绝是指导游人员针对游客提出的问题进行逐层剖析,引导游客对自己的问题进行自我否定的回绝方式。

回绝时应注意以下两点:

(1)对游客的额外要求,不要一味拒绝。

(2)掌握好拒绝语言基本心理准则——不使游客产生紧张感。

案例分析

导游人员拒绝游客的语言技巧

例一 某旅行团正按预定的日程和线路观光游览,有位客人因为去过其中的某个景点,途中要求导游人员改变旅行线路。按照规定,旅行线路事先已经定好,中途是不能随意改变的。面对这位游客的要求,导游人员小张采用的就是直接拒绝法。他说:"您去过这个景点,想换个新景点游览的心情我非常理解,可旅游线路是事先规定好的,我也无权更改,您的这个愿望我这次无法帮您实现,真的很抱歉!"

分析:

这位导游人员在直接拒绝游客时,没有使用一个"不"字,可拒绝的意思表达得十分清楚,道理也在拒绝中表明了,加上导游人员在拒绝时始终微笑,且语调柔和亲切,游客也就不再提改变线路的事了。

例二 小李幼师毕业后,又经过自己的努力取得了"国导"任职资格,就职于某地康辉旅行社。她是一位能歌善舞的漂亮女孩,又会讲一口纯正的普通话,在带团的过程中凭着她过硬的业务知识和周到的服务赢得了游客的赞赏,在旅行社里她也是一名业务骨干。有一次,在带团行车过程中,为了增加游客的兴致,小李像往常一样给游客唱歌,她的歌声动听悦耳,赢来了游客阵阵掌声。在带团结束后,一位老板模样的游客笑眯眯地对小李说:"李小姐,你的歌声太美了,在临别之前,我希望你再为我唱一首,好吗?"小李说:"谢谢您的夸奖,既然您这么爱听我的歌,在离别前,我就用歌声来感谢各位朋友对我工作的支持。"小李唱毕,这位老板模样的游客从口袋里掏出几张百元钞票走到她面前,说:"小姐,谢谢你为我唱歌!这几百元钱就算我给你的小费吧。"小李说:"先生,我的歌声是献给包括您在内的所有在场的朋友。导游人员不同歌厅小姐,是不收小费的!您的心意我领了,谢谢!朋友们,能为你们服务我感到非常高兴,我们有幸这次相逢,相信将来有缘再次相会,最后祝大家一路顺风!谢谢!"老板模样的游客收起钱后微笑地说:"李小姐,我去过很多地方,你是我见到的导游中最出色的一个！下次再到贵地来一定还请你做我的导游。"

分析：

小李先侧面否定了游客的话意，然后又作了委婉拒绝的补充，让游客明白导游人员与歌厅小姐的工作性质是不同的。小李在谢绝游客时，态度和蔼可亲，语言委婉温和得体，这次谢绝使小李在游客中的形象更完美了。

例三　一批商人旅行团参观玉石加工厂，看着眼前玉色莹洁、玉质细腻、雕琢精致的工艺品赞叹不已，爱不释手。其中一位游客不断地向车间工人打听研磨玉石的方法，可是谁都不愿告诉他。最后这位游客只好询问导游人员，导游人员神秘地向四周环视一圈，再故作肯定地对这位游客小声说："不要说我不知道，这个车间的所有工人都不知道。"那位游客先是一愣，接着很快领悟了导游人员的言外之意，"是啊，这是商业机密。"他嘴里小声说了句什么，就不再打听了。

分析：

当游客向导游员提出某种要求，而导游员不能答应又无法讲明原因时，为了不使游客难堪，用微笑、摇头、摆手这种态势语拒绝是最好的选择。

例四　一位男游客在九华山游玩了一天，入住宾馆前，很诡秘地招呼导游人员小叶，希望小叶晚上帮他找个小姐，说是在九华山过夜，晚上一定很寂寞很无聊，找个小姐陪他说说话就不会寂寞了。这个要求小叶当然要拒绝，但又不能严词拒绝，小叶微笑着对这位游客说："先生，您到九华山来观光游览，说明您和九华山的'佛'很有缘，您是第一次来九华山吧，在这短短的两天时间里，九华山的'佛'光时时照耀着您！您就把这两天宝贵的时间留给'佛'，好吗？"这种暗示性拒绝让游客顿然醒悟，他一脸的羞愧，忙对小叶说："对不起，我已经冒犯了菩萨，明天一定给菩萨多磕头多烧香，求菩萨赎罪。"

分析：

小叶就是利用九华山上的"佛"来暗示游客，在这座佛教名山游览观光，游客与"佛"结缘了，心灵应该得到净化。游客在导游的暗示中消除了杂念。导游人员采用这种暗示性拒绝，让游客去思、去想，最终明白自己所提的要求是错误的。

例五　小王是一位年轻漂亮的女导游人员，在为游客提供了一天的导游讲解服务后，给游客留下了非常美好的印象，在返回宾馆下车时，一位男游客当着许多游客的面向这位漂亮的"王导"发出邀请："王小姐，晚上我请你去舞厅跳舞好吗？"话一出口，所有游客的眼光"刷"地一下全投向小王。小王看看这位表情有些猥琐的男游客，什么话也没说，微微一笑，面带歉意地摇摇头、摆摆手，然后回头招呼别的游客去了，男游客见状也只好作罢。

分析：

导游带团有时会碰到个别行为不端的好色之徒，他们以旅游为名，在外寻花问柳，追求刺激。有时，他会向导游人员提出要求，希望导游人员帮助他实现那些不合情、不合理、不合法的愿望，这时候导游人员可以用暗示法，消除游客的杂念，使游客自动放弃提出的要求，以达到拒绝的目的。

总之，导游人员在导游服务中，为了保证大多数游客的合法权益和旅游企业的正当利益，为了树立良好的导游形象，对游客提出的不合情理、不合法的要求，该拒绝时还是要拒绝。导游人员在拒绝游客时只要态度诚恳、道理过硬、方法正确，有时候给游客以适当的补偿，游客是不会因为在旅游过程中遭到导游人员的拒绝而去投诉导游人员"服务不周"的。

（资料来源：http://home.51.com/liumangiitashou/diary/item/10045929.html.）

(六)道歉的语言技巧

道歉主要有微笑式道歉、迂回式道歉、自责式道歉三种类型。

1. 微笑式道歉

微笑是无声传递的信息,运用微笑并不是奴颜婢膝,而是一个人涵养的外化。

2. 迂回式道歉

导游人员不便直接、公开向游客道歉时,采用其他的方式求得游客的谅解。例如,旅游团下榻宾馆就早餐问题向导游表示不满,并提出要求换住其他的宾馆,导游人员与宾馆商量后,增加了早餐种类,得到了客人的谅解。

3. 自责式道歉

旅游供给服务存在缺陷,导游要代人受过,勇于自责,以此来缓和游客不满情绪。

运用道歉语言时要注意以下三点:

(1)道歉必须诚恳。

(2)道歉必须及时,即知错必改,而弥补是道歉的行动表现。

(3)道歉要把握分寸,不要因为旅游者的某些不快就道歉,也不要无休止地道歉。

📖 **资料链接**

导游人员如何致歉

著名人文学家葛剑雄先生在讲述欧洲的旅游服务时说,欧洲旅行社导游人员的服务始终彬彬有礼,导游解说后总不忘问一声大家:"还有什么问题提问的,我愿为大家解答。"在英国莎翁故居,他在导游人员最后话音刚落时便向她提出了对莎翁故居陈设物与莎翁生活时代有差别的疑问,这位导游小姐微笑着告诉他,这对一般观众介绍已经足够了。导游小姐的这种真诚的歉意让人很可以理解。在这个案例中,这位导游小姐的一句"这对一般观众介绍已经足够"的解释,既有歉意,又有赞美,很能引起问话人的好感。这说明,虽然导游工作还有不尽如人意的地方,但是只要导游人员的解释充满歉意,就能够让游客理解,就能取得良好的交际效果。

(资料来源:吴伟余.对游客一视同仁[N].旅游时报,2001-04-29.)

任务二 导游讲解技能

"导游"在为游客提供讲解服务时,应根据导游讲解的基本原则,针对游客的不同需求,应用多种讲解方法,为游客提供满意的讲解服务。

一、导游讲解的原则

导游人员在讲解时总会想尽一切办法使自己的讲解有特色,并能符合游客的需要,然而各种方法和技巧都有着内在的基本规律,导游人员在讲解时必须遵循以下四个原则。

(一)客观性原则

所谓客观性,是指独立于人的意识之外,又能为人的意识所反映的客观存在。例如,如何客观地评价鄂西生态文化旅游圈的旅游资源状况,如何客观地评价襄阳的旅游资源状况。

(二)针对性原则

针对性就是从对象的实际情况出发,因人而异,有的放矢。例如,如何有针对性的讲解古隆中。

(三)计划性原则

计划性是指导游讲解的科学性和目的性。计划性要求导游人员在特定的工作对象和时空条件下,必须发挥自己的主观能动性,科学地安排游客的旅游日程,有计划、有目的地运用科学的导游方法和技巧,进行导游讲解。计划性讲解主要包含讲解内容的计划性和浏览线路的计划性两个方面的内容。

1. 讲解内容的计划性

例如,在讲解古隆中风景区的武侯祠时,可就我国各地武侯祠的不同,对古隆中景区的武侯祠进行针对性讲解。

武侯祠是纪念中国古代三国时期蜀汉丞相诸葛亮的祠堂。诸葛亮生前曾被封为“武乡侯”(乡侯为汉时爵位,自下而上分别是亭侯、乡侯、县侯,关羽曾被授封寿亭侯),死后又被蜀汉后主刘禅追谥为“忠武侯”,因此历史上尊称其祠庙为“武侯祠”。

目前,我国有多处武侯祠,如襄阳古隆中武侯祠、勉县武侯祠、成都武侯祠、南阳武侯祠、重庆奉节白帝城武侯祠、云南保山武侯祠、甘肃礼县祁山武侯祠等。

各地武侯祠都有自己的特色,导游应该根据古隆中武侯祠的特点来进行讲解。

📖 资料链接

武当山金顶

天柱峰海拔有 1612 米,素称“一柱擎天”。站在这里,可以清楚地看到“七十二峰朝大顶”的壮观景象。而天柱峰之巅的这座金碧辉煌的殿堂就是金殿了。金殿是我国最大的铜铸镏金大殿,修建于永乐十四年(1416 年)。整个金殿没用一根钉子,全是铸好各个部件后运上山搭建而成,卯合得非常严密,看起来好像是浑然一体的。大家看,这边的长明灯相传是从来不灭的,那么山顶空旷多风,为什么它不会被风吹灭呢?据说是因为有了藻井上的这颗“避风仙珠”的缘故。相传这颗仙珠能镇住山风,使风不能吹进殿内,从而保证了神灯的长明。其实神灯长明真正的原因是因为殿门的各个铸件都非常严密精确,可以改变风吹来的方向,由此可见我国古代劳动人民的智慧和技艺。

(资料来源:http://zhidao.baidu.com/question/125627253.html.)

2. 游览路线的计划性

导游人员在接团前应根据接待计划、旅游团的线路安排及游客的组成等因素,做好接待的讲解计划。计划中应包括景物的特色、重点,观赏的途径、要点,时间的安排及顺序等。

例如颐和园的旅游景点众多,一日游的游览路线可作如下安排:

(1)从东宫门入园。

①1 小时路线:东宫门—仁寿殿—德和园—玉澜堂—宜芸馆—乐寿堂—邀月门(游览结束)。

②1.5 小时路线:东宫门—仁寿殿—德和园—玉澜堂—宜芸馆—乐寿堂—邀月门—长廊—昆明湖畔—排云门(游览结束)。

③2 小时路线:东宫门—仁寿殿—德和园—玉澜堂—宜芸馆—乐寿堂—邀月门—长廊—

昆明湖畔—排云殿—佛香阁—苏州街桥(游览结束)。

④一天路线:东宫门—仁寿殿—德和园—谐趣园—万寿山—澹宁堂—苏州街—四大部洲—香岩宗印之阁—智慧海—佛香阁—排云殿—长廊—石舫—西堤—耕织图景区—绣漪桥—廓如亭—十七孔桥—南湖岛—乘船游览昆明湖—排云殿码头—长廊—乐寿堂—宜芸馆—玉澜堂—知春亭—文昌院(游览结束)。

(2)从北宫门入园。

①2小时路线:北宫门—苏州街—石舫—长廊—排云殿—佛香阁—乐寿堂—德和园—文昌院—仁寿殿—东宫门(游览结束)。

②2.5小时路线:北宫门—苏州街—澹宁堂—谐趣园—仁寿殿—德和园—玉澜堂、宜芸馆—文昌院—乐寿堂—长廊—排云殿—佛香阁—石舫—耕织图景区—如意门(游览结束)。

③3小时路线:北宫门—苏州街—四大部洲—佛香阁—排云殿—长廊—石舫—乘船至南湖岛—十七孔桥—铜牛—昆明湖东堤—文昌院—玉澜堂—宜芸馆—乐寿堂—德和园—仁寿殿—东宫门(游览结束)。

(四)灵活性原则

灵活性是指导游人员的讲解要因人、因时、因地而异。导游讲解的内容应可深可浅、可长可短、可断可续,一切需视具体的情况而定,切忌千篇一律、墨守成规。导游的讲解贵在灵活、妙在变化。由于游客的审美情趣各不相同,各旅游景点的美学特征也千差万别,大自然又变化万千、阴晴不定,游览时的气氛、游客的情绪也在随时变化。因此,即使游览同一景点,导游人员也应根据季节的变化,时间、对象的不同,采用切合实际的讲解方式。

例如,雨中游览武当山时导游人员的不同讲解会带来不同的效果。导游人员如果说"下雨天,什么景色也看不清"时,就会大大影响游客的心境;导游人员如果换一种导游词,如"淅淅沥沥的雨声犹如美妙的音乐,珍珠般的雨珠在我们脚下溅起一朵朵美丽的浪花,若隐若现的群山虚无缥缈,我们犹如在人间仙境中游览",那么效果也会很不错。

二、导游讲解的艺术

(一)讲解站位

导游人员在讲解中,站位是十分讲究的。讲解站位一方面是指导游人员面对游客的站位,另一方面是指导游人员带领游客面对景点的站位。这两种站位,都应力求使讲解收到更好的效果。

1.面对游客,选择站位

(1)面对而立。

(2)半圆形。

(3)侧立。

(4)避免使游客站在导游人员背后。

(5)站在游客背后。

2.面对景点,选择站位

(1)最佳位置,包括距离、角度。

(2)远离人群。

(3)远离通道。

例如讲解古代建筑物时,导游人员站在大殿对面五米远的距离讲解,就比直接站在大殿屋檐下效果要好得多。同时,讲解站位还应该考虑到不要站在交通要道、大门口等游人流动密集的地方,以免遭受干扰。

(二)编织故事

编织故事的能力是导游人员讲解技能中非常重要的一项内容。导游人员在带团中,不可能不讲故事,但故事讲得是否能吸引游客,关键在于导游人员编织故事的技巧。编织故事应善于运用设置悬念的手法,注意其内在的逻辑关系,还要注意不要采用那些可能会引起游客误会甚至反感的情节。

(三)点到为止

导游人员在讲解中要善于把握尺度,没有必要在景点讲解中事无巨细、面面俱到,有些问题要点到为止,要给游客留下更充分的二度创作的空间。此方法的优点在于节省讲解时间,给游客留有更进一步观察及留影的时间。例如在"古隆中十景"的讲解过程中就可以采用此方法。

(四)巧妙切入

导游人员在游览途中做专题讲解时,应使每一个话题的开启顺理成章,要巧妙地切入话题。切入话题的关键是要自然。例如,利用沿途景物切入,以路边的庄稼为由头,就可以展开讲解,向游客介绍当地的农作物,再进一步引申到当地的饮食风俗。这样,很自然、很轻松地就切入到饮食风俗的专题。同时,利用路牌切入,看到"西河头地道战遗址"的广告牌,可以切入战争、电影、歌曲等话题。

三、导游讲解常用的方法

(一)分段讲解法

分段讲解法就是将一处大景点分为前后衔接的若干部分来讲解。例如游览古隆中时,可先向游客介绍古隆中的历史及特色,然后再进行分段讲解:以石牌坊、小虹桥、抱膝亭、六角井为一单元,作为古隆中景点讲解的前奏;以诸葛草庐、武侯祠、三顾堂为一单元,作为重点讲解区;以娘娘殿为一单元,作为独立的专题性讲解区……游客边游边听,因讲解层次分明又内容丰富,定会心旷神怡,得到美的享受。

(二)突出重点法

突出重点法就是在导游讲解时避免面面俱到,而突出某个方面的讲解方法。

1.突出景点中具有代表性的景观

例如古隆中讲解,重点应放在石牌坊、武侯祠、三顾堂和诸葛草庐。如果把这些标志性的景观讲解好了,讲解透彻了,就可以使游客对古隆中的整体文化底蕴有个基本的了解。

资料链接

黄鹤楼主楼讲解

黄鹤楼建筑群由主楼、配亭、轩廊、牌坊等组成,分布在三层平台上,沿中心轴线逐层升高。第一层平台是黄鹤楼公园的西大门,中央是胜象宝塔。第二层平台上的牌坊,就是我刚刚提到过的"三楚一楼"牌坊,两侧是曲廊和南北配亭。我们可以看到,在两亭间这个巨石上,是一组黄鹤归来的铜雕。一只伫立远望，一只低头觅食，站在灵龟巨蛇之上，寓意黄鹤回到龟蛇对峙之地。第三层平台的中央耸立着黄鹤楼，飞檐有五层，里面其实有九层，是取长长久久或者说是天长地久的意思。全楼各层布置有大型壁画、楹联和文物等。

（资料来源：http://zhidao.baidu.com/question/91228674.html.）

2. 突出景点的特征及与众不同之处

例如古隆中武侯祠的讲解，就应面对不同的景点，采用突出其自身特点的讲解方法，以使游客感觉到虽然都是武侯祠，但确实是各有千秋。

3. 突出游客感兴趣的内容

不同游客对同一景点的观赏有不同的感受，同一游客在不同心境下、不同时段观赏的感受也不相同。

导游讲解应具有很强的引导性，但却绝不是漫无边际、风马牛不相及的引导。导游讲解应因人而异，不能僵化、不能以不变应万变，应针对游客不同的兴趣，组织不同的讲解内容，运用不同的导游方法。应注意研究游客的职业和文化层次，重点讲解旅游团内大多数成员感兴趣的内容。把握游客的心理变化和表情特点，及时调节讲解的重点，满足游客的需求。

（1）对消遣性游客，可侧重讲其中发生的典故。如黄鹤楼，导游人员除一般介绍黄鹤楼的概况外，还可以结合黄鹤楼的典故来讲。

📖 资料链接

黄鹤楼名字的来历

至于黄鹤楼名字的由来，有因仙得名和因山得名两种说法。

很久以前，有位姓辛的人在黄鹤山头卖酒度日。有一天，有位衣衫褴褛的老道蹒跚而来，向他讨酒喝。辛氏的生意虽然本小利微，但是他为人忠厚善良、乐善好施，看见老道很可怜，就慷慨地答应了。酒足饭饱以后，老道非常感谢辛氏。以后老道每日必来，而辛氏则有求必应。不知不觉一年过去了。有一天，老道又来到酒店，辛氏一见，急忙准备酒菜款待老道，老道拦住说："今天我不喝酒，我是来向你告别的。"又说："每日饮酒，无以为谢，就给你的酒店画一幅画作纪念吧！"说完，老道拾起地上的橘子皮，在墙上画起来，不一会就画好了一只鹤，由于橘子皮是黄色的，所以这只鹤也是黄色的。画完以后，老道对辛氏说："只要你拍手相招，黄鹤便会下来，为酒客跳舞助兴。"辛氏一听，非常高兴，看老道画好的鹤，栩栩如生，非常漂亮。他转身要向老道表示谢意，感谢老道给他的酒店画了这么好的一幅画，可是老道已不知去向。第二天酒店来了客人，辛氏想起了老道的话，拍手一试，黄鹤竟然真的一跃而下，引颈高鸣，翩翩起舞，舞毕又跳回到墙上。客人看着非常惊奇。消息传开后，吸引了武汉三镇的老百姓和远近的游人，都来店中看黄鹤起舞。从此酒店生意兴隆，辛氏也因此发了财。十年后的一天，老道又出现在酒店，问辛氏说："不知十年来你所赚的钱，还清了我的酒债没有？"辛氏急忙说："非常感谢，我现在很富有。"老道一听哈哈大笑，并取下身上所带的铁笛，对着墙上的黄鹤吹了一首奇妙的曲子，黄鹤闻声而下，随着笛声唱歌跳舞。一曲吹完，只见老道跨上黄鹤飞走了。从此以后老道再也没有回来。辛氏为了纪念老道和他的黄鹤，于是将多年的积蓄拿出来，在酒店旁盖起了一座高楼，起名黄鹤楼。千百年来，这个故事在我国广为传播，成为黄鹤楼因仙得名最有影响的传说。

但是经过考证，黄鹤楼因山得名的真实性是最大的。黄鹤楼所在的蛇山，是由东西排列而首尾相连的七座山组成，从西而东依次有黄鹤山、殷家山等，全长两千多米，好像一条伏蛇，所以有蛇山这个名字。黄鹤楼建在其中的黄鹤山山顶。古汉语中，鹄和鹤两个字是通用的，所以又叫黄鹄山。黄鹄山上的楼阁也就取名为黄鹤楼了。

（资料来源：http://zhidao.baidu.com/question/91228674.html.）

（2）对专家，应侧重讲解古隆中的价值、地位、作用和文学性等。如在讲解石牌坊时，应重点讲解诸葛亮的古训"淡泊明志，宁静致远"，杜甫的诗句"三顾频烦天下计，两朝开济老臣心""伯仲之间见伊吕，指挥若定失萧曹"和"三代下一人"。

4. 突出"之最"

例如，北京故宫是世界上规模最大的宫殿建筑群，长城是世界上最伟大的古代人类建筑工程，应县木塔是中国和世界上现存最高、年代最久的木塔，运城关帝庙是中国最正宗的、最大的关帝庙，襄阳护城河是全国最宽的人工护城河。如果"之最"算不上，第二、第三等也是值得一提的。又如，五台山显通寺是中国第二座佛教寺庙，云冈石窟为中国四大石窟之一……这样的导游讲解突出了景点的价值，定会激发游客的游兴，给他们留下深刻的印象。

（三）触景生情法

触景生情法是导游讲解中见物生情、借题发挥的一种导游方法，即导游讲解的内容要与所见景物和谐统一，使其情景交融。但触景生情法要运用得当，讲解要自然生动，不牵强附会、生拉硬扯；发挥要得体，不可出格，不能为了追求幽默感和生动性而放弃准确性。

资料链接

触景生情在长城讲解中的应用

当旅游者登上长城，举目远眺，对长城的雄伟壮观叹为观止时，导游人员抒发情感。

古代人民修建长城时劳动工具十分简陋，没有现代化的机械设备，全凭肩挑手抬。正是凭借劳动人民的勇敢、勤劳、智慧，万里长城才得以建成，并延续使用了2000多年，保障了中原农耕文明的发展，促进了中华民族的繁荣昌盛。有这样的劳动人民，中华民族一定能在建设自己国家的事业中创造出新的奇迹来。

（资料来源：http://zhidao.baidu.com/question/160289016.html? si=1.）

（四）制造悬念法

导游人员在导游讲解时提出令人感兴趣的话题，但故意引而不发，激起游客急于知道答案的欲望，这种方法即为制造悬念法，俗称"吊胃口""卖关子"。

例如，在游览古隆中武侯祠时，导游可以请大家回忆影视作品中诸葛亮的着装，然后问游客，为什么诸葛亮通常都是身披八卦衣、手握羽毛扇呢？请先游武侯祠，等游完武侯祠答案自然就知道了。于是这个悬念就一直牵着游客的思绪，引起游客的兴趣。等到游客游览完娘娘殿时，导游再适时揭开谜底，讲述诸葛亮的妻子黄月英的传说，使游客恍然大悟。这样巧妙安排、环环相扣，一般情况下会使人听得津津有味。

资料链接

诸葛亮的两件宝物

传说诸葛亮的八卦衣是因他勤奋好学，他的师母送给他的。当年诸葛亮在水镜庄门下学习读书的时候，因太爱学习，常常觉得学习时间不充足（因为水镜先生是以鸡叫作为上下课的标准，鸡叫就上课，鸡再叫就下课），因此总是觉得苦恼。有一天他想到了一个好办法，他把鸡喂得饱饱的，那么鸡就不叫了，因此他有了更多的时间用来学习。日子久了，水镜先生发觉了,非常生气,他扬言要把诸葛亮赶下山去。多亏师母求情,诸葛亮才得以留下来继教学习。可是没有书本怎么办? 这时候师母就送了这件八卦衣给他,八卦衣内兵法遍布,诸葛亮可以时时查阅,温故而知新。诸葛亮在日后的战役中,智计百出,恐怕还有这件八卦衣的功劳。

羽毛扇是他的妻子黄月英送给他的定情信物,相传每片羽毛上都有黄月英细心雕刻的兵法,诸葛亮日夜扇不离手,足以看出他对妻子的情意之重。

(资料来源:http:I/www.31931.cn/html-63351-1.html.)

(五)要素法

要素法就是在讲解时向旅游者讲清楚所参观景点的欣赏要点,使游客对欣赏对象有全面、正确的了解。一般情况下要讲清以下七大要素:

(1)历史背景:即景点产生年代(朝代)的政治、经济、文化等历史背景。

(2)景点功能:即景点产生的原因,是纪念名人、祭祀天地(北京天地坛),还是军事防御(襄阳古城墙、襄阳护城河、长城、平遥古城)等。

(3)景点特色:要讲清楚该景观的特点与别的景点的不同之处,如建筑物的布局、结构、彩绘,铸造品的工艺、用材等。

(4)景点地位:即景点、文物在世界上、全国、全省或社会上的地位,是什么等级的文物或保护单位。

(5)景点价值:即景点的文物价值、历史价值、社会价值(经济价值、旅游价值等)、欣赏价值等。

(6)名人评价:即历史名人、世界名人、国家领导人参观后对该景点的评价,用"名人效应"来增强讲解的效果。

(7)有始有终:即要有开场白、有注意事项、有结束语等,讲解要完整。

(六)问答法

问答法就是在导游讲解时,导游人员向游客提问题或启发他们主动提问题的导游方法。通过导游与游客之间的提问和回答来交流互动。

1.自问自答法

导游人员自己提出问题,并作适当停留,让游客猜想。其目的并不是期待游客的回答,而是为了吸引他们的注意力,促使他们思考,激起兴趣,然后作简洁明了的回答或作生动形象的介绍,还可借题发挥,给旅游者留下深刻的印象。

例如,在游览长城时,导游人员可以说:"我们现在已经来到了长城脚下,稍后我们便去爬长城。现在请允许我向大家提三个问题:第一,中国的长城是何时开始修建的? 第二,中国的长城到底有多长? 第三,为什么中国的长城在世界上这么有名气?(略作停顿)看来大家对这三个问题都有所了解,但还不全面,现在就由我来给大家做详细的介绍吧。"

2.我问客答法

导游人员提出问题,要求游客开动脑筋,积极作答,导游人员在游客的答案中引申讲解。其关键在于善于提问,要从实际出发,适当运用。希望游客回答的问题要提得恰当,不致游客一无所知、一头雾水,同时也要估计到可能出现的不同答案,能事先准备对不同的答案作出评价。导游人员要诱导游客回答,调动其积极性,但不要强迫他们回答,以免使游客感到尴尬或产生心理压力。游客的回答不论对错,导游人员都不应打断,更不能笑话,而要给予鼓励和引导。最后由导游人员引申讲解,并带出更多、更广的话题。

例如,在讲解园林中的木雕图案时,导游人员可以说:"大家现在看到的蝙蝠、桃子和灵芝图案有什么寓意呢?"(稍作停顿,等待游客的回答,但时间不宜过长)导游接着评价游客的答案并引申讲解:"大家说得很对。蝙蝠因为谐音,在我们的传统文化中象征着福,桃子和灵芝也是吉祥的象征,分别代表着寿和如意。三者合而为一就是福寿如意! 在这里,我也祝大家福寿如意!"

3. 客问我答法

导游人员要善于调动游客的积极性和他们的想象思维,欢迎他们提问题。游客提出问题,证明他们对某一景物产生了兴趣,进入了审美意境。对他们提出的问题,即使是幼稚可笑的,导游人员也绝不能置若罔闻,千万不要笑话他们,更不能显示出不耐烦,而是要善于有选择地将回答和讲解有机地结合起来。不过,对游客的提问,导游人员不要他们问什么就回答什么,一般只回答一些与景点有关的问题,注意不要让游客的提问冲击了讲解主题,打乱了讲解计划。导游人员要学会认真倾听游客的提问,善于思考,掌握游客提问的一般规律,总结出一套相应的"客问我答"的导游技巧,以求满足游客的好奇心理。

4. 客问客答法

导游人员对游客提出的问题并不直截了当地回答,而是有意识地请其他游客来回答问题,亦称"借花献佛法"。导游人员在为"专业团"讲解专业性较强的内容时可运用此法,但前提是必须对游客的专业情况和声望有较深入的了解,并事先打好招呼,切忌安排不当,引起其他游客的不满。如果发现游客回答问题时所讲的内容有偏差或不足之处,导游人员也应见机行事,适当指出,但注意不要使其自尊心受到伤害。此外,这种导游方法不宜多用,以免游客对导游人员的能力产生怀疑和不信任感。

(七)启示联想法

启示联想法是指导游人员引入话题、描述情景,引起游客联想,加深游客对景点的认识,从而作出更深刻的结论的讲解方法。

(八)虚实结合法

虚实结合法就是在导游讲解中将典故、传说与景物介绍有机结合,即编织故事情节的导游手法。虚实结合法中的"实"是指景观的实体、实物、史实、艺术价值等,而"虚"则指与景观有关的民间传说、神话故事、趣闻逸事等。

例如,意大利的导游人员擅长编造典故介绍罗马城何处杀人最多、古庞贝城的大火从哪条街烧起、罗马大屠场的猛兽从哪个门出来的、圣彼德堡教堂如何建造的等。他们眉飞色舞的表情、滔滔不绝的话语,很能令游客信服。比利时的导游人员在讲解时也很善于运用题材。在游客游览比利时南部的滑铁卢时,导游人员讲到了1815年拿破仑和英普联军作战双方兵力布置情况,并说明拿破仑本可获胜,不料天不作美,6月18日这一天下起了滂沱大雨,法军因雨水淋湿炮眼而无法开炮,拿破仑在滑铁卢这里打了败仗(6月22日拿破仑宣布退位并被流放)。这样的导游讲解很能引发游客的凭吊之情。

(九)类比法

类比法就是以熟喻生,达到类比旁通的导游手法。具体地说,就是用游客熟悉的事物与眼前景物比较,便于他们理解,使他们感到亲切,从而达到事半功倍的导游效果。类比法一般分为同类相似类比、同类相异类比和时代类比。

1.同类相似类比

在讲解武侯祠景点时,可以比较讲解成都武侯祠、勉县武侯祠、南阳武侯祠;讲到梁山伯和祝英台或《白蛇传》中许仙和白娘子的故事时,可以将其称为中国的"罗密欧与朱丽叶";将平遥、祁县、太谷誉为中国古时的"华尔街";将运城盐池比作"中国的死海"等。

📖 资料链接

武侯祠

武侯祠是为纪念中国古代三国时期蜀汉丞相诸葛亮而建的。

234 年 8 月,诸葛亮因积劳成疾,病卒于北伐前线的五丈原,时年五十四岁。诸葛亮为蜀汉丞相,生前曾被封为"武乡侯"(乡侯为汉时爵位,自下而上分别是亭侯、乡侯、县侯,关羽曾被授封寿亭侯),死后又被蜀汉后主刘禅追谥为"忠武侯",因此历史上尊称其祠庙为"武侯祠"。全国最早的武侯祠在陕西省汉中的勉县。勉县武侯祠乃天下第一武侯祠。勉县武侯祠建于景耀六年(263 年)春。勉县武侯祠所在地乃诸葛亮当年赴汉中屯军北伐的"行辕相府"故址。

目前最有影响的是成都武侯祠,成都武侯祠为首批全国重点文物保护单位(1961 年),也是首批一级博物馆,每年吸引上百万游客参观游览,享有三国圣地的美誉。此外,还有陕西勉县武侯祠、南阳武侯祠、襄樊古隆中武侯祠、重庆奉节白帝城武侯祠、云南保山武侯祠和甘肃礼县祁山武侯祠等。还有建于唐代前的陕西岐山五丈原诸葛庙,建于明代的武侯宫(湖北蒲圻),建于建安时期的黄陵庙(湖北宜昌)等。浙江兰溪的诸葛镇,因诸葛亮子孙世代群居此地而得名。明万历年间始建丞相祠堂,丞相祠堂有古建筑 52 间,内设诸葛亮灵位。近些年,兰溪丞相祠堂渐负盛名,影响日盛。

(资料来源:http://club.sohu.com/read elite.php? b=zz0118&a=7784833)

2.同类相异类比

例如,在规模上将唐代长安城与东罗马帝国的首都君士坦丁堡相比;在价值上将秦始皇陵地宫宝藏同古埃及第 18 王朝法老图坦卡蒙陵墓的藏宝相比;在宫殿建筑和皇家园林风格与艺术上,将北京故宫和巴黎的凡尔赛宫相比,将颐和园与凡尔赛宫花园相比等。这种类比不仅使游客对中国悠久的历史文化有较深的了解,而且对东西方文化传统的差异有进一步的认识。

3.时代类比

例如,在游览故宫时,导游人员若说故宫建成于明永乐十八年,不会有几个外国游客知道这究竟是哪一年,如果说故宫建成于 1420 年,就会给人以历史久远的印象。但如果说在哥伦布发现新大陆前 72 年、莎士比亚诞生前 144 年,中国人就建成了面前的宏伟宫殿建筑群,这不仅便于游客记住中国故宫的修建年代,给他们留下深刻印象,还会使外国游客产生中国人了不起、中华文明历史悠久的感觉。

在游览故宫时,导游人员一般都会讲到康熙皇帝,但游客大都不知道他是哪个时代的中国皇帝,如果导游人员对法国人说康熙与路易十四同一时代,对俄国人说他与彼得大帝同时代,还可加上一句,他们在本国历史上都是很有作为的君主,这样介绍便于游客认识康熙的历史作用,他们也会感到高兴。

(十)讲游结合法

讲游结合就是导游人员的讲解和游客的自我观赏、体会有机结合,灵活运用,使游客既可以从导游的讲解中得到正确的信息,又可以充分、自由地品味其中的妙处。

此方法的运用,关键是把握好"讲"和"游"的分寸,既要进行准确、生动的讲解,又要给旅游者以充足的空间去想象。

(十一)画龙点睛法

用凝练的词句概括所游览景点的独特之处,给游客留下突出印象的导游手法称之为"画龙点睛法"。如旅游团游览云南,导游人员可用"美丽、富饶、古老、神奇"来赞美云南风光。参观南京,可用"古、大、重、绿"四个字来描绘南京风光特色。总结青岛风光特色可用"蓝天、绿树、红瓦、金沙、碧海"五种景观来概括。游览北京的颐和园,游客可能会对中国的园林大加赞赏。这时导游人员可指出,中国古代园林的造园艺术可用"抑、透、添、夹、对、借、障、框、漏"九个字概括,并帮助游客回忆在颐和园中所见到的相应景观。在介绍运城的旅游景点时,导游人员可以用"一神、一圣、一姻缘"来概括永乐宫、关帝庙和普救寺。这种做法定会起到画龙点睛的作用,同时使游客加深了认识。

(十二)创造意境法

创造意境法是指通过导游人员生动的描述讲解,激发游客的想象力,使之进入导游人员安排的特定的意境中的导游方法。这种方法可以把游客与游览的客体——景观直接联系起来,使二者水乳交融,浑然一体,产生比现实更美好的感觉。

任务三　导游带团技能

导游人员在带团的过程中,应通过树立良好的第一印象,激发游客的游兴,保持顺畅的协作,有针对性地为游客提供务,满足游客要求。

一、导游人员带团的特点、原则和模式

(一)导游人员带团的特点

1. 环境的流动性

导游人员经常穿梭于旅行社、车站、机场与景点之间,因此工作环境不是静止的。

2. 接触的短暂性

导游人员为不同旅游团队的游客以及众多的散客服务,为游客服务的时间相对较短,和游客的接触也不深,即使遇上个别爱挑剔的游客也只是相处几天而已。

3. 服务的主动性

导游人员的职责决定了他是旅游团队的聚焦点,是带团过程中的明星人物。导游人员与游客对旅游地所掌握的信息具有不对称性,因而导游人员具有组织、联系、传播的职能。

(二)导游人员带团的原则

1. 游客至上的原则

游客就是上帝,导游人员应有责任感与使命感,工作中要明辨是非曲直,遇事能遵守职业道德并为游客着想。

2. 履行合同原则

导游人员带团要以契约为基础,是否履行旅游合同的内容是评估导游人员是否履行职责

的基本尺度。这一标志涉及两个方面,一是企业内部制定的相关成本、责任等方面的约束;二是合同规定的相关服务内容与等级要求。导游人员要设身处地的为旅行社着想,也要为游客着想。

3.公平对待原则

尊重人是人际关系中的一项基本原则。不管游客是来自境外还是境内,是来自东方国家还是西方国家,也不管游客的肤色、宗教、信仰、消费水平如何,导游人员都应一视同仁地尊重他们。导游人员不应对一些游客表现出偏爱,导游人员的片面行为会造成旅游团队的内部关系紧张,因为每一位游客都为旅游付出了同样多的钱,他们要求得到同等的待遇是合情合理的,导游人员应该尽力把事情办得人人满意,皆大欢喜,除非特殊情况,导游人员应该采取的态度是对每位游客都要友好、礼貌和殷勤。

(三)导游人员带团的模式

导游人员带团的模式是指导游人员在带领旅游团队开展旅游活动过程中所表现出来的一种行为特征。应该强调的是,不同的导游人员具有不同的带团模式和带团风格;同一个导游面对不同的团队和不同的场所,带团模式和风格也应不断变化,以适应游客的需要和工作的开展。

日常工作中,有的导游人员以活泼热情而受游客欢迎;有的以严谨细心而博得游客赞赏;有的以任劳任怨而获游客支持。一般受旅游计划和游客需要两方面的影响,导游人员带团的模式可大体分为自我中心型和游客中心型两种。

1.自我中心型

自我中心型的带团模式是指导游人员带团的主要目标是为了完成旅游活动的既定计划。在这种模式下,导游人员的所有工作都以旅行社与游客预定的旅游计划为核心,尽量不作调整,对有可能影响或破坏计划实施的因素应予以坚决排除。导游人员往往很少答应游客计划外的要求,除非是万不得已。

虽然此种做法可能让部分游客感到旅游的愿望没有全部满足,但由于导游人员注重计划内的服务质量和水平,往往超出游客对服务质量的预期,使游客的情绪和注意力被高度调动起来,从而冲淡了不悦之感,并且大大降低了意外事故发生的可能性。

2.游客中心型

游客中心型的带团模式是指导游人员带团的主要目标是为了尽量满足游客的需要。在这种模式下,导游人员的工作重点是游客而非旅游计划,他们非常关心游客的感受,尽一切可能满足游客各方面的旅游愿望。他们往往根据游客的特点灵活调整自己的导游服务,注重与游客的情感交流,使游客体会到导游人员对自己的关怀,从而获得在精神层面的旅游满足。但由于这种模式容易使游客滋生松懈和依赖心理,往往会提出许多难度过大的要求,从而导致旅游意外事故的产生。

自我中心型和游客中心型并不是对立的,自我中心型的带团模式并不排斥对游客的关怀,游客中心型的带团模式也要求恪守一定的原则。导游人员可根据自己的个性特点和能力水平,融合以上两种带团模式,针对不同的团队进行不同的导游服务。

二、导游人员的主导地位和形象塑造

旅游团队是由素不相识的各种各样的游客构成的临时性和松散性的团体。导游人员在带团过程中应该尽快确立自己在旅游团中的主导地位,这是带好一个旅游团的关键。导游人员只有确立了主导地位并取得了游客的信任才能具有凝聚力、影响力和调控力,才能真正带好旅游团。

（一）确立在旅游团中的主导地位

1. 以诚待人,热情服务

导游服务具有周期性短的特点,带一个团的时间往往几天或十几天,难以"日久见人心"。真诚对待游客是建立良好人际关系的感情基础,导游的真诚热情,才能赢得游客的好感和信赖。

2. 换位思考,宽以待客

换位思考是指导游人员站在游客的角度,以"假如我是游客"的思维方式来理解游客的所想、所愿、所求和所为,从而做到"宽以待客",想方设法满足游客的要求,理解他们的"过错"或苛求。这要求导游站在游客的角度,对其提出的种种要求,平心静气地对待,找出合理成分,尽量满足需求。

3. 树立威信,善于"驾驭"

导游人员是旅游团的主导者,要有驾驭能力,要能主导游客的情绪和意向,努力使游客的行为趋于一致,使一个临时组成的松散的群体成为一个井然有序的旅游团队。

（二）树立良好的导游形象

树立良好形象是指导游人员要在游客心目中确立可信赖、可以帮助他们和有能力带领他们安全、顺利地在旅游目的地进行旅游活动的形象。导游人员在游客心目中树立良好的导游形象,主要还是要靠自己的主观努力和实际行动。

1. 重视"第一印象"

"第一印象"往往会左右游客在以后的旅游活动中的判断和认识。游客初到一地,通常会以审视甚至是挑剔的眼光去打量前来接站的导游,因此导游人员应树立起良好的形象。如:接团前记住游客的姓名;接团时能说出游客的姓名、职业等;导游第一次亮相致欢迎词时,要注意自身的风度语言、语速、语调等。

资料链接

树立良好的第一印象

导游人员小田接了一个40人的美国旅游团。小田决定尽快熟悉和记住游客的名字,缩短与他们的距离,获得他们的信任,因此他在接团前背记了游客的名单。在旅游的第一天,他就能够丝毫不差地叫出很多游客的名字和爱称,大家对此感到十分惊奇,同时也感到十分亲切。有人问他记住这么多人名有什么窍门时,他幽默地回答:"在见到你们之前,我觉得大家的面孔一定非常友好,见面后果然感到似曾相识,所以就有了过目不忘的灵感。"大家听后,都高兴地笑了。

由于小田能够迅速熟悉游客,叫出游客的名字,所以大家对他非常信任和友好,感情交流也很快。游客在参观游览过程中,购买了各种纪念证书,要求小田为其签字,还买了中国图章让小田为其取中国名字,然后刻章。有一位叫 Hill Tail 的老人请小田为其取个中文名字。小田说:"Hill 有山的意思,可以叫'泰山'表示雄伟,但'泰山'在中国的称谓中又有'岳父'的意思,因此起这个名字容易有占人便宜之嫌。"听完小田的解释,老人哈哈大笑,忙让小田叫他

"泰山"。小田也开玩笑说:"那你一定要把女儿嫁给我。'就这样,小田根据游客的特点和要求,用音译和意译的不同方式,为每个人都起了一个中文名字,游客们都十分高兴。

(资料来源:张明清,窦志萍.导游服务案例选[M].昆明:云南大学出版社,2007.)

2.维护良好形象

维护良好形象要贯穿导游服务全过程中。维护形象比树立形象更艰巨、更重要。导游与游客接触的时间较长时,就容易放松对自己的要求,如不修边幅、说口头禅、迟到、承诺不兑现等。良好的第一印象不能一劳永逸,需在以后的工作中维护和保持。导游在服务过程中,应始终自信、豁达、乐观、坦诚、沉着果断、技能娴熟等。

3.留下美好的最终回忆

旅游终结阶段是指游客即将离去,导游人员与游客交往即将结束至离开的这一段时间。这一阶段是游客对旅游期间所接受到的服务进行整体的回顾和综合评价的阶段。游客此刻的心情是复杂的,如果导游人员忽视了这最后的服务环节,就无法给整个服务工作画上一个圆满的句号,也会使游客带着一些遗憾离去。

(1)既兴奋又紧张的心情。兴奋是因为旅游活动结束后,马上要返回家乡,又可见到亲人和朋友,可向他们述说旅游的所见所闻,同他们一道分享旅游的快乐。此时,由于游客情绪兴奋,出发前容易丢三落四、忙中出错,导游人员应设法稳定大家的情绪并做好提醒工作。紧张是由于想急切办完一切事宜,还有相当一部分游客表现出难以适应的心理感受。这时,导游人员应想法放松游客的心情,用旅游的快乐与到家的温馨来引导游客的感觉,把对游客诚挚美好的祝愿说得感人肺腑,让游客带着"服务的余热"踏上新的旅途,使游客产生留恋之情和再次惠顾之意。这样既树立了旅行社良好的社会形象,又扩大了潜在客源,势必会提高旅行社的经济效益。

(2)回顾和评价。如果游客对此次旅游活动和所接受的各方面服务持肯定态度,他们会对当地产生依恋之情,希望有机会重游此地;或因此次旅游的良好印象,体会到旅游活动的极大乐趣,引发出他们再去别的旅游景点旅游的动机。如果游客对此次旅游活动和所接受的各方面服务感到不满,如导游人员态度差、吃不好、住不好、服务质量差等,都会造成游客心理上极大的不快,这种不愉快的经历会长时间地留在游客的记忆里,影响游客及其周围的人对旅游的兴趣。旅游服务终结阶段是旅游企业和导游人员创造完美形象、对游客后续行为施加重要影响的服务阶段。根据近因效应,人们在认知过程中,新近得到的信息比先前得到的信息对事物的认识起更大的影响作用。通俗地说就是在对朋友的长期了解中,最近了解的东西往往占优势,掩盖了对该人的一贯了解。"近因效应"给导游服务的启示是,不能忽视旅游终结阶段的服务质量,不能因为临近结束而松懈自己、怠慢游客,使游客产生"人走茶凉"的感觉,致使前功尽弃。

📠 资料链接

近因效应

某年8月中旬,导游人员凌小姐接待了一个台湾旅游团。由于团内有不少福建人,她在讲解的关键之处,总是先用普通话讲一遍,再用闽南话来"画龙点睛",游客们因此而皆大欢喜。在讲解重点景物时,她还时常用闽南话说一些俏皮话,经常逗得大家阵阵发笑。对待老年人,她更是关怀备至,总是主动搀扶,处处小心,讲解起来也格外耐心。大家都夸奖她是一名优秀的导游。

在旅游团离开桂林时，凌小姐利用起飞前的空余时间安排游客购物，购物前还特别提醒大家注意安全。到了规定的集合时间，大家都到了，只有两位小姐姗姗来迟，并面带愠色地责怪凌小姐没有事先提醒她们提高警惕，以致物品被盗。凌小姐连忙向她们解释，但是游客还是不依不饶。凌小姐见游客们只在观望，毫无劝解之意，一时气不过，便对两位小姐反唇相讥。结果双方为此都憋了一肚子气。在机场与游客握手告别时，凌小姐也没理睬那两位小姐。

该团从广州出境前，当地导游向游客分发了意见表。游客对当地导游的评分都不错，只是两位小姐的打分很低，她们觉得凌小姐不懂礼貌、态度不好。凌小姐看到意见表感到很委屈，觉得自己的运气太差了，认为因碰到了这两位不明事理的游客而影响到了自己的名誉。

（资料来源：张明清，窦志萍.导游服务案例选［M］.昆明：云南大学出版社，2007.）

三、导游人员的心理服务技能

(一)把握心理服务的要领

1. 尊重游客

尊重游客即尊重游客的人格和愿望，在合理而可能的情况下努力满足游客的要求。

游客虽然来自不同的国家和地区，但是他们都希望得到当地人，尤其是导游的欢迎、尊重。尊重是导游活动顺利进行的前提，有尊重双方才有共同的语言，才有感情上的沟通，人际关系才能顺利展开。在导游过程中，只有游客获得友好热情的服务，得到应有的尊重，导游服务才能发挥效能。"扬他人之长，隐其之短"是尊重游客的一种重要方法。游览过程中，导游人员要妥善安排，让游客进行参与性活动，使其获得自我成就感，从而在心理活动上得到满足。

2. 微笑服务

微笑是一种重要的交际手段，是自信、友谊、愉快的象征。发自内心的、真诚的微笑能迅速缩短人们之间的心理距离，增强交际效果。在导游过程中，导游人员的微笑能消除游客来到异地的陌生感，获得宾至如归的感觉，拉近导游与游客的距离。旅游专家指出："在最困难的局面中，一种有分寸的微笑，再加上镇静和适度的举止，对于贯彻自己的主张，争取他人合作会起到不可估量的作用。"

3. 使用柔性语言

俗话说："一句话能把人说笑，也能把人说跳"。导游人员的一句话能让游客高兴，同时也可能刺伤他们的自尊心。所谓柔性语言一般指语气亲切、语调柔和、措辞委婉、说理自然的语言。服务行业中常用的文明用语就属于柔性语言，如您好、请、谢谢、对不起、再见等。导游人员在工作过程中绝对不能争强好胜、与游客比高下，不要为了一时痛快而做"嘴上的胜利者"。但是，若遇到蛮不讲理的游客时，导游更要注意自己的言行，不能恶语相向，挖苦和讽刺游客。

4. 与游客建立"伙伴关系"

旅游活动中，游客不仅是导游人员的服务对象，也是合作伙伴，只有游客的通力合作，旅游活动才能顺利进行，导游服务才能取得良好的效果。要想获得游客的合作，导游人员应设法与游客建立"伙伴关系"。一方面，导游人员可通过诚恳的态度、热情周到的服务、谦虚谨慎的作风，通过让游客获得自我成就感等方式与游客建立合乎道德的、正常理性的情感关系。当然，这种情感关系应是面对每一位游客的，绝不能厚此薄彼。另一方面，导游人员在与游客交往时还应把握正确的心理状态,尊重游客,与游客保持平行式交往,力戒交锋式交往。

5.提供个性化服务

个性化服务是指导游人员在做好规范化服务的同时,针对游客个别要求而提供的服务。导游人员应该明白,每位游客既希望导游人员一视同仁、公平相待,又希望能给予自己一些特别的关照。因此导游人员既要通过规范化服务去满足游客的一般要求,又要根据每位游客的具体情况提供个性化服务,满足游客的特殊要求。这样做游客会感觉到"导游人员心中有我",拉近了游客与导游人员之间的感情距离,因而产生满足感。个性化服务虽然不是全团游客的共同要求,而只是个别游客的个别需求,有时甚至只是旅游过程中的一些琐碎小事。但是,做好这类小事往往会起到事半功倍的效果,尤其是对注意细节的西方游客而言,可使他们感受到导游人员求真务实的作风和为游客分忧解难的精神,从而产生对导游人员的信任。"细微之处见真情",讲的就是这个道理。提供个性化服务做起来并不容易,关键在于导游人员要将游客"放在心中",眼中"有活儿",把握时机主动服务。个性化服务要求导游人员要了解游客,用热情主动的服务尽力满足其合理要求。此外,个性化服务只有与规范化服务完美地结合才是优质的导游服务。

资料链接

一次"超时服务"

某年9月,北京的导游人员李小姐接待了一个日本旅游团。在活动过程中,团内一位叫朝川的先生拿出一张旧名片给她看,上面写的地址是新中国成立前的。他说,47年前他出生在北京,因此他一直把北京视为第二故乡,此次来京就是为了实现寻根旅游的夙愿。由于年代太久,地址可能早已变化,所以寻找起来一定很困难。李小姐听后答应帮他寻找。

一天的活动结束了,游客晚饭后回到下榻的饭店时已8点多了。这时李小姐陪朝川夫妇乘出租车按名片上的地址去寻找他的故居。一路上他们时常下车询问,费了很多周折,终于找到了那个地址。住在那个院落的老大娘说,那院子原是名叫朝川的一对日本夫妇居住的。朝川先生激动地说,那是他的父母。老大娘又说:"我当时17岁,给他们看过两个孩子。"紧接着她又想起那两个孩子的小名。这时,朝川先生激动地抱住了那位47年前曾经照顾过他和姐姐的保姆,话都说不出来了。他们一同到了老大娘的家里畅谈、合影,朝川先生表示以后还要和姐姐一起来看老人。他们依依不舍的告别后,已经晚上11点多了。朝川夫妇对耽误了李小姐的休息而道歉,同时又对她的帮助感到万分的感谢。朝川从包里拿出钱来,表示酬谢,并让李小姐乘出租车回家。李小姐谢绝了朝川的酬金,叮嘱他们不要误了第二天早上的出发时间,就与他们挥手告别了。

(资源来源:http://mndy.kmu.edu.cn/docppt/.)

(二)了解游客心理

了解游客的心理与接待好游客有非常重要的关系。因为了解了游客的心理需求,就可以有针对性地为游客提供服务,想方设法来满足游客的旅游兴趣,更好地完成导游工作。了解游客的心理可以从以下几个方面进行。

1.国籍、年龄、性别和所属阶层

(1)区域和国籍。

不同区域的人由于地理环境等因素的影响,从而具有不同的心理特征。如:西方人的思想较开放、情绪外露、说话直截了当、很注重细节,思维方式常常是由小到大、由近及远、由具体到抽象；而东方人较含蓄、性格相对内向、说话委婉，思维方式常常是由大到小、由远及近、由抽象到具体。

从国籍来看，英国人较矜持，具有绅士风度；美国人较开放、随意、重实利；法国人较浪漫，注重享受生活；德国人较踏实、勤奋、守纪律、严谨；意大利人比较热情、热爱生活。

（2）所属社会阶层。

随着我国人民生活水平的提高，收入对人们出游意愿的制约已大大减弱。收入状况与旅游选择、休闲度假、消费方式三个方面呈现正相关性。一般国家和社会管理阶层、经事人员阶层、专业技术人员阶层和办事人员阶层，这几个阶层可自由支配的时间和收入都较多，因此出游率高。一般来说，上层社会的人严谨、持重，期待高品位的导游讲解和高雅的精神享受；一般阶层的人话题广泛，爱听社会问题、当前热门话题的导游讲解。

（3）年龄和性别。

青年人活泼好动，易于接受新的观点和思想，对社会和自然界充满好奇感，且不愿受约束，求新、求异的欲望强烈。因此，青年人多选择耗费体力的登山、攀岩等冒险性旅游活动。中年人经济基础较好，精力充沛，但是由于工作的束缚，时间相对较少，多倾向于选择舒适、豪华、自我实现的旅游项目。老年人由于身体原因，旅游动机较弱，多不愿远游，喜欢清静的目的地。另外，老年人多有怀旧情绪，易产生寻根、怀古、访友等动机。据调查，25～44 岁年龄段群体对旅游选择、休闲度假、消费方式认同度显著高于其他群体，而 14 岁以下和 65 岁以上两类群体对于民俗体验和观光游览方面认同度略高于其他群体。

现实社会中，由于男女在家庭及社会中的地位差别，会导致旅游行为的性别差异。据调查，女性群体更偏好于民俗体验与休闲度假，男性群体则更偏好于观光游览。如日本男子外出旅游多出于商业目的，而日本女子旅游多为购物。但随着社会的进步，男女区别会越来越小，性别因素对旅游行为的影响必将越来越弱。

资料链接

老年人旅游行为调查

旅游行为是一种形式特殊的消费行为，老年人在进行旅游决策、购买旅游产品的时候，较多地表现为理性状态。他们会对旅游线路及活动安排、旅游价格、旅游目的地、旅行社服务质量以及出游时间等有关事项进行反复考察、比较、评估，然后才作出决定。调查显示，51.8% 的老年消费者是经济型的消费者，他们会对选择的商品或服务进行理智的分析和思考，并进行多家选择，充分考虑多种因素购买自己满意的商品或服务。通过对前来江西九江旅游的老年旅游者进行随机调查显示，影响老年人旅游的动机主要有以下几个方面：

（1）喜好有利于身心健康的旅游环境。

老年人关心自己的身体健康，因而身体健康的动机成为促使老年人旅游的主要因素。老年人喜欢到环境优美、幽雅宁静的自然山水、田园春色、湖泊海滨处旅游，不喜欢喧闹的城市、拥挤的人流；喜欢参与垂钓、野营、度假、日光浴、海水浴等轻松而愉快的活动，而不喜欢竞技、滑雪、跑马等剧烈活动。他们把旅游看做一种宁静安逸的心境。

（2）有怀古习旧的情怀。

老年人普遍对历史典故和传统文化较为感兴趣，并且由于闲暇时间充裕，从而使具有浓厚历史文化内涵的旅游产品比较容易受到老年人的欢迎。

（3）对旅游线路及导游人员有特殊要求。

老年人由于行动迟缓和身体健康状况欠佳，往往夫妻俩或与邻居、老朋友随团而行，对旅程中各种活动的安排,要求舒适、休闲和旅游机构服务的高质量。

(4)舒适性。

与中青年年龄组的旅游者相比,,老年人受经济条件的制约和相对传统消费观念的影响,不太追求单纯的奢侈与豪华,在旅游过程中的花费较小。在旅游活动的吃、住、行、游、购、娱六个环节上,用于购物的支出很小,旅游的全部花费基本上用于其他五个环节中。他们在购买商品或服务时综合考虑各方面的因素,价格只是他们考虑的因素之一。调查显示,老年消费者购买商品或服务时更强调质量可靠(29.7%)、方便省事(26.5%)、经济合理(25.8%)、舒适安全(18%)。

(资料来源:徐培,熊云明.老年旅游消费者行为分析及市场开发对策[J].老区建设,2009(12).)

2.游客所处地理环境

游客往往对与自己所处地理环境迥然不同的旅游目的地情有独钟。例如,北方游客钟情于南国风情,而南方游客更偏爱北国风光;内陆游客倾向于青岛、三亚海滨城市,而沿海游客则喜欢九寨沟、西双版纳的独特风光。另外,由于地理环境因素的影响,出现反季节出游现象,盛夏时节人们往往喜欢大连、哈尔滨等北方名城;但是到了冬季人们更喜欢到我国的海南省或是东南亚等国家。

3.游客出游动机

人的旅游是一种综合性的活动,能够满足人们多方面的需要,而人们外出旅游时,也很少出于一个方面的动机。因此,人们的旅游往往是多种动机共同作用的结果,只是有时某一动机为主导动机,其他为辅助动机;而有时则是有的动机被意识到了,而有的动机未被意识到而已。人们旅游行为的形成有其客观条件和主观条件。客观条件主要是人们有足够的可自由支配收入和闲暇时间,主观条件是人们必须具备旅游的动机。目前国内旅游动机的分类如表5-1所示。

表 5-1　国内旅游动机分类

分类	目的
健康动机	放松身心、恢复健康、身心平衡
亲近自然动机	感受、体验自然,获得生命的活力
寻求刺激动机	探索奥秘,体验异域风光
求新、求异动机	探求不同国家、民族的自然风景及人文景观
社交动机	探亲访友、结识朋友、寻根问祖,获得尊重和爱
商务动机	做生意、洽谈业务、参加会议、公司奖励等
自我完善动机	不断学习、增加阅历、提高自我、开发潜能

资料链接

大学生出游动机调查

动机是激励人们行为的主观因素,是需要的表现形式,旅游动机则是人们外出旅游的内在动因。现代大学生旅游动机可以概括为以下七个方面：

（1）求知心理。

在一次对某地在校本科生的调查问卷中，64.5％的被调查者回答外出旅游是为了开阔视野。可见，一批知识型学生旅游者为了探寻艺术的真谛、物种的奥秘以及人类的生存，不惜风餐露宿，日夜兼程，大有"路漫漫其修远兮，吾将上下而求索"的气概。

（2）好奇心理。

"外面的世界很精彩"，但是不无"无奈"。在进入大学之前，绝大多数中学生的生活很单调、很压抑，生活的全部就是读书。课余生活被挤压得毫无色彩可言，尤其是对那些充满好奇心的青少年而言，这种生活无异于心灵禁锢。进入大学后，"出去开开眼界"自然成了合理要求。

（3）解脱心理。

现代社会竞争日益激烈，繁忙的学习事务和复杂的人际关系，使人精神高度紧张，身心疲惫，精神长期得不到松弛，这将对人的身心产生极大的负作用。为缓解精神压力，消除紧张心态，利用假期外出旅游不失为"缓解心灵压力"的一剂良药。

（4）从众心理。

有些大学生自己本来并没有旅游的念头，一但因朋友、老乡、同学相邀，也就跟着出门"转转"。

（5）时髦心理。

人们可以摆脱日常的束缚而充分地主宰自我，同时更可领略到一种"仰观宇宙之大，俯察品类之繁"的超凡脱俗的境界。旅游产品可谓是富有象征意义的产品之一，旅游行为也是最时髦的行为之一。为了赶时髦，或者向别人夸耀，自然要出去"走一走"。

（6）攀比心理。

当今大学生很多是独生子女，父母的掌上明珠，一些家庭条件优越的大学生率先走出象牙塔，到大千世界去享受生活。这样的"示范效应"自然刺激了其他同学的攀比心理，不管有没有经济条件，借钱也要"潇洒"一回。

（7）访友心理。

中学毕业后同学们各奔东西，但那单纯而真挚的友谊让人念念不忘。于是，到异地的老同学那里去玩，趁机游山玩水成为大学生的"必修课"，再加上吃住有人管，何乐而不为呢。

（资料来源：周晓梅.大学生消费行为动机的分析[J].武汉职业技术学院学报，2009.）

4. 游客的气质类型

游客的气质类型对于研究游客的旅游消费，满足游客要求具有重要意义。心理学上，气质指个人心理活动的稳定的动力特征，与我们平时所说的"脾气""秉性"意思相近，气质影响着个体活动的一切方面。俗话说："江山易改，禀性难移。"从这句话中就可以看出，气质具有较稳定性的特征，不容易随外界环境的变化而变化。古希腊著名的医生希波克拉底（Hippocrates）就曾提出了气质体液说。后来的学者在此基础之上，形成了现在的四种气质类型：胆汁质、多血质、黏液质和抑郁质。

（1）胆汁质。

胆汁质气质类型的游客，兴奋性很高，脾气暴躁，性情直率，精力旺盛，心境变化剧烈，具有外向性。这种类型的旅游者一般会选择具有冒险性、新奇性、耗费体力型的旅游项目，如攀岩、滑雪、马帮探险、楼兰探秘等。此种类型的游客性急好动、争强好胜、易冲动、好遗忘、喜欢离群活动，因此，导游面对这种气质类型的游客应该避其锋芒、不与之争论、不激怒他们，多提供微笑、热情周到服务。

（2）多血质。

多血质气质类型的游客，活泼、热情、适应性强、喜欢交际、机智灵活，但是注意力容易转移，兴趣易变换，具有外向性。这种类型的游客不愿随大流，喜欢与不同文化背景的人相处，多会选择偏僻的、不为人知的旅游地体验全新的经历，喜欢提前享受新鲜的经验和发现的喜悦。他们多选择海外游，如漫游欧陆、探索两极、环游世界等。此类游客的特点是爱交际、爱讲话、好出点子。导游面对这种气质类型的游客应该与其交朋友，但避免过多交往，不要造成其他团友的不满。注意不能让其左右旅游团的活动和其他人的情绪。

（3）黏液质。

黏液质气质类型的游客，稳重、安静、反应缓慢、沉默寡言、情绪不外露、有耐久力，具有内向性。这种类型的游客多选择熟悉的、有知名度的旅游目的地，多喜欢家庭一起出游，不喜欢外国的气氛。旅游项目多选择活动量小的日光浴、温泉等。此种类型的游客较稳重、不轻易发表观点，一旦发表，希望得到尊重；不主动与人交往；游览时细细观赏；购物时挑选比较。导游面对这种气质类型的游客应该尊重他们，不能冷淡他们，应主动与他们多接近交谈。

（4）抑郁质。

抑郁质气质类型的游客行动迟缓而不强烈、孤僻、情绪体验深刻、善于觉察别人不易觉察的细节，具有内向性。这种类型的游客对旅行怀有不确定感和不安全感，喜欢选择与其居住环境相似的旅游目的地，喜欢旧地重游，愿意参加包价旅游团。此类游客的特点是忧郁孤独，少言语但重感情。导游面对这种气质类型的游客应该尊重其隐私，不多问，多亲近、体贴他们，但不能过分亲热，不高声说笑，不与他们开玩笑。

📱 资料链接

"古怪"的游客

一次，北京的导游王先生出任一个日本旅游团的全陪。该团的旅游者绝大多数是日本历史学的教授，专为考察中国的四大名窟而来，且都曾多次访华，对中国的历史文化、风土人情等有较深的研究。团内有一名教授性情古怪，携妻子一同来华观光，但对妻子很不好，不论在何种场合，稍有不满，说话就会很刺耳。在京期间，对于王先生的讲解也显得满不在乎，经常是王先生在前面讲，他在后面讲。团长和随员觉得很过意不去，曾几次向王先生赔礼。在去大同的火车上，随员把那位教授的情况向王先生作了介绍：那人叫盐田，在日本是位较有名望的教授，曾多次出书、办讲座，尤其对中国宋代的历史有较深的研究，但生活坎坷，脾气暴躁，现在的妻子是后续的，且患有精神病。听了随员的介绍，王先生对教授很是同情。

在到达云冈石窟后，盐田教授显得很兴奋，还未等王先生介绍，他就说："不用你讲，我全懂了。"说着，自己就往前走。地陪是个小伙子，面对教授的抢白，感到非常尴尬和气愤，便不冷静地说："既然你们都懂了，那就自己去看吧！不用我讲更好。"大家见此，就央求王先生去说服地陪。有的客人说："这里我们已来过多次了，但每次来都愿意听不同导游人员的讲解，这样会使我们得到不同的感受。这次我们还是想听听你的介绍，请不要介意那位教授的无礼。"王先生很同情那些客人，作为同行，也非常理解地陪的心情。于是他就耐心劝地陪继续为大家讲解，并把教授的情况告诉了他，同时建议他把下一个景点留给教授讲解。地陪了解情况后，欣然接受了王先生的建议，继续给大家讲解起来，客人们均感满意。

在去另一个景点的路上，王先生和地陪商议过后对大家讲："盐田教授对中国的历史很有研究，尤其是对我们将要去的地方有较深的见解，下面我们就请盐田教授来给大家介绍。"客人们听后，心领神会，热烈地鼓起掌来。盐田教授没想到王先生和地陪能如此了解他，显得非常激动。

事后，团长和随员一同向王先生表示感谢，盐田教授也向他和地陪道了歉，类似抢白导游人员的事情再也没有出现了。

5.旅游活动中各阶段游客的心理变化

在旅游过程的不同阶段，游客的心理状态会不断发生变化。因此，要了解游客各阶段不同的心理需求，并针对游客的不同需求提供更优质的服务。

（1）旅游初期的求安全、求新奇。

游客到一个陌生的地方旅行，由于对周围环境的不熟悉会造成内心的紧张不安，这时候对于安全方面的要求会占据首要地位。同时，由于旅游者一般是初次到该地旅游，因此对该景点的整体景观充满了好奇。

（2）旅游中期的求放松、求全面。

随着旅游活动的深入开展，游客逐渐熟悉了周围的环境，心理开始放松。此时，游客更加希望利用有限的游览时间更多、更全面地了解景点。所以，在这个阶段游客放松身心、全面熟悉景点的需要占据重要地位。

（3）旅游后期的忙乱心理、求回顾。

进入游览的后期，旅游者的需要与前期会有较大出入。由于距离游览结束时间越来越近，游客在某些景点可能还未游览尽兴，同时行李的托运等事宜也可能令其焦虑不安。此时，导游人员应为游客提供更加周到的服务，及时回顾行程，避免使游客产生人走茶凉的感觉。

（三）调整游客游兴

在旅游的过程中，如果游客的需求得到满足就会产生愉快、满足、喜欢、被肯定的感觉；相反，如果游客的需求得不到满足，烦恼、不满、懊恼、被否定的感觉就会随之产生。所以，导游要善于从游客的言行举止和表情变化上了解他们的情绪。

1.补偿法

补偿法是指导游人员从物质上或精神上给游客以补偿，从而消除或弱化游客不满情绪的一种方法。譬如,如果没有按协议书上注明的标准提供相应的服务,应给游客以补偿,而且替代物一般应高于原先的标准;如果因故无法满足游客的合理要求而导致其不满,导游人员应实事求是地说明困难,诚恳地道歉,以求得游客的谅解,从而消除游客的消极情绪。

2.分析法

分析法是指导游人员将造成游客消极情绪的原委向游客讲清楚,并一分为二地分析事物的两面性及其与游客的得失关系的一种方法。譬如,由于交通原因不得不改变日程,游客要花费更多的时间在旅途上,这常常会引起他们的不满甚至愤怒抗议,导游人员应耐心地向游客解释造成日程变更的客观原因,诚恳地表示歉意,并分析改变日程的利弊,强调其有利的一面或着重介绍新增加的游览内容的特色和趣味,这样往往能收到较好的效果。

3.转移注意法

转移注意法是指在游客产生烦闷或不快情绪时,导游人员有意识地调节游客的注意力,使其从不愉快、不顺心的事情转移到愉快、顺心的事情上去。譬如,有的游客因对参观什么内容有不同意见而产生不快,有的游客因爬山时不慎划破了衣服而感到懊恼等,导游人员除了说服或安慰游客以外,还可通过讲笑话、唱山歌、学说本地话或讲些民间故事等方法来活跃气氛,使游客的注意力转移到有趣的文娱活动上来。

(四)激发游客游兴

导游服务要取得良好的效果,需要导游人员在游览过程中激发游客的游兴,使游客自始至终沉浸在兴奋、愉悦的氛围之中。兴趣是人们力求认识某种事物或某种活动的倾向,一经产生,就会出现积极主动、专注投入、聚精会神等心理状态,形成良好的游览心境。导游人员可从以下几个方面去激发游客的游兴:

1.通过直观形象激发游客的游兴

导游人员应通过突出游览对象本身的直观形象来激发游客的游兴。譬如,湖北通山九宫山喷雪崖,崖顶之云中湖水喷薄而出,直落涧底狭谷,深达70余米,因谷口逼风,吹落之水化成缕缕雾霭,绕崖旋转,色白如雪,蔚为壮观。导游人员要引导游客从最佳的角度观赏,才能突出喷雪崖的直观形象,使游客产生叹为观止的审美享受,激起游客强烈的兴趣。

2.运用语言艺术激发游客的游兴

导游人员运用语言艺术可以调动游客的情绪,激发游客的游兴。譬如,通过讲解历史故事可激发游客对名胜古迹和民间艺术的探索,通过朗诵名诗佳句可激起游客漫游名山大川的豪情,通过提出生动有趣的问题可引起游客的思考和探讨,运用语言艺术营造出的融洽、愉快的氛围可使游客的游兴更加浓烈。

📖 **资料链接**

导游人员如何增加语言的艺术性

我曾有6年做导游的经历,也算能胜任,细细想来得益于读书。初当导游时,只识得好山好水,但不求甚解。有几次连下姑苏,遇有深究者细问,不免紧张心跳,讷讷无言以答。不安之下,寻来书本,一册《吴中胜迹》细啃下来,倒也悟出点"道道"。原来那一块青石头、几座旧楼阁,连接着千年历史、百年遗迹。看来,过去是有眼不识"天堂"美,枉下姑苏做导游啊!朋友又借我一本《苏州史话》,上下数千年历史尽收其中,细看慢品,总算打下点底子,再下苏州倒也颇能应付一番。有一次游客问我:"苏州四大名园分别有什么特色?"我运用书本上学来的知识,讲述沧浪亭、狮子林、拙政园、留园的历史及特点,回答得倒也使游客满意。读书初尝甜头,"笨鸟"倒想飞得再高些。于是一些"地方志"之类的书籍也借来阅读,又查出不少奇观胜景的来源和形成,读到一些历代诗人吟咏佳景的诗词、散文,导游讲解时穿插其中,效果特佳。那年头旅游类的书少得可怜,一次去无锡带团,几处托人觅来一本《无锡园林》,花了数个晚上将书中近百页的精华抄了下来,连诵数遍,虽仓促上阵,却也应付自如。游客评价:"这个导游对无锡历史、掌故相当熟悉。"以后,每到一地,遇有空闲,购买旅游书籍是我最热衷的事情。结合专业看书、剪报丝毫不敢有所懈怠。天长日久,日积月累,于己帮助不小。随团带班,话筒在手,虽谈不上"激扬文字",但运用书本上学来的知识,认认真真地给游客们"指点江山",那还是能够做到的。如今我虽已从做导游转为搞经营多年,但要做好导游或做成任何什么事,都要多读书,"行万里路,读万卷书",相得益彰,这是我最深切的体会。

(资料来源:孙一飞.做导游更要读万卷书[N].旅游时报,2001-11-11)

3.通过组织文娱活动激发游客的游兴

一次成功的旅游活动,仅有导游讲解是远远不够的,导游人员还应抓住时机,组织丰富多彩的文娱活动,动员全团游客共同营造愉快氛围。譬如,在旅游活动开始不久,导游人员请游客们作自我介绍,以加速彼此之间的了解,缓解拘谨的气氛,同时还可以发现游客的特长;如果去景点的路途较长,在返程时,导游人员可组织游客唱歌、猜谜语、做游戏,教外国游客数数、使用筷子、学说中国话等,还可以用"记者招待会"的形式,回答游客提出的各种问题,如果团内有多才多艺的游客,可请他出来主持或表演等。导游人员也应有一两手"绝活",来回报游客的盛情邀请。如有的导游人员会演奏民族乐器,常带着唢呐、笛子上团;有的导游人员会唱山歌,他们常在途中为游客演奏民乐或是演唱山歌,这使外国游客惊叹不已,对中国民间艺术兴趣倍增。

4.使用声像导游手段激发游客的游兴

声像导游是导游服务重要的辅助手段,每天去景点游览之前,导游人员如能先为游客放映一些内容相关的幻灯片、录像或光盘,往往能收到事半功倍的效果。有时有些景点因受客观条件限制或因游客体力不支,游客难以看到景点的全貌,留下不少的缺憾。通过声像导游可以弥补这一缺憾,给游客留下完整的、美好的印象。如果是在旅游车上进行导游讲解,导游人员还可利用车上的音响设备配上适当的音乐,或在讲解间歇时播放一些有着浓郁地方特色的歌曲、乐曲、戏曲等,使车厢内的气氛轻松愉快,让游客始终保持游兴和愉悦的心情。

资料链接

一次长途旅行中的导游

　　一天下午，北京的导游人员王小姐接到了旅行社分配的新任务，让她第二天带领一个10人美国旅游团去承德旅游，因为该团的导游人员生病了，所以要由她把客人送到承德去。由于距离较远，开车需要五六个小时。王小姐心想，要准备一些新颖的内容，争取把车上的气氛搞活，这样才能使客人在长时间的旅行中轻松、愉快，不觉得枯燥。

　　第二天一早，王小姐到饭店接到客人，就驱车前往承德。首先她向大家作了自我介绍，询问了游客在北京的感受，接着又把去承德的游览计划给大家介绍了一番。当她发现游客都在聚精会神地听她讲解时，顿感信心十足，讲话的语调也轻松了许多。在介绍完天气、承德的基本概况和沿途的一些风土人情之后，她决定结束这种"独角戏"式的讲解，实行第二方案，开辟"群言堂"。于是，她开始就刚才讲过的问题，对大家实施"奖惩问答"：能够答对问题的人可得到奖品——一枚纪念章，还可以反问问题；答错问题的人则要表演一个节目。为了公正起见，王小姐表示，如果她自己不能答对客人提出的问题，也要表演节目。在了解游戏规则后，客人们都摩拳擦掌地准备回答问题。王小姐提出了一些有关旅游景点和风土人情的问题，如北京为什么要修建长城？天安门有何用途？承德为什么要修建避暑山庄？北京为什么有那么多的自行车？中国的家庭为什么只要一个小孩？北京烤鸭怎么吃……在抢答问题的过程中，一位小姐总是答错，接连唱了好几首歌，而一位先生却接连答对了几个问题，得了好几枚纪念章，他非常珍惜地把"奖品"收好，开始向王小姐"进攻"。王小姐在回答有关美国NBA篮球问题时，也出现了失误，她欣然"上台"给大家讲了个外国人学中文的笑话，逗得大家捧腹大笑。一路上车内欢歌笑语，好不热闹。快到承德时，王小姐把剩余的奖品分发给没有答出问题的游客，结束了这次"奖惩问答"，游客都表示非常满意。

　　（资料来源：导游接待案例选析[EB/OL]. http://mndy, kmu. edu. cn/docppt/. ）

（五）引导游客观景赏美

　　旅游活动是一项寻觅美、欣赏美、享受美的综合性审美活动。它不仅能满足人们爱美、求美的需求，而且还能起到净化情感、陶冶情操、增长知识的作用。俄国教育家乌申斯基说："……美丽的城郭，馥郁的山谷，凹凸起伏的原野，蔷薇色的春天和金黄色的秋天，难道不是我们的老师吗……我深信，美丽的风景对青年气质发展具有的教育作用是老师都很难与之竞争的。"导游人员在带团旅游时也应重视旅游的美育作用，正确引导游客观景赏美。

　　1. 传递正确的审美信息

　　游客来到旅游目的地，由于对其旅游景观，特别是人文景观的社会、艺术背景不了解，审美情趣会受到很大的影响，往往不知其美在何处，从何着手欣赏。作为游客观景赏美的向导，导游人员首先应把正确的审美信息传递给游客，帮助游客在观赏旅游景观时，感觉、理解、领悟其中的奥妙和内在的美。譬如，欣赏武汉市黄鹤楼西门牌楼背面匾额"江山入画"时，既要向游客介绍苏东坡"江山如画，一时多少豪杰"的名句，又要着重点出将"如"改"入"，一字之改所带采的新意和独具匠心的审美情趣;再如,游览武汉市古琴台时,导游人员除了要向游客讲解"俞伯牙摔琴谢知音"的传说故事外,还应引导游客欣赏古琴台这座规模不大但布局精巧的园林特色,介绍古琴台依山就势、巧用借景手法,把龟山月湖巧妙地借过来,构成一个广阔深远的艺术境界。当然,向游客传递正确的审美信息,导游人员首先应注意所传递的信息是准确无误的。很难想象在游览武汉东湖时,导游人员介绍"水杉是第四世纪冰川时期遗留下来的珍贵树种",内行的游客听后会是一种什么感觉。

2.分析游客的审美感受

游客在欣赏不同的景观时会获得不同的审美感受,但有时游客在欣赏同一审美对象时,其审美感受也不尽相同,甚至表现出不同的美感层次。我国著名美学家李泽厚就将审美感受分为悦耳悦目、悦心悦意和悦志悦神三个层次。

(1)悦耳悦目。

悦耳悦目是指审美主体以耳、目为主的全部审美感官所体验的愉快感受,这种美感通常以直觉为特征,仿佛主体在与审美对象的直接交融中,不加任何思索便可于瞬间感受到审美对象的美,同时唤起感官的满足和愉悦。譬如,漫步于湖北九宫山森林公园之中,当游客看到以绿色为主的自然色调,呼吸到富含负离子的清新空气,闻到沁人心脾的花香,听到林间百鸟鸣唱,就会不自觉地陶醉其中,从而进入"悦耳悦目"的审美境界。

(2)悦心悦意。

悦心悦意是指审美主体透过具有审美价值的感性形象,在无目的中直观地领悟到对方某些较为深刻的意蕴,获得审美享受和情感升华,这种美感是一种意会,有时很难用语言加以充分而准确地表述。譬如,观赏齐白石的画,游客感到的不只是草木鱼虾,而是一种悠然自得、鲜活洒脱的情思意趣;泛舟神农溪,聆听土家族姑娘优美动人的歌声,游客感到的不只是音响、节奏与旋律的形式美,而是一种饱含着甜蜜和深情的爱情信息流或充满青春美的心声。这些较高层次的审美感受,使游客的情感升华到一种欢快愉悦的状态,进入较高的艺术境界。

(3)悦志悦神。

悦志悦神是指审美主体在观照审美对象时,经由感知、想象、情感、理解等心理功能交互作用,从而唤起的那种精神意志上的昂奋和伦理道德上的超越感。它是审美感受的最高层次,体现了审美主体大彻大悟、从小我进入大我的超越感,体现了审美主体和审美对象的高度和谐统一。譬如,乘船游览长江,会唤起游客的思旧怀古之情,使游客产生深沉崇高的历史责任感;登上县子岭俯视雄伟的三峡大坝建筑工程,会激起游客的壮志豪情,使游客产生强烈的民族自豪感。

导游人员应根据游客的个性特征,分析他们的审美感受,有针对性地进行导游讲解,使具有不同审美层次的游客都能获得审美愉悦和精神享受。

3.激发游客的想象思维

观景赏美是客观风光环境和主观情感结合的过程。人们在观景赏美时离不开丰富而自由的想象,譬如泰山石碑上的"虫二"二字,如果没有想象,我们很难体会到其中"风月无边"的意境。人的审美活动是通过以审美对象为依据,经过积极的思维活动,调动已有的知识和经验,进行美的再创造的过程。一些旅游景观,尤其是人文景观的导游讲解,需要导游人员营造意境,进行美的再创造,才能激起游客的游兴。譬如,游览西安半坡遗址时,导游人员面对着那些打磨的石器、造型粗糙的陶器,只是向游客平平淡淡地介绍这是什么,那是什么,游客就会感到枯燥乏味。如果导游人员在讲解中营造出一种意境,为游客勾画出一幅半坡先民们集体劳动、共同生活的场景:"在六千年前的黄河流域,就在我们脚下的这片土地上,妇女们在田野上从事农业生产,男人们在丛林中狩猎、在河流中捕鱼,老人和孩子们在采集野果。太阳落山了,村民们聚集在熊熊燃烧的篝火旁童叟无欺、公平合理地分配着辛勤劳动的成果,欢声笑语此起彼伏……半坡先民们就是这样依靠集体的力量向大自然索取衣食,用辛勤艰苦的劳动创造了光辉灿烂的新石器文化。"游客们就会产生浓厚的兴趣,屏息细听,凝神遐想。这时导游人员再进一步发挥:"如果没有半坡先民原始的数字计算,也不可能出现今天的电子计算机。"游客的想象思维便被充分激发起来。

4.灵活掌握观景赏美的方法

(1)动态观赏和静态观赏。

无论是山水风光还是古建园林,任何风景都不是单一的、孤立的、不变的画面形象,而是活泼的、生动的、多变的、连续的整体。游客漫步于景物之中,步移景异,从而获得空间进程的流动美,这就是动态观赏。譬如,在陆水湖中泛舟,游人既可欣赏山上树木葱葱、百花竞艳,也可领略水上浮光跃金、沙鸥翔集,还有镶嵌在绿波之上的几百个岛屿,让你在移动中流连忘返。

然而,在某一特定空间,观赏者停留片刻,选择最佳位置驻足观赏,通过感觉、联想来欣赏美、体验美,这就是静态观赏。这种观赏形式时间较长、感受较深,人们可获得特殊的美的享受。譬如在湖北九宫山山顶观赏云雾缭绕的云中湖,欣赏九宫十景之一的"云湖夕照",让人产生无限遐想,令人陶醉。

(2)观赏距离和观赏角度。

距离和角度是两个不可或缺的观景、赏美因素。自然美景千姿百态、变幻无穷,一些似人似物的奇峰巧石,只有从一定的空间距离和特定的角度观看,才能领略其风姿。譬如,游客在长江邮轮上观赏神女峰,远远望去,朦胧中看到的是一尊丰姿秀逸、亭亭玉立的中国美女雕像,然而若借助望远镜观赏,游客定会大失所望,因为看到的只是一堆石头而已,毫无美感可言;又如,在黄山半山寺望天都峰山腰,有堆巧石状似公鸡,头朝天门,振翅欲啼,人称"金鸡叫天门",但到了龙蟠坡,观看同一堆石头,看到的则似五位老翁在携杖登险峰,构成了"五老上天都"的美景。这些都是由于空间距离和观赏角度不同造就的不同景观。导游人员带团游览时要善于引导游客从最佳距离、最佳角度去观赏风景,使其获得美感。

除空间、距离外,游客观景、赏美还应把握心理距离。心理距离是指人与物之间暂时建立的一种相对超然的审美关系。在审美过程中,游客只有真正从心理上超脱于日常生活中功利的、伦理的、社会的考虑,摆脱私心杂念,超然物外,才能真正获得审美的愉悦,否则就不可能获得美感。譬如,恐海者不可能领略大海的波澜壮阔,刚失去亲人的游客欣赏不了地下宫殿的宏伟,有恐高症的游客体验不到"不到长城非好汉"的英雄气概等。常年生活在风景名胜中的人往往对周围的美景熟视无睹,也不一定能获得观景、赏美带来的愉悦。"不识庐山真面目,只缘身在此山中"就说明了这个道理。

(3)观赏时机。

观景、赏美要掌握好时机,即掌握好季节、时间和气象的变化。清明踏青、重阳登高、春看兰花、秋赏红叶、冬观腊梅等都是自然万物的时令变化规律造成的观景赏美活动。变幻莫测的气候景观是欣赏自然美景的一个重要内容。譬如在泰山之巅观日出,在峨眉山顶看佛光,在庐山小天池欣赏瀑布云,在蓬莱阁观赏海市蜃楼,这些都是因时间的流逝、光照的转换造成的美景,而观赏这些自然美景,就必须把握住稍纵即逝的观赏时机。

(4)观赏节奏。

观景、赏美是为了让游客愉悦身心、获得享受,如果观赏速度太快,不仅使游客筋疲力尽达不到观赏目的,还会损害他们的身心健康,甚至会影响旅游活动的顺利进行,因此导游人员要注意调节观赏节奏。

①有张有弛、劳逸结合。导游人员要根据旅游团成员的实际情况安排有弹性的活动日程,努力使旅游审美活动既丰富多彩又松紧相宜,让游客在轻松自然的活动中获得最大限度的美的享受。

②有急有缓、快慢相宜。在审美活动中,导游人员要视具体情况把握好游览速度和导游讲解的节奏,哪里该快、哪里该慢、哪里要多讲、哪里要少讲甚至不讲,必须做到心中有数;对年轻人讲得快一点、走得快一点、活动多一点,对老年人则相反。如果游客的年龄相差悬殊、体质差异大,要注意既让年轻人的充沛精力有发挥的余地,又不使年老体弱者疲于奔命。总之,观赏节奏要因人、因时、因地随时调整。

③有讲有停,导、游结合。导游讲解是必不可少的,通过讲解和指点,游客可适时地、正确地观赏到美景,但在特定的地点、特定的时间要让游客去凝神遐想,去领略、体悟景观之美,往往会收到更好的审美效果。

总之,在旅游过程中,导游人员应力争使观赏节奏适合游客的生理负荷、心理动态和审美情趣,安排好行程,组织好审美活动,让游客感到既顺乎自然又轻松自如。只有这样,游客才能获得旅游的乐趣和美的享受。

四、导游人员的协作技能

导游工作是联系各项旅游服务的纽带和桥梁。导游人员在带团时离不开其他相关旅游服务部门和工作人员的协作,同时也能够帮助其他相关旅游服务部门和人员的工作。导游工作与其他旅游服务工作的相辅相成关系决定了导游人员必须掌握一定的协作技能。

(一)导游人员与领队之间的合作

领队是受海外旅行社委派,全权代表该旅行社带领旅游团从事旅游活动的人员。在旅游团中,领队既是海外旅行社的代表,又是游客的代言人,还是导游服务集体中的一员,在海外社、组团社和接待社之间以及游客和导游人员之间起着桥梁作用。导游人员能否圆满完成任务,在很大程度上要靠领队的合作和支持。因此,协调好与领队的关系就成为导游人员不能忽视的重要内容。

1.尊重领队,遇事与领队多磋商

带团到中国来旅游的领队,多数是职业领队,在海外旅行社任职多年并受过专业训练,对我国的情况尤其是我国旅游业的业内情况相当熟悉。他们服务周到细致,十分注意维护组团社的信誉和游客的权益,深受游客的信赖。此类领队是中方旅行社长期合作的海外客户代表,也是旅游团中的"重点客人",对他们一定要尊重。尊重领队就是遇事要与他们多磋商。旅游团抵达后,地陪要尽快与领队商定日程,如无原则问题应尽量考虑采纳领队的建议和要求。在遇到问题、处理故障时,全陪、地陪更要与领队磋商,争取领队的理解和支持。

2.关心领队,支持领队的工作

职业领队常年在异国他乡履行自己的使命,进行着重复性的工作,十分辛苦。由于他的"特殊的身份",游客只能要求他如何关心自己而很少去主动关心领队。因此,导游人员如果在生活上对领队表示关心、在工作上给予领队支持,他会很感动。当领队的工作不顺利或游客不理解时,导游人员应主动助其一臂之力,能办到的事情尽量给予帮助,办不到的多向游客作解释,为领队解围。如说明某事的责任不在领队而是因条件所限或是不可抗拒的原因造成的等。但要注意,支持领队的工作并不是取代领队,导游人员应把握好尺度。此外,作为旅游团中的"重点人物",导游人员要适当给领队以照顾或提供方便,但应掌握分寸,不要引起游客的误会和心理上的不平衡。

3.多给领队荣誉,调动领队的积极性

要想搞好与领队的关系,导游人员还要随时注意给领队面子,遇到一些显示权威的场合,应多让领队尤其是职业领队出头露面,使其博得游客们的好评,如游览日程商定后,地陪应请领队向全团游客宣布。只要导游人员真诚地对待领队,多给领队荣誉,领队一般也会领悟到导游人员的良苦用心,从而采取合作的态度。

4.灵活应变,掌握工作主动权

由于旅游团成员对领队工作的评价会直接影响到领队的得失进退,所以有的领队为讨好游客而对导游工作指手画脚,当着全团游客的面"抢话筒",一再提"新主意",给导游人员出难题,造成工作的被动。遇到类似情况地陪应采取措施变被动为主动,对于"抢话筒"的领队,地陪既不能马上反"抢话筒",也不能听之任之,而应灵活应变,选择适当的时机给予纠正。让游客感到"还是地陪讲得好"。这样,导游人员既表明了自己的态度又不失风范,工作上也更为主动。

5.争取游客支持,避免与领队正面冲突

在导游服务中,接待方导游人员与领队在某些问题上有分歧是正常现象。一旦出现此类情况,接待方导游人员要主动与领队沟通,力求尽早消除误解,避免分歧扩大发展。一般情况下,接待社导游人员要尽量避免与领队发生正面冲突。

在入境旅游团中也不乏工作不熟练、个性突出且难于合作的领队。对此,导游人员要沉着冷静、坚持原则、分清是非,对违反合同内容、不合理的要求不能迁就,对于某些带侮辱性的或"过火"的言辞不能置之不理,要根据"有理、有利、有节"的原则讲清道理,使其主动道歉,但要注意避免与领队发生正面冲突。

有时领队提出的做法行不通,导游人员无论怎样解释说明,领队仍固执地坚持己见。这时导游人员就要向全团游客讲明情况,争取大多数游客的理解和支持。但要注意,即使领队的意见被证明不对也不能把领队"逼到绝路",要设法给领队台阶下,以维护领队的自尊和威信,争取以后的合作。

(二)导游人员与司机的协作

旅游车司机在旅游活动中扮演非常重要的角色,司机一般熟悉旅游线路和路况,经验丰富,导游人员与司机配合得好坏,是导游服务工作能否顺利进行的重要因素之一。

1. 及时通报信息

旅游线路有变化时,导游人员应提前告诉司机。如果接待的是外国游客,在旅游车到达景点时,导游人员用外语向游客宣布集合时间、地点后,要记住用中文告诉司机。

2. 协助司机做好安全行车工作

大部分旅游车的司机具有丰富的驾驶经验,可以胜任旅游团的安全驾驶任务。但有些时候,导游人员适当给予协助能够减轻司机的工作压力,便于工作的更好开展。导游人员可经常为司机做以下一些小事:

(1)帮助司机更换轮胎,安装或拆卸防滑链,或者帮助司机进行小修理。

(2)保持旅游车挡风玻璃、后视镜和车窗的清洁。

(3)不要与司机在行车途中闲聊,以免影响驾驶安全。

(4)遇到险情,由司机保护车辆和游客,导游人员去求援。

(5)不要过多干涉司机的驾驶工作,尤其不应对其指手画脚,以免司机感到被轻视。

(6)与司机研究日程安排,征求司机对日程的意见。

导游人员应注意倾听司机的意见,从而使司机产生团队感和被信任感,积极参与导游服务工作,帮助导游人员顺利完成带团的工作任务。

(三)导游人员与全陪或地陪的协作

无论是做全陪或地陪,都有相互配合的问题。协作成功的关键便是各自应把握好自身的角色或位置,要有准确的个人定位。要认识到虽受是不同的旅行社委派,但都是旅游服务的提供者,都在执行同一个协议。导游人员与全陪或地陪的关系是平等的关系。

导游人员首先要尊重全陪或地陪,努力与合作者建立良好的人际关系;其次,要善于向全陪或地陪学习,有事多请教;最后,要坚持原则,平等协商。如果全陪或地陪"打个人小算盘",提出改变活动日程、减少参观游览时间、增加购物等不符合计划的要求,导游人员应向其讲清道理,尽量说服并按计划执行,如对方仍坚持己见、一意孤行,应采取必要的措施并及时向接待社反映。

（四）导游人员与旅游接待单位的协作

旅游产品是一种组合性的整体产品，不仅包括沿线的旅游景点，还包括沿线提供的交通、食宿、购物、娱乐等各种旅游设施和服务，这就需要旅行社、饭店、景点、交通、购物和娱乐部门等旅游接待单位的高度协作。作为旅行社的代表，导游人员应搞好与旅游接待单位的协作。

1.及时协调，衔接好各环节的工作

导游人员在服务过程中，要与饭店、车队、机场（车站、码头）、景点、商店等许多部门和单位打交道，其中任何一个接待单位或服务工作中的某一环节出现失误和差错，都可能导致"一招不慎，满盘皆输"的不良后果。导游人员在服务工作中要善于发现或预见各项旅游服务中可能出现的差错和失误，通过各种手段及时予以协调，使各个接待单位的供给正常有序。譬如，旅游团活动日程变更涉及用餐、用房、用车时，地陪要及时通知相关的旅游接待单位并进行协调，以保证旅游团的食、住、行能有序地衔接起来。

2.主动配合，争取协作单位的帮助

导游服务工作的特点之一是独立性强，导游人员一人在外独立带团，常常会有意外、紧急情况发生，仅靠导游人员一己之力，问题往往难以解决，因此导游人员要善于利用与各地旅游接待单位的协作关系，主动与协助单位有关人员配合，争取得到他们的帮助。譬如，迎接散客时，为避免漏接，地陪可请司机站在另一个出口处举牌帮助迎接；旅游团离站时，个别游客到达机场后发现自己的贵重物品遗放在饭店客房内，导游人员可请求饭店协助查找，找到后将物品立即送到机场。

思考题

1.什么是导游语言？导游语言的基本要求是什么？

2.常用的导游讲解方法有哪些？各有什么特点？

3.导游小张被安排上一个"夕阳红"老年团队，你认为他应注意哪些方面，才能确保团队服务质量？

项目六 旅游事故的预防与处理

学习目标

知识目标

1. 了解导游过程中经常出现的旅游问题和事故的内容
2. 掌握旅游过程中经常出现的问题和事故的预防方法
3. 掌握旅游过程中问题和事故的处理程序与方法

知识目标

1. 能够形成良好的事故防范意识、工作习惯和方式
2. 能够形成较强的发现问题、分析问题和解决问题的能力

导入案例

中秋节夜访兵马俑

西安的导游员小赵按计划要接待一个美国旅游团。但由于上一站的原因,整整等候了两天,美国旅游团才终于抵达西安。而该团次日早离陕赴沪的机票早已买好,无法更改日期。这样原计划在西安停留两天半的日程一下子变成了一个晚上。一见到该团领队,导游小赵就把情况悄悄告诉了领队。

那天,恰好是中秋节,小赵特地请餐馆为客人准备了可口的饭菜和月饼,用餐时,小赵给他们讲了我国中秋节的由来。客人们正在高兴时,小赵和领队将该团在西安只停留一晚的情况告诉了大家,客人们先是惊讶,后是议论纷纷。小赵已向旅行社汇报过,此时又和该团领队及旅游者商量,决定连夜乘车直奔秦陵兵马俑博物馆。

在去兵马俑博物馆的路上,车内客人情绪低落、默不做声。小赵从十五的月亮讲到自己的结婚纪念日,从秦始皇和长城讲到西安的巨大变迁,小赵生动的讲解吸引了客人,他们的情绪逐渐高涨起来。

秦始皇陵兵马俑博物馆专门在深夜为旅游团开了馆。在静悄悄的巨大展厅内,面对着千军万马的地下军阵,小赵的精彩讲解和夜游兵马俑博物馆的独特经历使旅游者们的情绪格外兴奋高涨。在回西安的路上,虽然已是凌晨2点多种,大家却忘记了日程变化所带来的不快,忘记了疲劳,对小赵的精明能干赞不绝口。清早,旅游者们愉快地登上了开往上海的飞机。

(资料来源:王连义.怎样做好导游工作[M]。北京:中国旅游出版社,2005.)

任务一 漏接、空接、错接的预防和处理

接团是导游员与旅游者的第一次接触,它会产生"第一印象",会影响导游员在今后与旅游者的相处,也会影响到导游员的工作,因而接团非常重要。所以导游员必须加强责任意识、增强敬业精神、熟悉并严格遵循旅行社制订的日程安排计划,加强预防,尽量避免漏接、空接和错接。

一、漏接的原因、预防与处理

漏接,是指旅游团(者)抵达一站后无导游员迎接的现象。漏接的原因有很多,也并不全是导游员的责任,但对旅游者而言,无论是什么原因造成的漏接都是令人不快的,他们会对导游员不满、发火,甚至投诉。所以,导游员应尽快设法消除旅游者的不满情绪,及时分析原因、解释清楚、请求谅解,以挽回影响。

(一)漏接的原因

1. 客观原因造成的漏接

(1)原定班次或车次变更,旅游团提前到达,但本站接待社有关部门没有接到上一站旅行社的通知。

(2)本站接待社有关部门虽接到关于旅游团提前抵达的通知,但没有及时通知该团的导游员,导致旅游团到达后无人接站。

(3)由于交通部门的原因,如国际航班提前抵达,致使旅游团提前抵达。

2. 由于导游员的主观原因造成的漏接

(1)导游员未按规定的时间提前抵达接站地点。

(2)导游员由于工作疏忽,将接站地点搞错。

(3)新旧时刻表交替,导游员没有查对新时刻表,仍按旧时刻表去接站,造成漏接。

(4)由于某种原因,班次变更,旅游团提前到达,接待社有关部门已在接待计划(或电话记录、传真)上注明,但导游员没有认真阅读变更通知,仍按原接待计划时间接站。

(5)导游员举牌接站时未站在出口处醒目位置造成漏接。

(二)漏接的预防

1. 认真阅读接待计划

导游员在接到接待任务后,要认真阅读计划中的每个细节,应了解旅游团抵达的日期、时间、接站的具体地点并认真核对清楚。

2. 核实交通工具到达的准确时间

导游员在旅游团抵达的当天,要主动与旅行社有关部门核实旅游团抵达的时间,及时了解时间的变更情况。并及时与有关交通部门联系,核实抵达的确切时间。

3.提前抵达接站地点

导游员要增强时间观念及对时间的掌控能力。要熟悉最近本地区的交通情况,要准确计算接站的时间,与司机商定好出发时间,保证按规定提前 30 分钟到达约定地点接站,以确保接站工作的顺利进行。

（三）漏接的处理

不管是旅游者,还是旅行社企业或导游员,都不希望出现漏接现象。一旦出现漏接,不论是由于什么原因造成的,导游员都应诚恳地积极采取措施妥善处理。由于导游员的主观原因造成漏接时,导游员的做法是:要实事求是地向旅游者说明情况,真诚地道歉,请求旅游者的谅解,并用自己更加热情、周到的服务来弥补这个过失。当然,导游员也可以采用其他措施来将功补过。

对于客观原因造成的漏接,导游员不要认为与自己无关就不闻不问,因为那样会引起旅游者更加不满,导游员应该做到:立即与旅行社有关部门联系以查明原因;向旅游者解释清楚,以免引起误会;尽量采取补救措施来完成接待任务,使旅游者的损失减少到最低限度;必要时,请旅行社的领导出面赔礼道歉,或酌情给予旅游者一定的物质补偿。

二、空接的预防与处理

空接,是指由于某种原因旅游团推迟抵达某站,导游员仍按原定班次或车次接站而没有接到旅游团的现象。

（一）造成空接的原因

（1）由于某种原因,旅游团仍滞留于上一站或途中,上一站和下一站的旅行社均不知道这种临时变化,而全陪或领队又无法及时通知地方接待社。

（2）班次变更后,旅游团推迟到达,上一站旅行社未将变更通知下一站,或虽通知了,但接待社工作疏忽,未能及时通知导游员。

（3）由于旅游者本身的原因,如临时有急事、生病等,临时取消旅游活动。

（二）空接的预防

旅游团迟到,或者不到,都是造成空接的直接原因,但根本原因在于上一站旅行社、接待社、被接的旅游团,以及参与接待的有关人员之间的协调出现了矛盾。因此,为了预防或者避免空接,有关各方必须本着对旅游者负责、对彼此负责的态度,加强彼此的协调工作。及时协调,才能按时接待。另外,导游员应该加强工作积极性和主动性,主动与有关部门和人员联系,以避免空接。

（三）空接的处理

导游员在遇到空接问题时,要立即与本社联系,查明原因,然后采取相应举措。如推迟时间不长,可留在接站地点继续等候;如推迟时间较长,应按照旅行社的指示,重新安排接团事宜;如旅游团在本地的旅游活动临时取消,导游员应按照旅行社的安排立即结束接团工作。

三、错接的预防与处理

错接,是指导游员在接站时未认真核实,接了不应该由他接的旅游团(旅游者)。错接,属于导游服务工作中的责任事故。

(一)错接的预防

(1)接站前,导游员要认真细致地阅读接待计划,充分掌握所接旅游团的详细情况。

(2)导游员应提前到达接站地点迎接旅游团。

(3)最重要的是,导游员接团时要认真核实。导游员要加强责任心,接到团队后,要认真逐一核实旅游者源地旅行社的名称,旅游目的地组团社的名称、旅游团的代号、人数、领队的姓名(无领队的旅游团要核实旅游者的姓名)、下榻的饭店等,确认无误后再接走。

(4)提高警惕,严防社会其他人员非法接走旅游团。

(二)错接的处理

如错接发生在同一家旅行社接待的两个旅游团时,导游员应立即向领导汇报,经领导同意,地陪可以不再交换旅游团。如果是地陪兼全陪,则应立即交换旅游团并向旅游者道歉。

若错接的是另一家旅行社的旅游团时,导游员应立即向旅行社领导汇报,设法尽快交换旅游团,并向旅游者实事求是地说明情况,并诚恳地道歉。

任务二 旅游计划和日程变更的处理

一、旅游计划变更的原因与情况

(一)旅游计划变更的原因

旅游过程中,由于客观情况发生变化,如突发事件、天气突变、自然灾害、交通故障等不可预料的因素的影响等,迫使旅游计划、线路和活动日程也要发生相应的变更。此外,由于导游工作出现差错和失误等主观原因,如导游员疏忽大意导致误机、误车等,也会出现旅游计划不得不更改的情况。

需要指出的是,如果是由于旅游团(者)主观要求改变旅游计划,提出变更路线和活动日程的要求时,导游员原则上应按照合同执行。如果旅游者有非常特殊情况,应上报组团社,按照组团社的指示做好工作。

(二)旅游计划变更的情况

旅游计划的变更大致有三种情况:一是缩短或取消在某地的游览时间;二是延长在某地的游览时间;三是在某地的游览时间不变,但旅游活动项目被迫更改,用一种旅游活动项目取代另一种旅游活动项目。

二、应对旅游计划变更的措施

(一)一般应变措施

1.制订应变计划并报告旅行社

当原来的计划与实际情况发生冲突时,原计划就必须变更,导游员应在认真分析问题和形势的基础上,对问题的性质、严重性和后果作出充分的估计和正确判断,根据实际情况迅速制订相应的应变计划并上报旅行社。经批准后,方可执行新计划,这是一个非常重要的工作制度。

2.做好旅游者的工作

地陪与全陪应先就有关问题进行协商并取得一致意见,然后找准适当时机向领队和团中有影响的旅游者实事求是地说明情况、诚恳地道歉,取得他们的谅解;继而将应变计划向他们解释清楚,争取他们的认可和支持;最后分头做其他旅游者的工作,只有当大多数旅游者同意后,导游员才能实施计划的变更。

3.适当给旅游者一些补偿

必要时经旅行社领导同意,可采取适当的物质补偿措施,如加菜、加酒、赠送具有本地特色的小纪念品等补偿方法,或请旅行社领导出面向旅游者表示歉意,力求问题处理得圆满,让旅游者满意。

(二)具体措施

1.延长在一地的游览时间

旅游团提前抵达或是推迟离开,都会延长旅游者在一地的游览时间,地陪应采取相应的措施:

(1)与旅行社有关部门联系,重新落实安排该团用餐、用房、用车的安排。

(2)调整活动日程,酌情增加旅游景点;适当延长在重要旅游景点的游览时间;晚上安排文体活动,努力使活动内容充实、丰富多彩。

(3)如果推迟离开本站,要及时通知下一站,也可提醒旅行社与下一站联系。

2.缩短或取消在一地的游览时间

旅游团提前离开或是推迟到达,都会缩短旅游者在一地的游览时间,地陪应采取相应的措施:

(1)导游员应尽量抓紧时间,将计划内的游览项目安排完成;若确有困难,应有应变计划;应安排旅游者游览观赏本地最有代表性、最具特色的旅游景点,以求旅游者对本地的旅游景观及其特色有一个基本的了解。

(2)如果提前离开本站,要及时通知下一站,也可提醒旅行社与下一站联系。

(3)向旅行社领导和有关部门报告,与饭店旅游交通部门联系,及时办理退餐、退房、退车等事宜。

3.被迫改变部分旅游计划

（1）减少（超过半天）或取消一地的游览时间。若取消或减少超过半天的游览时间,全陪应该报告组团社,由组团社作出决定并通知有关地方接团社;地方接待社也要通知国内组团社并通知下一站接待社。在此种情况下,导游员只能代表接待方表示真诚的歉意,并尽心尽力做好自己的工作。

（2）游览时间不变,但被迫改变旅游活动项目。有时在旅游活动过程中,会遇到景点关闭等特殊情况,不得不改变原定游览项目。虽然这种变更涉及面不太大,但导游员依然要实事求是地将情况向旅游者讲清楚,请求其谅解,并提出替代景点的游览方案,与旅游者协商,在征得多数旅游者同意的情况下,才能实施新的方案。而且,导游员所选择的替代旅游景点也应该是具有特色的景点,同时,导游员要以精彩的讲解和最佳的安排激起旅游者的游兴,使新的安排得到旅游者的认可,以弥补因计划变更带采的遗憾和不快。

任务三　误机（车、船）事故的预防与处理

误机（车、船）事故是指由于某些客观原因,或由于旅行社有关人员工作的失误,旅游团（者）没有按原定航班（车次、船次）离开本站而导致暂时滞留。

误机（车、船）事故在导游服务工作中属于重大事故,一旦发生,不仅会导致旅游者在一地的暂时滞留,给旅游者带来诸多不便和经济损失,影响到旅游者后面的整个行程,从而造成许多问题和矛盾,还会给旅行社带来巨大的经济损失,严重影响到旅行社的形象和声誉。导游员要高度认识误机（车、船）事故的严重后果,杜绝此类事故的发生。

一、误机（车、船）事故的原因

（一）客观原因造成的非责任事故

首先,由于自然灾害方面的原因,如大雨造成的山体滑坡冲毁路基,交通工具无法通行,大雪、大雾使飞机不能正点起降等;其次,由于旅游者方面的原因,如突发重病、摔伤、走失或其他意外事故;再次,由于交通方面的原因,这类事故颇为常见,如遇到交通事故、严重堵车、交通工具抛锚等情况造成迟误等。由于这些方面的原因引起的误机（车、船）,属于非责任事故。

（二）主观原因造成的责任事故

由于导游员或旅行社有关人员工作上的疏忽和差错造成的误机（车、船）事故。如导游员没有认真核实交通票据,粗心大意将离站的时间或地点搞错;班次已变更,但旅行社的有关人员没有及时通知导游员等;导游员当日安排的日程不当或过紧,使旅游团（旅游者）没能及时按规定时间到达机场（车站、码头）等。由于这些方面的原因引起的误机（车、船）,属于责任事故。

二、误机(车、船)事故的预防

误机(车、船)造成的后果非常严重,而杜绝此类事情发生的关键在于预防。导游员要加强责任意识,提高自己的组织能力。

(一)提前落实交通票据

地陪、全陪要提前做好旅游团离站交通票据的落实工作,并认真核实日期、班次、时间、目的地等。如交通票据是否落实,带团期间要随时与旅行社有关部门联系,了解班次有无变化,核实交通工具离开的时间。

(二)安排日程适当

旅游团快离开本站前,一般不要安排旅游团到范围广、地域复杂的景点参观游览,对每个旅游景点的游览时间要科学安排、严格控制。不安排旅游团到热闹的地方购物或自由活动,以免旅游者走散,难以准时集合。

(三)按规定时间赶赴交通港

安排充裕的时间去机场(车站、码头),保证旅游团按以下规定的时间到达离站地点:乘国内航班:提前 90 分钟到达机场;乘国际航班:提前 120 分钟到达机场;乘火车或轮船:提前 60 分钟到达车站或码头。

三、误机(车、船)事故的处理

一旦发生误机(车、船)事故,导游员应按照以下程序处理:

(1)导游员应立即向旅行社领导及有关部门报告,并请求协助。

(2)地陪和旅行社尽快与机场(车站、码头)联系,争取让旅游者尽快乘后续班次(车次或船次)的交通工具离开本站,或采取包机(车厢、船)等方式,或改乘其他交通工具前往下一站,以免造成更大的损失。

(3)稳定旅游团旅游者的情绪,向旅游者说明情况并赔礼道歉。安排好在滞留期间的生活和活动等事宜,尽力缓解旅游者的不满情绪,把不利影响降低到最低程度。

(4)及时通知下一站,对旅游计划作相应的调整。

(5)写出事故报告,查明事故的原因和责任,事故责任者应承担经济损失并接受纪律处分。

任务四　证件、钱物、行李遗失的预防和处理

一、证件、钱物、行李丢失的预防

在旅游期间,旅游者丢失证件、钱物和行李的现象时有发生,发生这种情况不仅给旅游者本人造成诸多不便和经济损失,也给导游员的工作带来不少麻烦和困难,不仅影响旅游活动

的正常进行,还会影响到旅行社和旅游目的地的形象。导游员应该采取各种措施,预防此类问题的发生。

(1)多做提醒工作。在热闹、拥挤的场所游览和购物时,导游员要提醒旅游者保管好自己的钱物;参观游览时,导游员要提醒旅游者带好随身物品和提包;离开饭店去下一站时,导游员要提醒旅游者清点自己的物品和证件,不要遗留任何东西,等等。

(2)提醒旅游者保管好自己的证件。导游员在工作中需要旅游者的证件时,要由领队收取,用毕立即如数归还,不要代为保管,还要提醒旅游者保管好自己的证件。

(3)切实做好每次行李的清点、交接工作。

(4)每次旅游者下车后,导游员都要提醒司机清车、关窗并锁好车门。

二、旅行证件丢失的处理

旅行证件是旅游者在旅游期间必备的有效证件,主要分为护照、签证、港澳居民来往内地通行证、台湾同胞旅行证明和我国内地居民身份证。旅游者丢失证件后,导游员应请旅游者冷静地回忆,详细了解丢失情况,尽量协助寻找;如确已丢失,应马上向旅行社报告,根据旅行社的安排,协助旅游者向有关部门报失,补办必要的手续。所需费用由旅游者自理。

(一)丢失外国护照和签证

如旅游者丢失护照和签证,应由旅行社出具证明;请失主准备本人彩色照片;失主本人持旅行社证明去当地公安局(外国人出入境管理处)报失,由公安局出具证明;持公安局的证明去所在国驻华使、领馆申请补办新护照;领到新护照后,再去公安局办理签证手续。

(二)丢失团队签证

如丢失团队签证(9人以上旅游团持团体签证),在补办时必须有签证副本和团队成员护照,并重新打印全体成员名单,填写有关申请表(可由一名旅游者填写,其他成员附名单),然后到公安局(外国人出入境管理处)进行补办。

(三)丢失中国护照和签证

1. 华侨丢失护照和签证

华侨丢失护照和签证后,失主准备本人照片,由当地接待社开具证明后,失主持遗失证明到省、自治区、直辖市公安局(厅)或授权的公安机关报失,并申请办理新护照,再持新护照到其所侨居国驻华使、领馆办理入境签证手续。

2. 中国公民出境旅游时丢失护照、签证

请当地陪同协助在接待社开具遗失证明,再持遗失证明到当地警察机构报案,取得警察机构开具的报案证明;持当地警察机构的报案证明和遗失者照片及有关护照资料到中国驻该国使、领馆办理新护照;新护照领到后,携带必备的材料和证明到所在国移民局办理新签证。

(四)丢失港澳居民来往内地通行证

失主应持当地接待社的证明向遗失地的市、县公安部门报失,经查实后,由公安机关的出

入境管理部门签发一次性有效的《中华人民共和国出境通行证》。

(五)丢失台湾同胞旅行证明

失主应向遗失地的中国旅行社,或侨办,或公安局户籍管理部门报失,经查证核实后,由公安机关的出境和入境管理部门发给一次性有效的出境和入境通行证。

(六)丢失中华人民共和国居民身份证

丢失中华人民共和国居民身份证的,由当地旅行社核实后开具证明,失主持证明到当地公安机关报失,经核实后开具身份证明,旅游者可凭证登记住宿、购买机票,机场安检人员核准放行。

三、行李丢失的处理

旅游者的行李丢失主要发生在公共交通运输途中和搬运过程中,因而责任一般在交通运输部门。虽然不是我方导游员的责任,但行李丢失会给旅游者的旅途生活带来许多不便,影响旅游者的情绪,使旅游活动的顺利进行受到干扰。因此,导游员应认真对待,在工作的各个环节注意防止行李丢失,一旦发生这种情况,导游员也应该积极帮助寻找,设法解决问题。

(一)来华途中丢失行李

海外旅游者乘飞机来华时丢失行李,其责任主要在所乘飞机的航空公司,导游员的责任是协助失主同所乘航班的航空公司交涉,以追回行李。

导游员应先带失主到机场失物登记处办理行李丢失和认领手续。失主须出示机票及行李牌,详细说明始发站、转运站,说清楚行李的件数及丢失行李的大小、形状、颜色、标记等特征,并一一填入失物登记表。导游员应将失主下榻酒店的名称、房间号和联系方式告诉登记处,并记下登记处的电话和联系人,记下有关航空公司办事处的地址、电话,以便联系。

旅游者在当地游览期间,导游员要不时打电话询问寻找行李的情况,如果一时找不回行李,要协助失主购置必需的生活用品。

如果离开本地前行李还没有找到,导游员应帮助失主将接待社的名称、全程旅游线路,以及各地可能下榻的饭店名称转告有关航空公司,以便行李找到后及时运往最合适的地点,交还失主。

如行李确系丢失,失主可按照航空公司的有关规定向其索赔。

(二)在中国境内丢失行李

旅游者在中国境内旅游期间丢失行李,主要发生在行李交接和运送的各个环节中,一般是交通部门或行李员的责任,但导游员应该认识到,不论是在哪个环节出现问题,责任在我方。所以,导游员应高度重视,积极设法查找。

1.冷静分析,找出差错的环节

如果旅游者在出站前领取行李时,找不到托运的行李,则有可能是上一站行李交接或行李托运过程中出现了差错。此时,导游员可采取以下措施:带失主到机场失物登记处办理行李丢失和认领手续,由失主出示机票和行李牌,填写丢失行李登记表;同时,导游员应立即向旅行社领导汇报行李丢失情况,请其安排有关部门和人员与机场、上一站旅行社、民航等单位联系,积极寻找。

如果抵达饭店后,旅客没有拿到行李,则问题可能出在饭店内,或本地交接,或运送行李过程中,此时,地陪应采取如下措施:和全陪、领队一起先在本团成员所在住房寻找,查看是否是饭店行李员送错了房间,还是本团客人误拿了行李;如找不到,就应与饭店行李科迅速取得联系,请其设法查寻;如饭店行李科工作人员仍找不到,应向旅行社汇报。

2.做好失主的工作

导游员要主动关心安慰失主,对丢失行李事故向失主表示歉意,并帮助其解决因行李丢失而带来的生活方面的困难。

3.随时与有关方面联系

在当地游览期间,导游员要随时与有关方面联系,询问查找进展情况。若行李找回,应及时将找回的行李归还失主,并向其说明情况。

4.丢失后的处理

如果确定行李已经遗失,则应由旅行社领导出面向失主说明并表示歉意。帮助失主根据惯例向有关部门索赔。事后应写出书面报告。报告中要写清行李丢失的经过、原因、查找过程及失主和其他团员的反映等情况。

四、钱物丢失的处理

在旅游过程中的安全问题主要包括两方面,一是人身安全,二是财物安全。旅游者在旅游过程中丢失钱物,这是常见的旅游安全事故。导游员一旦发现此类事故,首先,自己要冷静,同时要注意稳定旅游者的情绪;其次,要及时详细了解失物的物理特征和经济价值,分析失物丢失的原因、可能时间和地点,并积极帮助寻找。若丢失的是进关时登记并须复带出境的贵重物品,接待社要出具证明,以备出海关时查验或向保险公司索赔。证件、财物,特别是贵重物品被盗是治安事故,导游员应该立即向公安部门和保险公司报案,协助有关人员查清线索,争取破案,找回被窃物品,挽回不良影响。若无法找回被盗物品,导游员应协助失主持旅行社的证明到当地公安局开具失窃证明书,以备出海关时查验,或向保险公司索赔。同时,导游员要提供热情、周到的服务,安慰失主,缓解他的不快情绪。且在同时,导游员可以提供必要的物质帮助和经济援助,以解燃眉之急。

任务五　旅游者走失的预防和处理

一、旅游者走失的预防

旅游过程中由于旅游者较多,再加上旅游景点的不断变换,非常容易发生人员走失事故。造成旅游者走失的原因一般有三种:一是导游员没有向旅游者讲清停车的位置或景点的游览路线，或没有做好必要的提醒工作；二是旅游者忘记了导游员的提示或因对某种现象或事物感兴趣，或因摄影滞留时间较长而脱离团队，自己走失；三是在自由活动、外出购物时没有记清路线和地址造成走失。发生旅游者走失，不仅会影响旅游者的情绪，严重时会影响旅游计划的完成，甚至会危及旅游者的生命和财产安全。

因此，导游员必须增强责任心，加强防范意识，时刻注意防止此类事故的发生。导游员的主要预防措施如下：

（1）加强责任心，制订科学周详的旅游日程计划，防止旅游者走失。

（2）多做提醒工作。在旅游过程中，导游员要经常地提醒旅游者需要注意的事项，要做到时时、处处、事事、人人提醒，应该认识到，提醒是防患于未然的最好方法，且是避免事故发生的重要措施。导游员要提醒旅游者记住接待社的名称、旅游车的标志和车号；下榻饭店的名称、电话号码等。游览时，要提醒旅游者不要走散；自由活动时，提醒旅游者不要走得太远，不要太晚回饭店，不要去热闹、拥挤、秩序乱的地方。尤其要对关键时间、关键地点和重点旅游者要多注意提醒。例如，自由活动的时间、旅游者购物的时间、旅游者众多的大型旅游景点、旅游者出现注意力不集中的时候、上下车的时候、离开某一地点的时间、那些曾经掉队或自由散漫的旅游者，等等。

（3）做好各项安排的预报。每天出发前，或旅游车离开饭店后，导游员要向旅游者通报全天的游览日程、游览景点、用餐点的名称和地址、抵达时间和逗留时间，以便旅游者万一走失后可以自己去餐厅或下一旅游点与旅游团汇合；在到达景点下车游览之前，要告知全团旅游者旅游车的停车地点，再次提醒记住车的特征和车号；在景点示意图前，要向旅游者介绍游览路线、游览所需时间、集合时间和地点等。

（4）常清点人数。清点人数是防止旅游者走失和发现旅游者走失的重要方法。导游员要养成经常清点人数的习惯，特别是旅游者"散"与"集"的时候，例如，自由活动归来时、每一次上车时、离开某地（景点、酒店、车站、码头、机场、购物中心等）时等。

（5）地陪、全陪和领队要密切配合，共同防止旅游者走失。参观游览时，导游员应时刻和旅游者在一起，地陪要举社旗在前面讲解，全陪和领队要在旅游团的后面负责观察旅游者的动向、经常清点人数、及时提醒旅游者跟上队伍，等等。

（6）导游员要提高自己的讲解水平和技巧，吸引旅游者。在旅游的过程中，有时旅游者走失是因为导游员讲解的精彩程度不够，对旅游者的吸引力不强，旅游者于是将注意力转移到其他方面，最终导致走失。因此，导游员要提高自己的讲解水平，以便在游览中用高超的讲解技巧和丰富的讲解内容吸引旅游者。

二、旅游者走失的处理

旅游者走失后，导游员的主要处理措施如下：

（一）及时了解情况，迅速寻找

导游员应该立即向旅游团内其他旅游者了解走失旅游者的情况，分析、推测走失的时间和地点，然后取得领队和全陪的协助，及时组织人力分头寻找。一般情况下，由全陪和领队分头寻找,自己带领其他旅游者继续游览。

(二)争取有关部门的协助

在经过认真寻找仍然找不到走失的旅游者时,导游员应立即向游览点的派出所和管理部门求助,告知走失旅游者的特征,请相关的派出所和管理部门在人多的地方和各进出口等地点协助寻找;同时与该旅游团下榻的饭店联系,询问旅游者是否自行返回饭店;如果仍然找不到走失的旅游者,导游员应向接待社及时报告,并请求帮助,必要时经领导同意向当地公安机关报案。

(三)做好善后工作

找到走失的旅游者后,导游员应问明情况,分析原因。若是自己的原因,应向旅游者赔礼道歉;如果责任属于走失者,应对其进行善意的批评,讲明利害关系,提醒以后注意。若旅游者因离团走失而受到惊吓,应对旅游走失者进行安慰;如果发生严重的旅游者走失事故,事后要查清责任。导游员应写出书面报告,记录事故发生的原因、经过、结果、善后处理及旅游者对这件事的反映,为今后的工作提供经验和教训。

任务六　旅游者患病、死亡问题的处理

在旅游过程中,由于旅途劳累、气候变化、水土不服、起居习惯经常改变等原因,旅游者突然患病、患重病,甚至病危的情况都有可能发生,特别是对那些年老、体弱和有病的旅游者更是如此。导游员应该积极主动地采取一些措施,尽量避免人为原因导致旅游者发生此类事故。如果旅游者患病,或患重病,导游员应沉着冷静,及时处理,并努力使旅游活动继续进行。

一、旅游者患病的预防

首先,导游员要详细了解旅游团内成员的身体健康情况。接团前,导游员要根据旅游团的有关资料,认真分析、仔细研究,全面、真实地了解旅游者的身体状况,然后根据旅游者的年龄、身体状况来安排旅游活动。

其次,导游员要科学安排游览活动。要做到劳逸结合、动静结合、节奏适中、景点搭配合理和随机应变。同日游览景点不可贪多,体能消耗大的旅游景点不能太集中,日程的安排既要考虑到健康旅游者的需求,也要考虑到患病旅游者的特殊情况,而且要照顾到旅游者的生活规律,尽量尊重旅游者的正常生活习惯,切不可为了"省钱"或"赶时间",该吃饭时,旅游者不能吃饭;该休息时,旅游者不能休息;同时,时间安排要留有余地。

第三,要注意饮食卫生。饮食卫生是旅途中旅游者发病的一个重要因素,导游员要高度重视这个问题。要选择卫生条件较好的酒店吃住,不喝生水和"三无"饮品,不吃小摊、小贩卖的食品,要注意个人卫生,等等。

第四,要注意天气变化。导游员要经常收看或收听天气预报,及时提醒旅游者增减衣服、带雨具,气候干燥的季节或旅游地,要提醒旅游者多喝水、多吃水果等。

二、旅游者患一般疾病的处理

旅游期间,旅游者所患一般疾病主要包括:感冒、发烧、晕车(机、船)、中暑、失眠、腹泻、便秘等。对这类疾病,导游员应该做好以下工作:

(1)关心旅游者的病情。病人在生病的时候,心理、感情都非常脆弱,,尤其是对一个在异地他乡又无亲人在旁的旅游者来说,更是如此。因此,导游员应该多关心这类旅游者,多给他们一些温暖、问候、方便和照顾,如主动前去探望,询问身体状况,以示关心;安排好患病旅游者的用餐,必要时通知餐厅为其提供送餐服务。

(2)劝患病的旅游者及早就医并多休息。对一般疾病,应坚持"及时发现,及时治疗"的原则。导游员一旦发现旅游者有病情,就立即建议患者到附近的医院治疗,必要的情况下,导游员可以陪同前往。

(3)旅游者的治疗费用自理。要向旅游者讲清楚看病的费用自理。

(4)严禁导游员擅自给患者用药。

三、旅游者突患重病的处理

旅游者突患重病,是旅游过程中的棘手问题,导游员应全力以赴,采取措施,积极组织抢救。

(一)旅游者在旅游途中突患重病,导游员应该做应急处理

若旅游者在乘旅游车前往景点的途中突发急病,必须立即将患者送往就近的医院,可拦车或拨打急救电话120,叫救护车将患者送往医院,必要时暂时中止旅游,用旅游车将患者送往医院;同时及时通知旅行社,请求指示和派人协助。旅游者在旅游景点游览的过程中突患重病,导游员应立即组织现场急救,如人工呼吸、对中暑的处理等;同时,拨打电话,叫救护车请求急救;联系景点单位的管理部门,请求他们帮助;导游员也应及时将有关情况通知旅行社予以协助。旅游者在长途交通工具(飞机、火车、轮船)上突患重病时,导游员应采取措施就地抢救;导游员请求机组人员、列车员或船员通过交通工具上的广播系统在乘客中寻找医护人员对患者进行抢救,并通知下一站急救中心和旅行社准备抢救,以便更及时有效地治疗。

若旅游者在饭店里突患重病,导游员应立即请饭店的医护人员前来抢救,然后,送往当地的医院救治,并将情况及时报告旅行社。

(二)在对突患重病的旅游者实施救治时,导游员应注意的问题

(1)患者病危时,导游员应立即协同领队和患者亲友送病人去急救中心或医院抢救,要及时、积极救治,切不可拖延。

(2)若患者是国际急救组织的投保者,导游员还应提醒其亲属或领队及时与该组织的代理机构联系。

(3)在抢救过程中,导游员应要求患者亲友在场,并详细记录患者患病前后的症状和治疗情况,保管好书面资料,并请接待社领导到现场或与接待社保持联系,随时汇报患者情况。

（4）如果需要手术，须征得患者及家属的同意，如果亲属不在身旁，须由领队同意并签字。

（5）若患者病危，且家属不在身边时，导游应及时提醒领队通知其家属；如果患者是海外旅游者或外国旅游者，导游则应告知领队通知患者所属国驻华使、领馆，由他们协助处理；患者亲属到达后，应协助患者解决生活方面的问题，若找不到患者亲属，一切按使、领馆的书面意见处理。

（6）有关患者诊治、抢救及动手术的书面材料，应由主治医生出具并签字，由医院妥善保存。

（7）导游员在安排治病救人的同时，应该安排好其他旅游者的旅游活动。全陪应继续随团旅游。

（8）若病人转危为安，但仍需继续住院治疗时，导游员应该协助办好有关住院手续，地陪要不时地探望病人，并帮助患者办理分离签证、延期签证，以及出院、回国手续和交通票证等善后事宜。

（9）导游员要告知病人住院及医疗费用自理，患者离团住院时未享受的综合服务费由旅行社之间结算，按协议规定处理；患者亲属在华期间的一切费用自理。

四、旅游者死亡的处理

旅游者死亡会出于不同的原因，主要有：因病亡故、交通事故、治安事故、自杀或在自然灾难中丧生。旅游者在旅途中死亡，这是旅游过程中最严重的事故，一旦出现此类事故，导游员应立即向当地的接待社报告，让领导出面处理死者后事，按照接待社的安排和有关规定办理，导游员不得自行其是。同时，导游员要稳定旅游团内其他旅游者的情绪，继续做好旅游接待工作。

如果死者的亲属不在身旁，导游员应立即通知死者的亲属；如死者是外国旅游者，应通过领队和外事部门通知死者所属国驻华使、领馆，由他们通知死者的家属。

由参加抢救的医师向死者的亲属、领队及有关人员详细报告抢救的经过，并经医院开具"抢救经过报告""死亡诊断证明书"，由主治医师签字后盖章，复印后分别交给死者的亲属、领队和旅行社。

死者的遗物由死者的亲属或领队、全陪和接待社共同清点，列出清单，一式两份，由有关人员分别签字后分开保管。遗物由死者的亲属或领队带回（或交使、领馆）。

如需要，由领队向全团宣布对死者抢救的经过及死讯。

遗体的处理，一般应在当地火化。遗体在火化前，应由死者的亲属或领队填写火化申请书，交我方留存。

因某种原因，如宗教方面的原因，死者亲属要求将遗体运回祖国（或居住地），除需办理上述手续外，还应由医院对尸体进行防腐处理，由殡仪馆成殓，并发给装殓证明书（灵柩要用铁皮密封，外廓要包装严实）。

若旅游者死亡地不是出境口岸，应由地方检疫机关发给死亡地点至出境口岸的检疫证明"外国人运带灵柩（骨灰）许可证"，然后由出境口岸检疫机关发给中华人民共和国某检验站"尸体/灵柩/进/出境许可证"，再由死者所持护照国驻华使、领馆办理一张遗体灵柩经由国家的通行护照,此证随灵柩一起同行。

如果旅游者是非正常死亡,导游员应该保护好现场,并及时报告当地公安部门和旅行社,配合他们处理事故。如需解剖尸体,要征得死者亲属和所在国驻华使、领馆人员或领导同意、签字,经医院有关部门同意后方可进行,解剖后写出"尸体解剖报告"。

任务七　旅游安全事故的预防和处理

旅游活动中,凡涉及旅游者人身、财产安全的事故均为旅游安全事故,在旅游接待过程中可能发生的旅游安全事故,主要包括交通事故、治安事故、火灾事故和食物中毒等。

一、交通事故的预防与处理

(一)交通事故的预防

交通事故中最常见的是汽车交通事故。为了更有效地避免交通事故,旅行社在租用交通工具的时候,应选择实力雄厚、信誉好的交通公司,挑选有经验、技术精湛、服务态度好、稳重的司机,这是预防旅游交通事故的保障。同时,导游员应具备安全意识,配合司机做好旅游过程中事故的预防工作:

(1)导游员要科学安排旅游日程,时间上要留有余地,严格把握每个旅游景点的旅游时间,不要为"赶时间"而催促司机开快车。

(2)司机开车时,导游员不要与司机聊天,以免分散其注意力。

(3)如遇天气不好(下雪、下雨、有雾)、交通堵塞、路况不好,尤其是狭窄道路、山区行车时,导游员要主动提醒司机注意安全,谨慎驾驶;地陪对日程安排可适当灵活调整,必须把安全放在第一位。

(4)阻止非本车司机开车。提醒司机在工作期间不要饮酒。如遇司机酒后开车,绝不能迁就,地陪要立即阻止,并向领导汇报,请求改派其他车辆或掉换司机。

(5)提醒司机经常检查车辆,发现事故的隐患,及时提出更换车辆的建议。

(二)交通事故的处理

一旦发生交通事故,只要导游员没有负重伤,神志还清醒,就应立即采取各种有效措施,冷静、果断地处理,尽最大努力减少人员伤亡和财物损失,并积极做好善后工作。发生了交通事故,导游员应该做到:

(1)立即组织抢救。导游员应立即组织现场人员迅速抢救受伤的旅游者,特别是抢救重伤员,并尽快让旅游者离开事故车辆。如不能就地抢救,应立即打电话叫救护车(医疗急救中心电话120)或拦车将重伤员送往距出事地点最近的医院抢救。

(2)保护好现场,立即报案。事故发生后,不要在忙乱中破坏现场,要设法保护现场,并尽快通知交通、公安部门(交通事故报警电话122),请求尽快派人到现场调查处理。

(3)迅速向接待社报告。地陪应迅速向接待社领导报告,讲清交通事故的发生和旅游者伤亡情况,请求派人前来帮助和指挥事故的处理,并要求派车把未受伤和轻伤的旅游者接走,送至饭店,或继续旅游活动。听取领导对下一步工作的指示。

(4)做好安抚工作。事故发生后,导游员在积极抢救、安置伤员的同时,要做好其他旅游者的安抚工作,力争按计划继续进行参观游览活动。待事故原因查清后,请旅行社领导出面向全体旅游者说明事故原因和处理结果。

(5)请医院开出诊断和医疗诊断书,并请公安局开具交通事故证明书,以便向保险公司索赔。

(6)写出书面报告。交通事故处理结束后,需有关部门出具有关事故证明、调查结果,导游员要立即写出书面报告。内容包括:事故发生的时间、地点、性质、事故的原因和经过;抢救经过和治疗情况、最后结论;人员伤亡情况和诊断结果;事故责任及对责任者的处理结果;受伤者及其他旅行者对处理的反映等。书面报告力求详细、准确、清楚、实事求是。最好和领队联署报告。

二、治安事故的预防与处理

在旅游活动过程中,遇到坏人的骚扰、行凶、抢劫、偷盗、诈骗等而导致旅游者身心健康及财产受到不同程度损害的事故,统称治安事故。

(一)治安事故的预防

治安事故,也是旅游活动中的常见事故。导游员在旅游活动中要时刻提高警惕,要多提醒旅游者有关注意事项,采取一切有效措施,防止治安事故的发生。

(1)入住饭店时,导游员应建议旅游者将贵重的财物存入饭店保险柜。不要随身携带大量现金或将大量现金放在客房内。

(2)提醒旅游者不要将自己的房号随便告诉陌生人;更不要让陌生人或自称饭店维修人员随便进入旅游者的房间;尤其是夜间决不可贸然开门,以防意外;出入房间一定锁好门。提醒旅游者不要与私人兑换外币,并讲清关于我国外汇管理的规定。

(3)旅游者下车前,导游员要提醒旅游者不要将证件或贵重物品遗留在车内。旅游者下车后,导游员要提醒司机锁好车门,关好车窗,尽量不要走远。

(4)在旅游景点活动中,导游员要始终和旅游者在一起,随时注意观察周围的环境,发现可疑的人或在人多拥挤的地方,提醒旅游者看管好自己的财物,如不要在公共场合拿出钱包,最好不买小贩的东西(防止物品被小贩偷去),并随时清点人数。

(5)汽车行驶途中,不得停车让非本车人员上车、搭车;若遇不明身份者拦车,导游员应提醒司机不要停车。

(二)治安事故的处理

导游员在陪同旅游团(者)参观浏览的过程中,遇到治安事件的发生,必须挺身而出,全力保护旅游者的人身安全,绝不能置身事外,更不能临阵而逃。发现不正常的情况,立即采取行动。

1.全力保护旅游者

遇到歹徒向旅游者行凶、抢劫，导游员应做到临危不惧，毫不犹豫地挺身而出，奋力与坏人拼搏，勇敢地保护旅游者。同时，立即将旅游者转移到安全地点，力争在现场的群众和公安人员的帮助下追回钱物、缉拿罪犯，但也要防备犯罪分子携带凶器狗急跳墙。所以，切不可鲁莽行事，要以旅游者的安全为重。

2.迅速抢救

如果有旅游者受伤，应立即组织抢救，或送伤者去医院。

3.立即报警（电话110）

治安事故发生后，导游员应立即向公安局报警；如果罪犯已逃脱，导游员要积极协助公安局破案。要把案件发生的时间、地点、经过、作案人的特征，以及受害人的姓名、性别、国籍、伤势及损失物品的名称、数量、型号、特征等向公安部门报告清楚。

4.及时向接待社领导报告

导游员在向公安部门报警的同时，要向旅行社领导及有关人员报告。如情况严重，请求领导前采指挥处理。

5.妥善处理善后事宜

治安事件发生后，导游员要采取必要措施，稳定旅游者的情绪，尽力使旅游活动继续进行下去，并在领导的指挥下，准备好必要的证明、资料，处理好对受害者的补偿、索赔等各项善后事宜。

6.写出书面报告

事后，导游员要按照有关要求写出详细、准确的书面报告。

三、火灾事故的预防与处理

(一)火灾事故的预防

饭店、景点、娱乐、购物等场所发生火灾，会威胁到旅游者的生命和财产安全，给旅游者带来极大的损失和不幸，后果十分严重。为防止火灾事故的发生，在旅游活动中，导游员应该做到以下几点：

(1)做好提醒工作。提醒旅游者不携带易燃、易爆物品；不乱扔烟头和火种，不要躺在床上吸烟；向旅游者讲清楚，在托运行李时应按运输部门有关规定去做，不得将违禁物品夹带在行李中。

(2)熟悉饭店的安全出口和转移路线。导游员带领旅游者住进饭店后，在介绍饭店内的服务设施时，必须介绍饭店楼层的太平门、安全出口、安全楼梯的位置，并提醒旅游者进入房间后，看懂房门上贴的安全转移路线示意图，掌握因一旦失火时应走的路线。

(3)牢记火警电话和旅游团内所有旅游者房间号码。导游员一定要牢记火警电话(119)，掌握领队和全体旅游者的房间号码。一旦火情发生，要及时通知旅游者。

(二)火灾事故的处理

如果发生了火灾,导游员应沉着冷静,采取以下措施:

(1)立即报警,并迅速通知领队和全体旅游者撤离。在撤离时,镇定地与工作人员配合,听从统一指挥,组织旅游者通过安全出口迅速离开现场。

(2)判断火情,引导自救。如果情况危急,不能马上离开火灾现场而被困,导游员应采取的正确做法是:千万不能让旅游者搭乘电梯或慌乱跳楼,尤其是在三层以上的旅客,切记不要跳楼;必须穿过浓烟时,可用浸湿的衣物披裹身体,捂住口、鼻,尽量贴近地面顺墙爬行;若身上着火,可就地打滚,将火苗压灭,或用厚重衣物压灭火苗;大火封门无法逃出时,可用浸湿的衣物、被褥将门缝堵塞严或泼水降温,等待救援;可以在窗口摇动色彩鲜艳的衣物,争取救援。

(3)协助处理善后事宜。旅游者获救后,导游员应立即配合救援人员抢救受伤的旅游者,将重伤者立即送往医院。若有旅游者死亡,应按有关规定处理。采取各种措施,稳定旅游者的情绪,帮助旅游者解决因火灾所造成的生活上的各种困难,想办法使旅游活动能继续进行;火灾过后,导游员应将火灾的全过程写成详细的书面报告。

四、食物中毒的预防与处理

旅游者因食用了变质或不干净的食物,常会发生食物中毒,这是旅游过程中最常见的事故之一,其症状是头晕、头痛、上吐下泻。食物中毒潜伏期短,发病快,常常集体发病,若抢救不及时,会有生命危险。因此,导游员应重视旅游过程中的饮食卫生工作,做好预防工作,严防病从口入。

(一)食物中毒的预防

为防止食物中毒事故的发生,导游员应做到以下几点:

(1)严格执行在旅游定点餐厅就餐的规定。

(2)提醒旅游者不要在小摊上购买食物,不要喝生水。

(3)用餐时若发现食物、饮料不卫生,或有异味、变质的情况,导游员应立即要求更换,并要求餐厅负责人出面道歉,必要时向旅行社领导汇报。

(二)食物中毒的处理

(1)立即采取排毒措施。若发现旅游者食物中毒,导游员应立即设法为患者催吐,并让患者多喝水,加速排泄,以缓解毒性。

(2)开具证明。导游员应立即将患者送医院抢救、治疗,请医生开具诊断证明。

(3)迅速报告。导游员应迅速报告旅行社,并追究供餐单位的责任。

拓展知识

饮食禁忌小贴士

在旅途中,要注意饮食卫生。如果乱吃乱饮,轻的会拉肚子、呕吐,重的会中毒,以致造成生命危险,俗话说:"病从口入",所以我们必须了解饮食禁忌知识。

（1）不宜饮头遍茶。茶叶在生产、包装、运输、存放的过程中，大多数会被霉菌污染。喝头遍茶对身体有害。

（2）勿空腹吃柿子。因柿子含有较多的柿胶酚、单宁和胶质，这些物质遇到较多的胃酸就会形成不溶性沉淀。

（3）柿子忌与螃蟹同吃。因蟹肉中的蛋白质遇到柿子中的鞣酸后会沉淀，凝固成不易消化的物质，长时间滞留在肠道内发酵，会出现呕吐、腹痛与腹泻等食物中毒现象。如果两者同食过多，还会发生严重的肠硬塞现象。

（4）食橘子忌同饮牛奶。因为牛奶进入胃和十二指肠后，牛奶中的蛋白质与胃蛋白酶和胰蛋白酶结合，然后进入小肠。如果吃了橘子，会使牛奶中的蛋白质与果酸及维生素 C 凝固成块，反而影响消化和吸收。两者同食后的主要症状，表现为腹胀、腹痛、腹泻等。

任务八　旅游者越轨言行的处理

越轨行为一般是指旅游者侵犯一个主权国家的法律和世界公认的国际准则的行为。外国旅游者在中国境内必须遵守中国的法律，中国旅游者在国内或出国旅游，也应遵守旅游目的地（国）的法律、法规。国内外旅游者无论谁触犯法律，都必将受到法律的制裁。

旅游者越轨言行系个人问题，但如果处理不当，会产生不良后果。因此，处理这类问题要慎重，要十分注意掌握政策和策略，要认真调查核实，分析原因。分清越轨行为和非越轨行为的界限，有意和无意的界限，无故和有因的界限，言论和行为的界限。只有正确地区别上述界限，才能正确处理此类问题，才能团结朋友，增进友谊，打击越轨者，维护国家的主权和尊严。

在导游接待中，导游员应积极向中外旅游者介绍有关法律及注意事项，多做提醒工作，以避免个别旅游者无意越轨言行的发生。同时，对有意发生的越轨言行，导游员也应提高警惕，发现可疑现象，要有针对性地给予必要的提醒和警告，迫使预谋越轨者知难而退。对顽固不化者，一旦发现危害我国主权和安全的非法活动，应报有关部门处理。

一、对攻击污蔑言论的处理

对于海外旅游者而言，由于社会制度的不同，政治观点也会有差异。因此，他们中一些人可能对中国的方针、政策及国情有误解或不理解，在一些问题的看法上产生分歧也是正常的现象。因此，导游员要积极地宣传中国，友好地介绍我国的国情，认真地回答旅游者提出的问题，阐明我国对某些问题的立场、观点，求同存异，以和为贵。

对于个别旅游者站在敌对立场上进行的恶意攻击、蓄意诬蔑或挑衅，作为一名中国的导游员，要立场坚定、观点鲜明、理直气壮地予以严正驳斥，必要时报告有关部门，查明后严肃处理。

二、对违法行为的处理

对于海外旅游者的违法行为，首先要分清是由于对我国的法规缺乏了解，还是明知故犯。

对前者,应讲清道理,指出错误之处,并根据其违法行为的情节、危害程度,确定是否报有关部门处理。对那些明知故犯者,导游员要提出警告,明确指出明知故犯者的行为是中国法律和法规所不允许的,并报告有关部门严肃处理。

旅游者中若有人从事窃取国家机密和经济情报、宣传邪教、走私、贩毒、偷盗文物、贩卖黄色书刊及音像资料等犯罪活动,一旦发现,应立即汇报,并配合司法部门查明罪责,严肃处理。

三、对违规行为的处理

(一)一般性违规行为的预防及处理

在旅游接待中,导游员应借机向旅游者宣传、介绍、说明旅游活动中涉及的具体规定,防止旅游者不知而误犯。例如,参观游览中某些地方禁止摄影、禁止进入,等等,都要事先讲清,并随时提醒。若在导游员已反复提醒的情况下明知故犯,则当事人会按规定受到应有的处罚。

(二)对异性越轨行为的处理

当发现海外旅游者对于中国异性有不轨行为时,导游员应予阻止,并告知中国人的道德观念和异性间的行为准则;对不听劝告者,应向其郑重指出其行为的严重性,令其立即改正;女性导游员遇到此类情况,为了自卫,要采取断然措施;情节严重者,应及时报告有关部门依法处理。

(三)对酗酒闹事者的处理

旅游者酗酒,轻者举止失态,重者失去理智。因此,旅游者酗酒闹事,导游员应该做到:先规劝,也可通过领队向酗酒闹事的旅游者做工作,并严肃指明可能造成的严重后果,尽力阻止;对醉酒的旅游者应用适当的语言尽力劝其停止饮酒;如果酗酒者不听劝告,扰乱社会秩序、侵犯他人、造成物质损失的,肇事者必须承担一切后果,直至承担法律责任。

思考题

1. 导游人员目睹了游客的违法行为,游客掏出大量现金,作为导游人员小费,同时暗示其很有背景,导游人员应该如何应对?

2. 带领旅游团参观时,突然遭遇地震,导游人员应如何处理?

3. 你了解"导游专座"这一说法吗?如何保障旅游工作服务人员的安全?

项目七 游客个别要求的处理

知识目标

1.了解不同类型团队的服务要求

2.理解出来游客个别要求的基本原则

技能目标

1.能够出来游客在餐饮、住宿、购物、娱乐活动、自由活动等方面的个别要求

2.掌握出来"特殊"游客的服务方法

📠 **导入案例**

美国 ABC 旅游团一行 18 人参观湖北某地毯厂后乘车返回饭店。途中,旅游团成员史密斯先生对地陪小王说:"我刚才看中一条地毯,但没拿定主意。跟太太商量后,现在决定购买。你能让司机送我们回去吗?"小王欣然应允,并立即让司机驱车返回地毯厂。

在地毯厂,史密斯夫妇以 1000 美元买下地毯。但当店方包装时,史密斯夫人发现地毯有暇疵,于是决定不买。

两天后,该团离开湖北之前,格林夫妇委托小王代为订购同样款式的地毯一条,并留下1500 美元作为购买和托运费用。小王本着"宾客至上"的原则,当即允诺下来。史密斯夫人十分感激,并说:"朋友送我们一幅古画,但画轴太长,不便携带。你能替我们将画和地毯一起托运吗?"小王建议:"画放在地毯里托运容易弄脏和损坏。还是随身携带比较好。"史密斯夫人认为此话很有道理,称赞他考虑周到,服务热情。然后满意地离去。

送走旅游团后,小王即与地毯厂联系办理了购买和托运地毯的事宜,并将发票、托运单、350 美元托运手续费收据寄给夫妇。

任务一 认知旅游者个别要求处理的基本原则

旅游者的个别要求是指旅游团在到达目的地后的旅游过程中,个别或少数旅游者因生活上的特殊需要或个人的某些愿望而临时提出的要求。它是相对于旅游团共同要求和旅游协议书所规定的项目而言的。在一个旅游团中,旅游者的共同要求主要体现在旅游活动计划中包含的内容上,它是旅游者未到达旅游目的地之前,通过客源地旅行社与目的地旅行社之间以合同形式确定下来的。旅游团到达目的地后,某些未在合同中反映的或变化了的共同要求通过领队与全陪之间商讨而进行调整,但还会有个别旅游者因为个人原因提出各种特殊要求。

旅游者个别要求的特点是:多种多样,随机性强。这些要求有难有易,有合理的,也有苛

刻的,甚至还有无理的或违法的要求。如何处理好这些个别要求,不仅对导游人员处理问题的能力是一个考验,而且也是对导游人员服务质量的一种检验。因此,导游人员对旅游者提出的个别要求,不管其难易程度如何,也不管其合理与否,都应该给予足够的重视,并及时、合情合理地予以处理,使得到满足的旅游者高高兴兴,使没有得到满足的旅游者也对导游人员的努力表示理解,使那些爱挑剔的游客也无可非议。

旅游者的要求大致可以分为三种类型:

(1)一种是合理的经过导游人员努力可以满足的要求;

(2)一种是具有合理性但难以满足的要求;

(3)一种是不合理的要求。

对这三种要求,导游人员应该分别对待。为此,导游人员在处理旅游者个别要求时,不仅要注意处理的方式、方法和技巧,而且也要遵循一些必要的原则。

一、努力满足需要的原则

旅游接待是旅行社为旅游者提供的基本服务项目,实施旅游接待过程中必须遵循服务行业的根本宗旨"顾客就是上帝"。客源是服务行业存在、发展的前提和基本保证,努力满足旅游者需求正是旅行社巩固其客源市场,维护顾客忠诚度的基本原则,也是导游工作中处理问题的出发点。导游人员必须充分认识到,无论是旅游企业还是导游员自身,都需要旅游者,如果没有了旅游者,导游员就失去了服务对象,也就失去了本身存在的必要。因此,导游人员必须自觉地、真心实意地为旅游者提供热忱的服务,时刻关心旅游者的利益,尽可能满足旅游者的需求。尤其一些诸如 VIP 旅游团、残疾人旅游团等特种旅游团队中的旅游者所提出的个别要求,导游员更应该贯彻好满足需要的原则。因为这种旅游者对个性化要求更为重视,他们的个性化要求能否得到满足,直接影响旅游目的地国家的旅游形象和旅行社的声誉。

二、认真倾听、耐心解释的原则

旅游者外出旅游通常会产生一种求全心理,往往会把旅游活动理想化,常常在生活和游览活动方面提出种种要求、意见和建议,甚至横加职责、一味挑剔。处理类似情况有时关系重大,会影响整个旅游服务的成败,导游人员必须予以重视。另外还有一些旅游者,以"不打扰别人"为生活座右铭,往往不轻易求人,一旦开口,说明他们确实需要导游人员的帮助,导游人员更不能掉以轻心。当旅游者提出要求、意见时,导游人员必须认真倾听,仔细分析,判断是否可能实现;就是对个别人的职责和挑剔也要认真对待,看其中是否有合理的成分,如果有则不可以置之不理。只要是合理而可行的,导游人员就应该努力去做。对于那些虽然合理但是无法办到,或虽有一定合理性但苛求过高的个别要求,导游人员要耐心解释,解释时要实事求是、通情达理,使旅游者心悦诚服。对不合理的要求和意见同样应遵照这一原则来处理。具体地说,导游人员要做到:第一,认真倾听,不要没有听完就指责旅游者的要求不合理或胡乱解释;第二,微笑对待,不要面带不悦,恶言相向;第三,实事求是、耐心解释,不要以"办不到"一口拒绝。一般情况下,尽量避免与旅游者发生正面冲突。若是个别旅游者的无理取闹影响了旅游团的正常活动,导游人员可以请领队出面协助解决,或直接面对全体旅游者,请他们主持公道。

三、尊重旅游者和不卑不亢的原则

对于那些不合理又故意刁难、无理取闹的旅游者的个别要求,可以遵循这一原则来处理。

众所周知,旅游者不管来自哪一个国家、属于哪一个民族,不管其社会经济地位高低、年老年幼,都是导游人员的服务对象。导游人员要尊重旅游者的人格,热情周到地为旅游者服务,维护其合法权益,满足其合理有可能办到的要求。旅游者提出的要求,大多数是合情合理的,但总有人提出一些苛刻的要求,让导游人员为难。旅游团中也免不了会有无理取闹之人。对待这种情况,导游人员既要尊重旅游者,又要坚持原则:不伤主人之雅,不损客人之尊,理明则让。同时,对待旅游者应该一视同仁,平等相待。这样既不会因为看到了自己的短处和别人的长处而产生自卑感,也不会因为看到了自己的长处和别人的短处而产生优越感;这样才能在与旅游者的交往中,既不把自己放在低于别人的位置上,也不把自己放在高于别人的位置上;这样才能在言谈、举止、态度上不卑不亢、落落大方,才不会做出有辱国格、人格的事情。

任务二　餐饮、住房、娱乐、购物方面个别要求的处理

旅游者的个别要求主要体现在吃、住、娱、购、游等几个方面。

一、餐饮方面个别要求的处理

"吃"是旅游首要,吃得开心是旅游者的基本要求。而旅游者会因为生活习惯不同、身体状况的差异、宗教信仰的差别等原因提出各种餐饮方面的个别要求,导游人员应妥善解决,设法予以满足。

1.特殊的饮食要求

由于宗教信仰、生活习惯等原因,有的旅游者可能提出不吃荤、不吃油腻、不吃海鲜、不吃辣、糖、味精,甚至不吃盐等各种特殊要求。这些要求如果在旅游接待计划中已经明确注明,接待方旅行社应该早做安排,并在接团前确认落实情况。

(1)如果是旅游团抵达后临时提出的特殊用餐要求,导游人员应认真了解清楚,视具体情况,尽可能满足客人要求。

(2)如果确实有困难无法满足客人特殊要求的,导游人员要协助其自行解决。

2.换餐要求

接待方旅行社通常在团队抵达当地前已经按接待计划预定好团餐,但旅游团抵达后,个别旅游者会要求换餐,如将中餐换成西餐、团队标准餐换成风味餐等。

(1)如果旅游者在用餐前提出换餐要求,在经导游员与餐厅确认换餐未造成餐厅损失的情况下,导游人员应尽量与餐厅联系,按有关规定办理退餐或换餐。

(2)如果因为客人在已接近用餐时间才临时提出换餐,而餐厅已经备料或已经准备就绪,一般不接受换餐要求,但导游人员要作好解释工作。

(3)如果旅游者坚持要求换餐,可以建议他们自己点菜,费用自理;旅游者要求加菜、加酒水,导游员应满足其要求,但费用自理。

3.要求单独用餐

(1)由于旅游团内部矛盾或其他原因,团队中个别旅游者要求单独用餐时,导游人员应耐心解释团队用餐规定,并请领队进行调节。

(2)如果旅游者坚持己见,导游员可以协助与餐厅联系,帮助安排,但要事先向该旅游者说明单独用餐的费用需要其自理,原团费中的餐费不予退还。

4.要求自费品尝风味

有些旅游团队在原旅游接待计划中并没有安排在各地品尝地方风味,但旅游者会通过地陪导游员的讲解对当地的特色饮食产生兴趣,进而要求自费品尝地方风味。对此,导游人员应该协助旅游者与有关餐厅联系订餐,并将费用标准告之旅游者;对于在风味餐订妥后又决定取消的旅游者,导游人员应劝他们按约定时间前往用餐,说明若不去必须赔偿餐厅相关损失。

5.要求推迟晚餐时间

旅游者因其生活习惯或其他原因要求推迟晚餐时间,导游人员应该给予理解和帮助,尽量与餐厅联系安排。随着我国经济水平的不断提高,人们夜生活的逐渐丰富,以及服务行业的服务意识的增强,推迟晚餐时间已经不再是一件难以解决的事情,但仍然需要根据餐厅的具体情况来处理。并尽可能的与旅游者协商,向其说明我国的生活习惯和用工制度,建议用餐时间不宜太晚。

6.要求提供客房内用餐服务

旅游者提出在房间内用餐的要求时,导游人员应首先了解原因。

(1)如果是因为旅游者生病,导游人员应主动提供超常服务,与餐厅联系,准备病号饭,并将饭菜送到旅游者房间以示关心。

(2)如果是健康的旅游者希望在房间用餐,而宾馆提供相应的客房服务的话,可以协助安排,但要事先向旅游者说明收费标准。

二、住房方面个别要求的处理

1.要求调换房间

旅游接待计划一旦经组团社下达,旅游团在各地所住的宾馆星级、房间标准就已经明确规定下来,甚至各地宾馆的名称都会在接待计划中写得清清楚楚。各地接社必须严格按照旅游接待计划的要求在指定宾馆为旅游团预定房间。

(1)如果向旅游者提供的客房低于计划规定标准,或使用同星级的宾馆替代协议中注明的宾馆,旅游者都会提出异议。

(2)如果所提供的客房低于规定标准,地接社应负责予以调换,确实有困难的则必须说明原因,并提出补偿条件。

如果是旅游者提出调换房间的要求,导游人员应了解其中原委,视具体情况而定。

(3)因为客房内有蟑螂、臭虫、老鼠等,旅游者要求换房,应满足其要求,为其调换房间。

(4)房间内设备,尤其是卫生设备达不到清洁标准的应立即打扫、消毒,或为旅游者调换其他房间。

(5)旅游者要求调换不同朝向的同一标准客房,若饭店有空房,可适当予以满足,或请领队在旅游团内部调整。

(6)如实在无法满足旅游者的调房要求,应做耐心解释,并向客人道歉。

2.要求住更高标准的房间

(1)旅游者要求入住高于旅游合同规定标准的房间,例如,将原定团队标准客房改为行政房或套间,如有空房,可给予满足,但旅游者要加付房差及原订房的退房损失费。

(2)要求调换不同朝向的不同标准房间(某宾馆的城景、江景房),如果宾馆有相应空房,可以给予满足,但旅游者要加付房差及原订房的退房损失费。

3.要求住单间

(1)旅游者参团时如果没有特殊要求,旅行社为其提供的入住服务通常包含的是宾馆双人标准间中的一张床,事先要求住单人间的旅游者一般都已在旅游接待计划中明确指出。

(2)如果在旅游团抵达旅游目的地后,住双人间的旅游者要求住单人间,如果饭店有空房,可以予以满足,但房费自理,其原团费中的房费不予退还。

(3)如果因与同屋客人发生矛盾或因生活习惯不同而要求住单人间,导游人员应请领队调解或在旅游团内部调整;若调解、调整不成,饭店有空房,可以满足客人要求,但要事先向客人讲明房费由提出住单人间的客人自理。

4.要求购买房中物品

旅游者若提出购买宾馆房间内摆设或物品,导游人员可以协助其与宾馆客房部联系。

(1)对于可出售的物品,旅游者按价付款。

(2)对于宾馆内不予出售的物品,向旅游者解释说明,请旅游者按宾馆规定处理。

三、文娱活动方面个别要求的处理

娱乐,是整个旅游活动中的休闲环节,是丰富旅游活动的重要手段,也是一种积极休息方法。组团社在制定旅游接待计划时,通常会根据各地的特色适当安排计划内文娱活动。例如,北京的梨园京剧、上海的杂技、西安的唐乐舞等。这些活动不仅能充实旅游者的夜生活,也会给旅游者留下深刻的印象,帮助他们进一步了解中国的传统文化。但是,对于文娱活动,旅游者爱好各异,兴趣不一,不应强求一致。旅游者提出的针对文娱活动方面的各种要求,导游人员应该本着"合理而可能"的原则,根据具体情况妥善处理。

1.变更计划内的文娱活动

在旅游接待计划或协议书中已经明确规定的文娱活动,地接社一般已经提前安排预定。

(1)如果旅游者要求取消原定计划去观看另一演出,若时间允许,又有调换的可能,可以请旅行社有关部门协助调换。

(2)若无法安排,导游人员应做耐心解释,并明确告知旅游者原定演出的票已买好,不能退换,请旅游者谅解。

(3)若旅游者坚持观看别的演出,导游人员可以协助安排,但费用自理,原定演出的门票费用不予退还。

(4)如果团队中个别旅游者提出观看别的演出,尽量劝其随团集体活动,并请领队协助做客人工作。如客人坚持如此,处理方法同上。

(5)如果旅游团决定分路观看文娱演出,导游人员应与司机商量在交通方面尽量为旅游者提供方便。若两个演出在同一线路上,则同车前往;若不同路,则协助分团的旅游者安排车辆,车费由其自理。

2.计划外的文娱活动

(1)旅游者提出自费观看文娱演出或参加某种娱乐活动,导游人员一般予以协助。例如帮助购买门票、要出租车等,通常不陪同前往。

(2)但要提醒旅游者在参加文娱活动的过程中注意自己的人身、财物安全。

(3)如果旅游者要求去的是大型娱乐场所或情况复杂的地方,导游人员更要提醒旅游者注意安全,必要时可陪同前往。

3.要求前往不健康的娱乐场所

旅游者要求去不健康的娱乐场所或要求不正常的夜生活,导游人员应该断然拒绝。对其讲明中国的国情和道德观念,严肃指出不健康的娱乐活动和不正常的夜生活在中国大陆是被禁止的,参与这类活动属于违法行为。

四、购物方面个别要求的处理

购物活动是旅游活动的六要素之一,是参观游览活动的重要补充。而销售商品是一个国家或地区旅游收入的重要组成部分,具有民族特色、地方特色的商品不仅是旅游者向往的纪念品,而且通过它旅游者还会对一个国家或地区的民俗风情和民族文化有进一步的认识。许多外国人认为购物是接触当地人、了解当地人的好机会,同当地人"讨价还价",其乐无穷,购物过程所获乐趣,甚至胜过所购物品本身。因此,旅游者往往会在购物方面提出各种各样的特殊要求,导游人员应该尽量设法予以满足。

1.要求单独外出购物

(1)旅游者要求单独外出购物时,如果是在自由活动期间或不影响全团活动安排的情况下,导游人员应该予以协助,当好购物参谋。例如,根据旅游者欲购商品建议他去哪家商场购物,为他安排出租车,并写下中文便条让他带上(便条上写明商店名称、地址、欲购商品名称和旅游者下榻的饭店名称等)。

(2)在旅游团快要离开本地之前,不宜安排旅游者到热闹的地区购物,也要劝阻旅游者单独外出购物。

2.要求退换商品

旅游者购物后发现所购商品是残次品、计价有误或对商品不满意,要求导游人员帮助其退换,导游人员应该积极协助,必要时可以陪同前往,以维护我国的商业信誉。

3.要求再去商店购买相中的商品

旅游者在某家商店相中某一(贵重)商品,因当时犹豫不绝,未能购买。回饭店后又决定购买,要求导游人员协助。一般情况下,只要时间允许,导游员可以写一个便条(写清商品名称,请售货员协助之类的话),让旅游者乘出租车前往购买,也可陪同前往。

4.要求购买古玩或仿古艺术品

中国灿烂的历史文化世界闻名,中国的古董、古玩或仿古艺术品始终是许多旅游者,尤其是国外旅游者青睐的旅游纪念品。

(1)旅游者若想购买古玩或仿古艺术品,导游员应该建议他去文物商店购买,买妥物品后要提醒他保存好发票,不要将物品上的火漆印(如有的话)去掉,以便海关查验。

(2)旅游者要在地摊选择古玩时,导游员应该劝阻,并告知我国海关规定:携带我国文物出口(包括古旧图书、字画等),应向海关详细申报。海关凭文化部指定的文化行政管理部门加盖的鉴定标志,及文物外销发货票或开具的许可出口证明查验放行,否则不准携带出境。地摊无法为其提供这种证明。

(3)若发现个别旅游者有走私文物的可疑行为,导游员应向旅游者讲清我国的有关法律规定。若旅游者不听劝阻,导游员必须及时报告有关部门。

5.要求购买中药材

旅游者若想购买中药材、中成药,导游员应该告知中国海关的有关规定:

(1)旅客携带中药材、中成药出境,前往国外的,总值限人民币 300 元,前往港、澳地区的,总值限人民币 150 元;寄往国外的总值限人民币 200 元,寄往港澳地区的,总值限人民币 100 元。中药材、中成药的价格,均以境内法定商业发票所列价格为准。

(2)入境旅客出境时携带用外汇购买的、数量合理的自用中药材、中成药,海关查验盖有国家外汇管理局统一制发的"外汇购买专用章"的发货票放行。

(3)超出自用合理数量范围,不准带出。

(4)麝香不准出境。严禁带犀牛角和虎骨出境。

6.要求代为托运

(1)旅游者购买大件物品后,要求导游员帮助其办理托运时,导游员可告诉他外汇商店一般经营托运业务,购物时当场就可办理托运手续。

(2)若有的商店无托运业务,导游员要协助旅游者办理托运手续。

7.委托代办要求

(1)旅游者欲购买某一商品,但因当时无货,请导游人员代为购买并办理托运时,导游人员一般应该婉言拒绝。

(2)实在推托不掉时,导游人员要请示旅行社领导,不能自作主张,贸然接受委托。一旦接受了旅游者的委托,导游人员必须在领导的指示下认真办理委托事宜。

(3)收取足够的钱款(余额在事后由旅行社退还委托者),完成委托事宜后将发票、托运单以及托运费收据寄给委托人,旅行社保存复印件以备查验。

任务三　要求自由活动的处理

在旅游过程当中,旅游者往往需要一定的自由活动的时间和空间,选择自己感兴趣的项目参观游览、购物或处理其他个人事物,更好地达到自己的旅游休闲目的,这符合旅游者的心理需求。而给予旅游者适量的自由活动时间,也可以缓解集体活动带来的紧张,使旅游者做到有张有弛。导游人员应充分理解这种要求,根据不同情况,按照"合理而可能"的原则妥善处理,并认真回答旅游者咨询,对他们的自由活动安排提出合理建议,尽量满足旅游者的要求。

一、一般情况下允许旅游者自由活动

旅游团中个别旅游者因个人兴趣、爱好、旅游目的或已经多次来华旅游等多种原因,不愿随团参加集体活动,而希望自己独自去参观计划外的其他项目,或利用在当地的停留时间探亲、访友,或忙于商务。如果其要求不影响整个旅游团队的正常旅游行程安排,可以满足其要求并应提供必要的协助。例如导游员要提醒旅游者带好饭店的联系卡,将自己的手机号码留给旅游者,写中文便条交给旅游者(包括其要前往的地点、办理事宜的内容等),帮助安排出租车,提醒旅游者与团队汇合的时间和地点。

在某一景点游览过程中,如若个别旅游者要求离团自行游览或到某处拍照,在环境许可、游人不多、秩序不乱的情况下,可以满足其要求。但要讲清集合的时间、地点和规定的行动路线,并提醒旅游者要注意人身、财物安全。必要时可以留一个中文字条,写清集合时间、地点和车号以及自己的手机号码,以备不时之需。

晚上如果没有计划内活动安排,旅游者要求自由活动时,导游员应允许其外出或自行安排活动,但应叮嘱旅游者带好饭店的联系卡,以防迷路。并建议旅游者不要走得太远、回来太晚,不去环境复杂、秩序不好的地方。

二、需劝阻旅游者自由活动的几种情况

(1)如果旅游者要求离团单独活动的个别要求影响旅游活动计划的顺利进行,导游员应劝阻其离团活动。

(2)如果游览景点的地形复杂,秩序混乱,存在安全隐患,则要劝阻旅游者独自行动。

(3)如果有些地方确有安全问题或治安隐患,导游员可以向旅游者说明情况,劝阻他们外出自由活动,但要耐心说明原因,以免旅游者产生误会。

(4)如果旅游者要求去不对外开放的地区、机构和单位参观游览,导游人员应该婉言拒绝,不得擅自做主答应旅游者的这种要求。必要时,可以提醒对方尊重中国方面的有关规定。

(5)在团队即将离开当地之前,一般应劝阻要求自由活动的旅游者单独外出,尤其是需要较长时间的活动或到热闹的地方购物,以避免发生误机(车、船)事故,影响整个团队准时离站。

任务四 探视亲友和亲友随团活动要求的处理

旅游者其他个别要求要根据不同情况,具体问题具体处理。

1. 旅游者要求会见中国亲友

(1)旅游者要求会见中国亲友,导游员可协助联系,应抓紧了解其亲友的中文姓名、职业、工作单位、详细地址、与旅游者的关系,以前是否见过面或只是通信相约。如果其亲友居住在旅游路线以外的城市或地区,一般不应同意旅游者离团前往探亲,可允许其约亲友到旅游路线内的城市见面。一般情况下,旅游者与其亲友进行会见时,导游员不必参加,如果一方或双方希望导游员协助翻译,在不影响旅游团活动的前提下,可以答应。

(2)旅游者以前在中国期间结识了我国有关旅行社领导或工作人员,要求见面叙旧,导游员可予以协助,并按旅行社有关规定办理。

(3)旅游者没有中国亲友的详细地址,一时联系不上,但确有其要见的人在国内,要求旅行社帮助查找并联系见面,导游员在问明情况后,应通过有关途径积极协助联系。

(4)导游员如发现个别中国人与旅游者之间以亲友身份作掩护进行不正常往来,或旅游者会见人员中有异常现象,应及时汇报。

(5)旅游者提出希望旅行社准许其中国亲友参加旅游团在当地的活动,甚至随团一起到其他城市旅游,在条件允许(如车上有空位,不影响其他人)情况下,可满足旅游者的要求,但事先要征得领队和旅游团其他成员的同意,然后到旅行社办理入团手续,并交付各种费用。导游员对旅游者随团活动的亲友,应热心服务,一视同仁,并根据情况给予关照。如果其亲友不办理手续、不缴纳费用就直接随团活动,导游员应有礼貌地问清他们与旅游者的关系以及姓名和工作单位,向旅游者及其亲友解释旅行社的有关规定,请其谅解并向他们说明须先办

理手续,然后再随团活动。

2.旅游者要求会见外国人亲友

根据国际法和国内有关法律规定,一切在华外国人依法享有与在中国的其他外国人自由交往的权利。凡旅游者提出要求会见本国驻华使、领馆人员及其在华外籍亲友时,导游员不应干预,条件许可时可给予热情帮助。

(1)旅游者会见的是使、领馆官员或工作人员,导游员可提供地址和行车路线,一般不陪同前往,即使陪同前往也不能进入外国使、领馆。

(2)旅游团(者)应本国驻华使、领馆的邀请出席在那里举行的宴会或招待会,并邀请导游员参加翻译,导游员应拒绝。如确需参加,应征得有关方面的同意。

(3)旅游者会见在华的普通外国人,可让其自行联系,也可协助联系,但不参加他们的会谈。

(4)旅游者要求其外籍亲友随团活动,一般情况下,在征得领队和其他成员的同意后方可允许。但外籍亲友须出示有效证件,办理入团手续,缴付必要的费用。对使、领馆人员的随团活动要求,导游员要了解其姓名、身份、活动的内容。如果是外交官员还应享受相应的外交礼遇。对他们的接待和活动安排严格按我国政府的有关规定办理。如果旅游者的在华亲友以记者身份参加旅游团的活动,一般不予同意,特殊情况请示有关部门的批准。

任务五　要求为其转递物品和信件的处理

外国旅游者要求旅行社和导游员帮助其向有关部门或亲友转递物品或信件,一般情况下,导游员应婉言拒绝,让旅游者自行办理,给予协助。如果旅游者确有困难,应视具体情况按相应规定和手续办理。

一、要求转递旅游者本人的物品或信件

旅游者要求转递物品时,要问清是何物。

(1)如果是信件,最好让旅游者自己去邮局寄出,导游员可提供必要的帮助。

(2)如果转递的物品中有食品,导游员应婉言拒绝,请其自行处理。如果转递给外国使、领馆及其人员,导游员应建议其自行处理,给予必要的帮助。

(3)若旅游者确有困难不能亲自转递,导游员可答应帮助。

(4)转递的物品和信件比较重要,或转递对方为使、领馆人员,转递手续一定要完备。应请旅游者书写委托书,注明物品或信件的名称,交付的时间、是否需要纳税,并留下详细地址及收件人姓名。收件人收到物品或信件后要签收回执并盖章,导游员将委托书和回执单一并交旅行社保管。

二、要求转递他人委托的物品或信件

(1)在国外工作或学习的中国人及其他人员委托来华旅游者捎带物品或信件给亲友,旅游者无法转交,要求导游员代为转递,导游员应了解委托人的情况及与旅游者的关系、收件人与委托人的关系及收件人的有关情况,了解物品的名称和数量等,按有关规定办理。

(2)对于食品之类容易腐败变质、自然损耗、保质期短的物品不应答应代为转递。

三、转递物品的退还

由于旅游者提供的地址不详、收件人姓名有误等原因无法代为转递时，导游员应将物品退还旅游者，或交组团旅行社保管。

任务六　要求中途退团或延长旅游期限的处理

无论出于何种原因，当旅游团或部分旅游者提出提前中止旅游或延长旅游期限的要求时，导游员必须立即报告接待方旅行社，并根据具体情况做出具体决定。导游员要在旅行社领导的指示下做些具体工作，协助旅游者。

1. 旅游者要求提前结束旅游

旅游者要求退团，导游员要首先了解原因。因为旅游者在参团前一般都是经过仔细考虑的，通常不会轻易或无故中途退团。

（1）旅游者因患病，或家中有急事，或工作上有急需，或因自然灾害等特殊原因，要求中途退团，经接待方旅行社与组团社协商后可予以满足。导游员应协助办理必要的离团手续，所需费用自理。对于未享受的综合服务费，按旅游协议书的有关条款处理，或部分退还，或不予退还。由于非我方原因造成的经济损失，我方不予赔偿。

（2）由于接待服务质量太差，严重服务缺陷过多，领队一再交涉仍无明显改进，可能会导致整个旅游团的强烈不满，要求中止旅游，提前结束旅游计划，也就是通常所说的罢游。这种情况处理起来比较棘手。导游员和旅行社应该通过采取必要的补偿措施，改变旅游者的态度。仍没有效果的话，可按照投诉的有关规定处理。给旅游者带来的损失应由责任方补偿。

（3）个别旅游者无特殊原因，只是因为某个别要求得不到满足而提出离开旅游团时，导游员要配合领队做说服工作，劝其继续随团旅游；若接待方确有责任，应设法弥补；若旅游者提出的是无理要求，要做耐心解释；若劝说无效，旅游者仍执意要求退团，可听任其便，但应告知未享受的综合服务费不予退还。

2. 要求延长旅游期限

（1）旅游者因伤病需要延长在某地的居留时间，导游员要热情地为其办理有关手续，还应不时地前往医院探视，以示关心，并帮助解决伤、病者及其家属在生活上的困难。

（2）旅游者在旅游团的活动结束后仍余兴未尽，希望继续在某地游览，若不需延长签证，一般可满足其要求；若需延长签证，原则上应予以婉拒。若个别旅游者确有特殊原因需要留下，导游员应请示旅行社，然后向其提供必要的帮助，由此引起的一切费用应由旅游者自理。主要手续包括陪同旅游者持旅行社的证明、护照及集体签证去当地公安局办理分离签证手续和延长签证手续，协助其重订航班、机位，帮其订妥客房等。

（3）旅游团离境后，留下的旅游者若继续需要旅行社为其提供导游等服务，应另签合同协议，并按有关规定缴纳费用。

思考题

1. 处理旅游者个别要求的基本原则有哪些？
2. 旅游者要求再加菜时，该如何处理？
3. 旅游者要求调换房间时，该如何处理？

4.旅游团因为客人之间闹矛盾而提出分开用餐,全陪应该如何处理?

5.旅游者要求单独外出购物时,导游人员应该如何处理?

6.旅游者在离开本地前委托地陪为其购买某种工艺品,地陪应该如何处理?

7.旅游者在旅游途中因急事要求退团,导游人员应该怎么办?

参考文献

[1]胡华.导游实务[M].北京:旅游教育出版社,2012.

[2]全国导游人员资格考试教材编写组.导游实务[M].5版.北京:旅游教育出版社,2013.

[3]朱斌,刘英.导游实务[M].北京:北京大学出版社,2013.

[4]朱晔.导游实务[M].西安:西安交通大学出版社,2014.

[5]国家旅游局人事劳动教育司.导游实务[M].7版.北京:旅游教育出版社,2013.

[6]张菊芳,汪博兴.导游实务[M].天津:天津大学出版社,2011.

[7]葛益娟,张骏.导游实务[M].北京:旅游教育出版社,2010.

[8]陈巍.导游实务[M].北京:北京理工大学出版社,2010.

[9]蒲阳.导游业务[M].北京:机械工业出版社,2009.

[10]徐可.导游基础[M].北京:清华大学出版社,2009.

图书在版编目(CIP)数据

导游实务/黎森主编. —西安:西安交通大学出版社,2016.2
ISBN 978 - 7 - 5605 - 8311 - 2

Ⅰ.①导… Ⅱ.①黎… Ⅲ.①导游-高等学校-教材　Ⅳ.①F590.63

中国版本图书馆 CIP 数据核字(2016)第 039646 号

书　　名	导游实务	
主　　编	黎　森	
责任编辑	祝翠华	

出版发行　西安交通大学出版社
　　　　　　(西安市兴庆南路 10 号　邮政编码 710049)
网　　址　http://www.xjtupress.com
电　　话　(029)82668357　82667874(发行中心)
　　　　　　(029)82668315(总编办)
传　　真　(029)82668280
印　　刷　陕西奇彩印务有限责任公司

开　　本　787mm×1092mm　1/16　　印张 12.625　　字数 303 千字
版次印次　2016 年 4 月第 1 版　　2016 年 4 月第 1 次印刷
书　　号　ISBN 978 - 7 - 5605 - 8311 - 2/F・395
定　　价　29.80 元

读者购书、书店添货,如发现印装质量问题,请与本社发行中心联系、调换。
订购热线:(029)82665248　(029)82665249
投稿热线:(029)82668133
读者信箱:xj_rwjg@126.com